涉水争议丛书

WATER-RELATED CIVIL DISPUTE
CASES AND PRACTICAL GUIDELINES

涉水民事争议
案例与实务指引

吴 娟 ◎著

法律出版社　LAW PRESS｜北京

图书在版编目（CIP）数据

涉水民事争议案例与实务指引 / 吴娟著. -- 北京：法律出版社, 2025. -- ISBN 978-7-5244-0409-5

Ⅰ. D922.665

中国国家版本馆 CIP 数据核字第 2025LK8659 号

涉水民事争议案例与实务指引 SHESHUI MINSHI ZHENGYI ANLI YU SHIWU ZHIYIN	吴 娟 著	策划编辑 陈昱希 责任编辑 陈昱希 装帧设计 贾丹丹

出版发行 法律出版社	开本 710 毫米×1000 毫米 1/16
编辑统筹 法规出版分社	印张 15.75　　字数 248 千
责任校对 张红蕊	版本 2025 年 8 月第 1 版
责任印制 耿润瑜	印次 2025 年 8 月第 1 次印刷
经　　销 新华书店	印刷 北京盛通印刷股份有限公司

地址:北京市丰台区莲花池西里 7 号(100073)
网址:www.lawpress.com.cn　　　　　　　　销售电话:010 - 83938349
投稿邮箱:info@lawpress.com.cn　　　　　　客服电话:010 - 83938350
举报盗版邮箱:jbwq@lawpress.com.cn　　　　咨询电话:010 - 63939796
版权所有·侵权必究

书号:ISBN 978 - 7 - 5244 - 0409 - 5　　　　　　　　　　定价:68.00 元

凡购买本社图书,如有印装错误,我社负责退换。电话:010 - 83938349

序　言

随着我国水法律体系的不断完善和水事活动的日益频繁,涉水方面的民事争议也越来越常见。在《中华人民共和国水法》《中华人民共和国民法典》等法律法规的框架下,水资源使用权分配、水环境污染侵权、水利工程合同履行、相邻用水权益纠纷等民事方面的问题不断涌现,呈现出主体多元、案情复杂、利益交织的特点。这些争议不仅关系到当事人合法权益的保护,更牵涉水资源可持续利用与生态安全的平衡,对司法实践和法律服务提出了更高要求。

《涉水民事争议案例与实务指引》作为吴娟律师涉水法律系列丛书的第二部,凝聚了吴娟律师多年来深耕涉水民事领域的办案心得,亦离不开真实司法案例提供的实践支持。本书延续了以案例为依托、以实务为导向的编写理念,系统梳理了涉水民事争议的主要类型,涵盖了涉水合同纠纷、涉水物权纠纷、涉水侵权纠纷、涉水民事公益诉讼等典型领域。所选案例兼顾普遍性与特殊性,既有常见争议的裁判思路解析,又有新型问题的法律适用探讨。每章以"案情简介—实务要点—法律依据"为脉络,深入剖析裁判逻辑,提炼风险防范要点,旨在为涉水各类主体明晰权利义务边界,为法律从业者提供实务参考。

当前,涉水民事法律服务的专业化仍面临诸多挑战。一方面,水事民事纠纷往往涉及水利、环境、工程等多学科交叉,要求法律工作者兼具专业素养与跨领域协作能力；另一方面，相关司法解释和裁判标准尚需进一步细化，地方性实践差异亦亟待系统总结。本书的出版，正是对这一领域需求的积极回应。涉水民事法律体系的完善任重道远，需要社会各界的共同努力。"上善若水"，我相信，本书能够成为涉水民事争议解决领域的"工具书"，助力法律从业者提升专业能力，推动涉水民事争议问题妥善解决，同时也希望本书能激发更多同行对涉水民事法律问题的关注与研究，共同为构建人与自然和谐共生的法治环境贡献力量。

华南理工大学教授、博士　滕宏庆

2025 年 7 月

目 录

第一章 涉水合同纠纷 001	第一节 涉水建设工程施工合同纠纷	001
	一、G水电公司与Z水电站等建设工程施工合同纠纷	001
	二、P环保公司与X排水公司、Z污水处理公司等建设工程施工合同纠纷	006
	三、B环保科技公司与Y水务公司建设工程施工合同纠纷	013
	第二节 供用水合同纠纷	023
	一、Y公司与Z水库管理站供用水合同纠纷	023
	二、H休闲健身公司与X地表水处理公司供用水合同纠纷	031
	第三节 涉水特许经营合同纠纷	039
	一、P环保公司、Z污水处理公司与X市水务局、H投资公司等特许经营合同纠纷	039
	二、P污水处理公司与L区住建局特许经营合同纠纷	047
	第四节 排污权交易纠纷	055
	P树脂公司与F化工公司排污权买卖合同纠纷	055
	第五节 涉水买卖合同纠纷	064
	一、Y水处理公司与Z水务公司买卖合同纠纷	064

	二、陈某与 L 河坝灌区管理处拍卖合同纠纷	071
	第六节　涉水企业借贷纠纷	077
	B 机械公司与 Y 市污水处理公司、Y 市水务集团等企业借贷纠纷	077
	第七节　涉水股权、债权转让纠纷	086
	一、H 能源公司、H 集团公司与 M 水利电力公司股权转让纠纷	086
	二、F 水务投资公司与 B 信托公司债权转让合同纠纷	093
第二章 **涉水物权纠纷** **101**	第一节　相邻用水、排水权纠纷	101
	一、李某敏与李某建、胡某丽、X 兵团相邻用水纠纷	101
	二、T 公司、Z 公司相邻用水、排水纠纷	112
	第二节　漂流物返还纠纷	123
	刘某某与张某某漂流物返还纠纷	123
	第三节　财产损害赔偿纠纷	129
	一、黄某某、林某某等与 NS 水利所等财产损害赔偿纠纷	129
	二、Q 水电公司与 H 工程公司、F 发电公司财产损害赔偿纠纷	137
	第四节　取水权纠纷	143
	一、C 公司与谢某某取水权纠纷	143
	二、钟某某、W 县水电站、W 县政府取水权纠纷	150
	第五节　采矿权纠纷	159
	一、Y 市村委会与 F 市工程公司采矿权纠纷	159
	二、Y 县政府、Y 县采砂办与 P 公司采矿权纠纷	167

第三章 涉水侵权纠纷 176

第一节 生命权、健康权、身体权纠纷 176

一、麦某1、文某某诉G市H区住建局、H区水务工程设施养护所、Z江堤防管理中心、G市水务局、H区水务局生命权、健康权、身体权纠纷　176

二、支某1等诉B市Y河管理处等生命权、健康权、身体权纠纷　182

第二节 违反安全保障义务责任纠纷 186

蓝某某、张某某诉G市Z区Y业余体育学校等违反安全保障义务责任纠纷　186

第三节 水污染责任纠纷 192

韩某某与Z公司J油田分公司水污染责任纠纷　192

第四节 水上运输人身损害责任纠纷 201

蒋某某与N海运公司、N市X货物中转代办处、柳某某、施某某水上运输人身损害责任纠纷　201

第五节 紧急避险损害赔偿纠纷 207

T养殖公司与L水力发电站紧急避险损害赔偿纠纷　207

第四章 涉水民事公益诉讼 213

第一节 水污染类环境民事公益诉讼 213

一、G省检察机关诉某公司稀土项目污染环境公益诉讼系列案　213

二、Y环境研究所、J市绿色生态文化服务中心与S光电公司环境污染民事公益诉讼　217

三、X化学公司与Y环境友好中心水污染责任纠纷民事公益诉讼　224

第二节 水污染类刑事附带民事公益诉讼 233

一、某纸业有限公司、黄某海等4人污染环境刑事

附带民事公益诉讼　　233
二、C市人民检察院诉李某某环境污染刑事附带
　　民事公益诉讼　　240

第一章 涉水合同纠纷

第一节 涉水建设工程施工合同纠纷

一、G 水电公司与 Z 水电站等建设工程施工合同纠纷

案情简介[①]

一审原告、二审上诉人：G 水电公司

一审被告、二审被上诉人：Z 水电站、L 工程管理处

一审第三人：Y 咨询公司

2015 年 10 月 8 日，G 水电公司（中标人，承包人）与 L 工程管理处（发包人）签订《施工合同》。合同约定：L 工程管理处为实施某闸坝枢纽重建工程土建部分施工（项目名称），已接受 G 水电公司的投标，并确定 G 水电公司为某闸坝枢纽重建工程土建部分施工（项目名称）的中标人，签约合同价为 91,783,166.83 元（人民币，以下均为同币种），该工程主体部分采用单价承包方式，按实际完成的工程量结算。承包人承诺执行监理人开工通知，计划工期为 1020 日历天。该《施工合同》通用条款第 21.1.1 条约定：不可抗力是指承包人和发包人在订立合同时不可预见，在工程施工过程中不可避免发生并不能克

[①] 参见广东省韶关市中级人民法院(2022)粤 02 民终 1082 号民事判决书。

服的自然灾害和社会性突发事件,如地震、海啸、瘟疫、水灾、骚乱、暴动、战争和专用合同条款约定的其他情形。第 21.3.1 条约定,不可抗力造成损害的责任,除专用合同条款有约定外,不可抗力导致的人员伤亡、财产损失、费用增加和(或)工期延误等后果,由合同双方按以下原则承担:(1)永久工程,包括已运至施工场地的材料和工程设备的损害,以及因工程损害造成的第三者人员伤亡和财产损坏由发包人承担……第 21.3.3 条约定,要避免和减少不可抗力损失,不可抗力发生后,发包人和承包人均应采取措施尽量避免和减少损失的扩大,任何一方没有采取有效措施导致损失扩大的应对扩大的损失承担责任。

2018 年 2 月 28 日,G 水电公司(乙方)与 L 工程管理处(甲方)签订《补充协议(三)》。该《补充协议(三)》约定:"2018 年 1 月 8 日上游的泄洪,导致闸坝左岸尾水明渠施工的部分临时围堰及临时道路被漫顶水冲塌,影响施工。为完成尾水明渠的开挖、边坡防护及尾水闸门封堵等施工任务,需要重新对相关施工部位进行围堰填筑、临时道路填筑以及尾水渠段抽排水等工程。经甲、乙双方友好协商同意签订本协议:1. 甲方承担被冲毁的隔水墙的重建费用。2. 甲方承担重新修筑围堰及临时道路的费用……如果在施工期内因围堰外水位过高导致围堰毁坏,则①工期顺延;②所造成的损失由甲方承担。"

因洪水影响,G 水电公司于 2019 年 7 月 30 日提交延长工期申请报表,2019 年 8 月 12 日,Y 咨询公司向 L 工程管理处出具监理报告。该报告内容为:"我部 2019 年 8 月 9 日收到承包单位 G 水电公司的延长工期申请报表,审核意见如下:承包人所述 2019 年'3.5 洪水''5 月 5-7 日''6.13 洪水'等影响工期的因素属实,属于不可抗力情况,经审核,承包人统计影响天数为 143 天,同意某闸坝枢纽重建工程土建施工部分的施工合同延期 143 天,不同意承包人提出的延期 365 天的申请。"针对 Y 咨询公司的该监理报告,L 工程管理处于 2019 年 8 月 19 日答复如下:同意监理报告中土建施工延期的时间。

G 水电公司就超标洪水导致围堰闸坝被多次冲垮后造成其财产损失及重做修复围堰损失问题,向一审法院起诉请求:(1)判令 Z 水电站、L 工程管理处向 G 水电公司补偿损失 8,254,536.71 元;(2)判令本案受理费全部由 Z 水电站、L 工程管理处负担。

一审原告、二审上诉人 G 水电公司诉称：因"2.23"洪水、"3.5"洪水、"6.13"洪水为不可抗力，故根据《施工合同》的约定，其因洪水所致材料、设备等损失经鉴定后，Z 水电站、L 工程管理处应向其赔偿。一审判决"酌情认定"的损失金额属事实认定不清，该部分损失不应属酌情处理部分，而是应当判赔部分。一审法院认为原告没有证据证实其承建的《施工合同》项下工程因 2019 年发生的几次洪水造成的损失为 8,254,536.71 元，属事实认定不清，原告认为，提供的证据能够佐证其损失金额客观存在且永久工程部分应由发包人承担。

一审被告、二审被上诉人 Z 水电站辩称：Z 水电站和 L 工程管理处是两个不同的独立主体。Z 水电站是国有企业；而 L 工程管理处是项目独立法人，事业单位建制。Z 水电站不是 L 工程管理处的投资主体，也未共同参与建设，虽有部分人员交叉，但是性质不同，一审判决对此认定存在混淆的情况。

一审被告、二审被上诉人 L 工程管理处辩称：一审判决认为 L 工程管理处主张 G 水电公司迟延履行的抗辩不能成立是错误的。该案施工合同，投标文件，施工组织设计书以及闸坝二期工程施工总进度计划横道图，L 工程管理处、Y 咨询公司对 G 水电公司的来往函件，市政府的函，施工日志，施工现场照片都已经证实了 G 水电公司遭遇到的洪水不是不可抗力，而是在发生洪水前根据气象预报可以预见的。如果 G 水电公司的施工工期未迟延履行，如期完成 98.5 米高程以下的施工，则其损失不会发生，因此这些损失不是不能预见、不可抗拒、不能避免的。

一审法院认为：本案中，G 水电公司与 L 工程管理处于 2015 年 10 月 8 日签订的《施工合同》、于 2016 年 11 月 3 日签订的《补充合同》、于 2018 年 2 月 28 日签订的《补充协议（三）》，均是合同双方的真实意思表示，没有违反法律法规的禁止性规定，是有效合同，双方均应当按照合同的约定履行各自的义务。(1) 涉案损失数量在承包方、发包方、监理公司三方确认的基础上予以认定较为合理，因此，一审法院参照深圳市合创建设工程顾问有限公司作出的《鉴定意见书》第一项鉴定意见，酌情认定涉案《施工合同》项下工程因 2019 年发生的"2.23"洪水、"3.5"洪水、"6.13"洪水而造成的 G 水电公司的财产损失及重做修复涉案工程损失共计为317,338.17元。(2)G水电公司的施工工期延期经过了监理公司和发包人即L工程管理处的同意,是经三方协商后的结果,L工程管理处在同意G水电公司工期延期的情况下再主张G水电公司存在迟延履行的违约行为,显然不成立。因此,一审法院对L工程管理处的上述抗辩不予采纳。(3)Z水电站应与L工程管理处共同对涉案损失承担责任:闸坝是Z水电站的重要组成部分,虽然Z水电站与G水电公司无合同关系,但合同的履行情况与Z水电站有利害关系;在合同履行中,Z水电站参与了监督管理;Z水电站是直接受益方,更加证明有利害关系。因此,一审法院判决Z水电站、L工程管理处共同补偿G水电公司的财产损失及重做修复涉案工程,损失共计317,338.17元。

二审法院认为:本案系建设工程施工合同纠纷,争议焦点是:G水电公司主张Z水电站、L工程管理处承担因"2.23"洪水、"3.5"洪水、"6.13"洪水造成的损失6,747,152.58元的依据是否充分。(1)工期延长事项发生在后,不能以此否定G水电公司未按进度计划施工的事实,且L工程管理处虽同意工期延长,但并非就此认可承担G水电公司的全部水损,以L工程管理处发生在后的同意工期延长事实推定L工程管理处承担G水电公司的水损,也显失公平。因此,对于L工程管理处答辩所称其不承担G水电公司迟延施工所致水损的意见,二审法院予以采信。(2)从G水电公司向鉴定机构反映的损失来看,结合G水电公司二审上诉的自认,其统计的损失中确有部分不应属合同约定的应由L工程管理处补偿的项目,可见,G水电公司统计的损失并不全面客观,且与合同约定不完全相符。各项证据均不能充分证实G水电公司的实际损失。综上,G水电公司主张L工程管理处承担其因3次洪水所致的6,747,152.58元损失,依据不充分,二审法院不予支持。

实务要点

不可抗力事件应当如何认定

在G水电公司与Z水电站等建设工程施工合同纠纷案中,要证明洪水属于不可抗力,需要遵循《民法典》中关于不可抗力的相关规定,《民法典》第590条规定:"当事人一方因不可抗力不能履行合同的,根据不可抗力的影响,部分或者全部免除责任,但是法律另有规定的除外。因不可抗力不能履行合同的,应当及时通知对方,以减轻可能给对方造成的损失,并应当在合理期限内提供证明。当事人迟延履行后发生不可抗力的,不免除其违约责任。"

1. 不可抗力的定义

不可抗力,是指在合同履行过程中,发生了无法预见、无法避免且无法克服的事件。典型的不可抗力事件包括自然灾害(如洪水、地震)和社会事件(如战争、骚乱)。

2. 不可抗力的特征

(1)不可预见性。

事件发生时,合同双方无法预见其发生的可能性。比如,在正常天气条件下,暴雨和洪水的发生可能是不可预见的。

(2)不可避免性。

即使合同一方采取合理的措施,仍然无法避免事件的发生或影响。例如,某些极端天气条件,施工单位即使提前准备,依然无法完全消除其影响。

(3)不可克服性。

事件发生后,造成的影响是无法通过常规手段进行克服的,施工单位无法按原定计划继续施工。

在本案中,关于不可抗力的认定是核心争议之一。首先,洪水事件本身是否符合不可抗力的标准需进行详细分析。G水电公司所遭遇的洪水,在时间上发生在2019年,并且报告称洪水为超标情况,具备无法预见的特性。若事先有气象预报提示洪水发生的可能性,法院可能会认为G水电公司对此有一定的预见责任。法律上要求不可抗力事件不仅要不可预见,还需在发生后对合同履行造成实质影响。其次,洪水是否真的无法避免也是判定的关键。在实际施工中,G水电公司是否采取了有效措施以减少损失,如加固围堰、排水等,这是法院考量的因素。如果施工方未能充分应对洪水造成的威胁,则可能影响其主张不可抗力的合理性。最后,法院在判断时参考了《施工合同》中关于不可抗力的约定。合同明确约定了不可抗力的定义及其后果,则 G 水电公司在合同履行中应遵循这些约定。尽管洪水可能被认定为不可抗力,但这并不自动导致 G 水电公司可以索赔全部损失。法院需评估损失的具体情况以及损失是不是不可抗力直接导致的。

法律依据

《民法典》(2021 年施行)

第一百八十条 因不可抗力不能履行民事义务的,不承担民事责任。法律另有规定的,依照其规定。

不可抗力是不能预见、不能避免且不能克服的客观情况。

第五百九十条 当事人一方因不可抗力不能履行合同的,根据不可抗力的影响,部分或者全部免除责任,但是法律另有规定的除外。因不可抗力不能履行合同的,应当及时通知对方,以减轻可能给对方造成的损失,并应当在合理期限内提供证明。

当事人迟延履行后发生不可抗力的,不免除其违约责任。

二、P 环保公司与 X 排水公司、Z 污水处理公司等建设工程施工合同纠纷

案情简介[①]

一审被告、二审上诉人:X 排水公司

一审原告、二审被上诉人:P 环保公司

一审被告:Z 污水处理公司、Y 排水开发公司

2009 年 2 月 28 日,X 排水公司、P 环保公司签订了《X 市第三污水处理厂

---

① 参见最高人民法院(2016)最高法民终 407 号民事判决书。

工程总承包合同》(以下简称合同)。根据合同约定,P环保公司作为总承包商负责X市第三污水处理厂工程的设计、施工、设备采购以及竣工验收等全方位的工作。合同总金额为159,621,361元人民币,约定工期为3年,项目完成后X排水公司将支付工程款项。

在合同签订后,P环保公司根据项目的要求,开始了相关的设计和施工工作。X市第三污水处理厂是一个大规模的污水处理工程,涉及复杂的技术和施工环节,因此在施工过程中存在一定的难度和不确定因素。项目的实施经历了多次延期,原因包括工程设计的变更、施工中出现问题以及恶劣的天气等不可预见的因素。

项目施工过程中,X排水公司与P环保公司之间就款项支付和工程进度等问题产生了一定的争议。双方在对工程款支付的安排上并未完全一致。根据合同约定,工程款应根据各阶段的验收进度支付,然而,在实际支付过程中,X排水公司未按合同约定的时间和金额支付款项,导致P环保公司多次向X排水公司催款。在项目推进过程中,X排水公司仅支付了部分款项,剩余款项迟迟未支付,且未明确支付的时间和方式。P环保公司多次催促支付,但X排水公司以工程未完全验收为由,未作支付。

2010年8月26日,X排水公司与Z污水处理公司签订了《X市第三污水处理厂共同出资协议》,此协议明确了Z污水处理公司为项目提供资金支持,金额为48,900万元,且明确约定了出资公司的支付方式。Z污水处理公司作为项目资金的主要提供方,对项目的资金运作进行了调整。

2010年9月28日,X市第三污水处理厂正式启动试运行。在试运行期间,X排水公司与P环保公司之间的工程款支付问题依然未得到解决。2011年1月13日,工程通过了竣工验收,污水处理厂投入商业运行。然而,由于项目中存在部分未完成的验收工作,特别是办公楼的节能专项验收未通过,工程验收并未完全结束。尽管如此,X排水公司与P环保公司之间关于款项支付的问题并未得到妥善解决。

2014年9月16日,尽管办公楼未通过节能专项验收,但其他部分工程的验收工作已经完成,污水处理厂的大部分设施已经投入使用。此时,P环保公司认为,尽管项目的验收工作未完全结束,但污水处理厂已经达到竣工标准,且已经投入实际运行,项目已基本完成,因此X排水公司应支付剩余款项。尤其是在大部分工程内容已投入使用的情况下,工程款项的支付条件已经成就,X排水公司应履行支付义务。

然而,X排水公司未按约定支付剩余工程款。经过多次催讨无果后,P环保公司于2014年11月12日向法院提起诉讼,要求X排水公司支付剩余工程款及相应的滞纳利息。

一审被告、二审上诉人X排水公司诉称:第一,尽管有一部分款项尚未支付,但实际欠款金额应为34,643,808.17元,而非P环保公司所主张的36,255,982.42元。X排水公司认为,合同中对工程款项的结算有明确的约定,实际支付金额应根据结算单进行核算,双方在结算过程中存在一定分歧。第二,由于办公楼未通过节能专项验收,且部分工程未通过验收,工程并未完全竣工,支付条件并未完全成就。根据合同条款,只有在所有工程验收合格的情况下,才应支付剩余款项。因此,X排水公司认为没有义务支付剩余款项。第三,合同中并未明确约定滞纳利息的计算方式,且支付条件并未完全满足,因此不应支付滞纳利息。X排水公司认为,滞纳利息的主张没有法律依据。第四,Z污水处理公司与Y排水开发公司与其仅为公司内部职能分立关系,并未对工程款项支付承担实际责任。X排水公司是合同的直接签订方,其应独自承担支付剩余款项的责任,Z污水处理公司和Y排水开发公司并不应承担连带责任。

一审原告、二审被上诉人P环保公司辩称:第一,其尽管已经收到部分款项,但根据合同的约定,仍有相当一部分款项未支付。P环保公司认为,X排水公司应支付剩余款项,并且未支付的金额为36,255,982.42元。第二,办公楼未通过节能专项验收并不影响整体工程的完成,且大部分污水处理构筑物已经验收通过,工程已经实际交付使用。因此,合同中约定的支付条件已经成就,X排水公司应按照合同支付剩余款项。第三,X排水公司迟迟未能按时支付剩余工程款,已经构成违约,因此P环保公司要求从合同约定的付款日期起,按银行同期贷款利率计算滞纳利息。P环保公司认为,根据合同的支付条款,X排水公司应承担滞纳利息。第四，Z污水处理公司与Y排水开发公司在本工程项目中承担了一定的责任，且三方在资金支付和责任分担上存在一定关联。根据合同具体约定及相关法律规定，三家公司应共同承担支付剩余款项的责任。

一审法院认为： 第一，尽管办公楼未通过节能专项验收，但整体污水处理构筑物已经通过了竣工验收，工程的核心内容已经完成，并交付使用。因此，支付剩余款项的条件已经成就，X排水公司应支付剩余款项。第二，X排水公司未按照合同约定按期支付工程款，构成违约，因此应支付滞纳利息。法院依据中国人民银行同期贷款利率来确定滞纳利息的计算标准，并从合同约定的支付日期开始计算。第三，X排水公司、Z污水处理公司和Y排水开发公司三方在项目中承担了一定责任，尤其是Z污水处理公司与Y排水开发公司对项目资金支持及相关工作承担了不可忽视的责任。因此，法院认为三家公司应共同承担支付剩余款项及滞纳利息的责任。

二审法院认为： 办公楼未通过节能专项验收并不影响整体工程的完成，且工程核心内容已通过验收并投入使用，因此，支付剩余款项的条件已具备。二审法院对滞纳利息的计算方式和利率标准予以确认，并支持了P环保公司关于滞纳利息的主张。对于连带责任问题，二审法院确认三方应共同承担责任，并认为，X排水公司作为合同的主要方，其未履行支付责任，Z污水处理公司与Y排水开发公司也应承担一定责任，特别是在资金支持和项目推进方面，三方在责任上不可割裂，因此应共同承担欠款和滞纳利息的支付义务。

实务要点

建设工程验收与支付需要具备的条件

工程验收与支付条件是建设工程施工合同中的关键部分，关系到承包方与发包方的权益，也直接影响合同履行的结果。根据《民法典》和相关法律法规，工程验收的合格标准、支付的时点和支付方式都受到严格规定。

1. 建设工程验收的条件

工程验收是确保建设项目质量符合合同和法律要求的重要程序。验收的目的是确认工程是否符合设计要求、建设标准和合同约定的质量要求。

(1)工程竣工验收。

交付竣工验收的建设工程,必须符合规定的建设工程质量标准,有完整的工程技术经济资料和经签署的工程保修书,并具备国家规定的其他竣工条件。建设工程竣工经验收合格后,方可交付使用;未经验收或者验收不合格的,不得交付使用。

(2)竣工验收的类别。

在建设工程中,竣工验收分为两大类:

①整体竣工验收,是指整个工程项目完成后的验收,所有部分均符合合同要求。

②分项验收,是指工程项目分阶段、分部分的验收。例如,污水处理厂项目可能会分为不同的功能区,如设备采购、土建施工、环保节能等,部分完成的内容可单独验收。

在本案中,虽然办公楼的节能专项验收未通过,但污水处理厂的其他部分已经完成并投入使用。因此,尽管办公楼部分存在问题,其他部分的验收合格仍然满足工程款支付的条件。

(3)验收合格的法律效力。

工程竣工后,承包人有权请求发包人支付工程款,除非合同约定了其他特殊的支付条件或未通过验收的特殊情况。验收是否合格是确认工程是否具备交付条件的重要依据。

2. 建设工程款支付的条件

工程款的支付通常以工程的完成进度和验收情况为依据。具体支付条件包括:工程各阶段的完工、验收合格、付款时点的约定等。

(1)合同约定的支付条件。

在建设工程施工合同中,支付条款一般会明确约定每一阶段工程完成后的支付比例及时点。这些支付条款应根据工程进度、质量标准以及验收情况来设定,通常包括以下几种形式。

①预付款:合同签订后,发包人支付承包人一定比例的工程款作为启动

资金。

②进度款：根据工程的进度，发包人按阶段性完工的部分支付工程款。进度款的支付通常依赖于各阶段的验收。

③竣工款：项目竣工后，承包人根据竣工验收的合格情况申请结算剩余款项。

在本案中，P环保公司与X排水公司签订的合同应有明确的支付计划和支付标准。即便办公楼未通过节能专项验收，但污水处理厂的其他部分已经竣工并通过验收，P环保公司仍然有权要求支付相应的工程款。

（2）验收与支付挂钩的原则。

一般来说，建筑工程的付款与验收进度紧密相关。验收合格后，发包人应根据合同约定支付工程款。在本案中，X排水公司未支付剩余款项的理由是办公楼的节能验收未通过。然而，考虑到污水处理厂的其他部分已经完工并投入使用，工程款的支付条件应以整体工程的完成情况为基础。

（3）验收未通过的特殊情况。

如果项目的某一部分未通过验收，通常情况下，发包人有权要求承包人进行整改，但这不应成为拖延支付其他合格部分工程款的理由。特别是当工程其他部分已经达到合同要求并投入使用时，合同约定的支付条件应以实际完成的工程为依据。

在本案中，尽管办公楼未通过节能专项验收，但X排水公司应根据已完成的部分支付工程款。若X排水公司坚持拒绝支付，可能构成违约行为，违反合同中关于支付工程款的条款。

（4）法律保护承包方权益。

承包人在工程完成后有权要求发包人支付工程款。即使部分工程未验收通过，已经完成的部分仍应支付款项。因此，P环保公司有权要求X排水公司支付工程款，且X排水公司未按时支付应承担违约责任。

从上述分析可以得出，工程验收与支付条件在本案中具有重要意义。虽然办公楼未通过节能验收，但其他部分工程已经完工并通过验收，符合支付条件。因此，X排水公司应按合同约定支付剩余的工程款，并且应支付滞纳利息。

X排水公司以节能验收未通过为由拒绝支付款项的行为不符合合同的约定及法律的规定,构成违约,应当承担相应的违约责任。

工程合同中的验收与支付条件需要明确、公正、合理,合同双方应严格履行合同约定,确保支付条件与实际工程完成情况相符,避免因不当支付拖延引发的法律纠纷。

法律依据

1.《民法典》(2021年施行)

第七百九十五条 施工合同的内容一般包括工程范围、建设工期、中间交工工程的开工和竣工时间、工程质量、工程造价、技术资料交付时间、材料和设备供应责任、拨款和结算、竣工验收、质量保修范围和质量保证期、相互协作等条款。

第七百九十六条 建设工程实行监理的,发包人应当与监理人采用书面形式订立委托监理合同。发包人与监理人的权利和义务以及法律责任,应当依照本编委托合同以及其他有关法律、行政法规的规定。

第七百九十七条 发包人在不妨碍承包人正常作业的情况下,可以随时对作业进度、质量进行检查。

第七百九十九条 建设工程竣工后,发包人应当根据施工图纸及说明书、国家颁发的施工验收规范和质量检验标准及时进行验收。验收合格的,发包人应当按照约定支付价款,并接收该建设工程。

建设工程竣工经验收合格后,方可交付使用;未经验收或者验收不合格的,不得交付使用。

第八百条 勘察、设计的质量不符合要求或者未按照期限提交勘察、设计文件拖延工期,造成发包人损失的,勘察人、设计人应当继续完善勘察、设计,减收或者免收勘察、设计费并赔偿损失。

第八百零一条 因施工人的原因致使建设工程质量不符合约定的,发包人有权请求施工人在合理期限内无偿修理或者返工、改建。经过修理或者返工、改建后,造成逾期交付的,施工人应当承担违约责任。

2.《建筑法》(2019 年修正)

第六十条 建筑物在合理使用寿命内,必须确保地基基础工程和主体结构的质量。

建筑工程竣工时,屋顶、墙面不得留有渗漏、开裂等质量缺陷;对已发现的质量缺陷,建筑施工企业应当修复。

第六十一条 交付竣工验收的建筑工程,必须符合规定的建筑工程质量标准,有完整的工程技术经济资料和经签署的工程保修书,并具备国家规定的其他竣工条件。

建筑工程竣工经验收合格后,方可交付使用;未经验收或者验收不合格的,不得交付使用。

第六十二条 建筑工程实行质量保修制度。

建筑工程的保修范围应当包括地基基础工程、主体结构工程、屋面防水工程和其他土建工程,以及电气管线、上下水管线的安装工程,供热、供冷系统工程等项目;保修的期限应当按照保证建筑物合理寿命年限内正常使用,维护使用者合法权益的原则确定。具体的保修范围和最低保修期限由国务院规定。

三、B 环保科技公司与 Y 水务公司建设工程施工合同纠纷

案情简介[①]

一审被告、二审上诉人:B 环保科技公司

一审原告、二审被上诉人:Y 水务公司

一审被告:T 化工公司

2009 年 6 月,T 化工公司对其中水回用项目进行招标,招标内容是"T 化工有限责任公司 2.1 万 t/d 中水回用 BOT 运营商采购项目"。2009 年 8 月,案外

[①] 参见最高人民法院(2019)最高法民终 134 号民事判决书。

人C环保设计院中标。T化工公司与C环保设计院签订《意向书》,约定C环保设计院拟组建项目公司承担该项目的建设、资金管理和后期管理。C环保设计院依据投标文件的要求成立了项目公司B环保科技公司,B环保科技公司签订合同并具体实施该项目,C环保设计院提供技术保障。2010年6月,T化工公司与B环保科技公司签订《BOT合约》,双方就项目建设、项目运营和维护、项目设施的移交、不可抗力等进行了约定;并约定T化工公司授予B环保科技公司在特许经营期内独家的权利,以使B环保科技公司进行合同项目的融资、建设、运营、维护。

自2010年8月起,涉诉工程在未经招投标程序,也未办理施工许可证的情况下,原施工单位D公司进场施工,后退出,涉诉工程于2011年2月全部停工。为推进中水回用项目的继续建设,Y水务公司、B环保科技公司、T化工公司以及H环容局四方于2012年6月13日签署《T化工有限责任公司2.1万吨/天中水回用项目推动协调会纪要》(以下简称四方会议纪要)。根据四方会议纪要的精神,在未经招投标程序的情况下,Y水务公司与B环保科技公司于2012年7月31日签订了《总承包合同》以及附属的《施工协议》、《采购协议》和《服务协议》。《总承包合同》约定:本工程总承包范围包括工程施工图设计,设备和材料采购,建筑安装工程施工,设备监造、调试、验收试验,配合环保专项验收,技术服务与培训,移交生产,性能保护等,对工程质量保修期限内的服务进行全过程总承包。

2012年9月10日,B环保科技公司和Y水务公司签订了《补充协议》。该协议中第4.1条约定,以《施工协议》《采购协议》《服务协议》约定的付款申请作为计算建设期垫资利息的依据。第5.2条约定,建设期垫资利息应根据各阶段实际垫资金额按银行同期的一年期贷款利率产生的利息计算;竣工验收通过后垫资利息的计算方法为:(竣工验收时累计的垫资金额+建设期内垫资利息)×银行同期的一年期贷款利率。该协议还约定了建设期(竣工验收通过前)垫付资金总额=项目承包合同约定的发包人应支付工程款及其他合同款项总额-发包人支付给承包人的用于建设本项目的资金。

就施工图纸及设计过程中的问题,一审法院到C环保设计院进行了调查,

C环保设计院向一审法院提供了其与B环保科技公司、Y水务公司三方于2012年8月1日签署的《工程设计补充协议》。该协议约定,解除B环保科技公司与C环保设计院的原项目设计合同,当Y水务公司取得涉诉项目的总承包人资格后,由C环保设计院继续实施设计任务。并约定除生产车间工艺设计部分、建筑物的设计、清污分流设计外,其余按照原委托设计合同中的委托设计内容执行;C环保设计院在其设计范围内,如Y水务公司提出设计优化或者设计变更,在Y水务公司要求的合理时间内,应积极配合,完成施工图的设计变更;生产车间工艺设计部分由Y水务公司负责施工图设计,C环保设计院提供资质和出图。实际上,Y水务公司与C环保设计院按照该《工程设计补充协议》履行。

2012年12月8日,B环保科技公司、Y水务公司、C环保设计院、监理公司等共同召开了涉诉项目施工图交底会,到会人员都进行了签到,当天下午形成的《会议纪要》载明:"会上Y水务公司详细介绍了该项目的施工图设计方案,并就整个方案与原规划和初步设计方案进行了详细的对比介绍,各方对施工图设计方案进行了讨论,形成会议纪要如下:同意Y水务公司提交的施工图设计方案。鉴于Y水务公司参与该项目前现场已施工设施存在部分与原规划不一致的现象和原设计深度不一致的情况,结合四方会议纪要精神,施工图设计方案进行了局部优化调整,该优化调整是可行的……"并记载了具体的调整内容。

2012年8月、9月、11月、12月,2013年1月,2014年5月8日、12月28日,Y水务公司分7次向B环保科技公司和监理公司报送《工程款支付申请表》,并附《工程产值清单》,B环保科技公司和监理公司对前5次报送材料均予以确认。2013年2月起,B环保科技公司不再对《工程款支付申请表》和《工程产值清单》进行确认。

一审被告、二审上诉人B环保科技公司诉称: 首先,案涉合同有效。案涉项目属于必须招投标的项目,该项目已采取BOT方式通过公开招投标确定中标单位,并成立B环保科技公司为项目公司,具体负责项目建设、运营。B环保科技公司非国有投资公司,其可自行组织资金具体实施该项目的建设、运营,不必再次公开招投标。其次,Y水务公司没有按B环保科技公司提供的施工图进行土建工程施工,其擅自改变施工图部分的工程量不应获得工程价款并应予以整改。案涉工程款不具备支付条件。最后,无论《总承包合同》《施工协议》《采购协议》《服务协议》《补充协议》是否有效,Y水务公司交付的工作成果均应符合质量和验收要求。在Y水务公司实施的土建工程未施工完毕且不符合竣工验收条件,而采购设备、安装调试和技术服务未满足质量要求的情况下,支付工程款的条件没有成就。

一审原告、二审被上诉人Y水务公司辩称:首先,案涉合同无效。案涉中水回用项目关系社会公共利益,是市政公用事业特许经营项目且动用了财政资金拨款,案涉项目是必须进行招投标的项目。案涉项目经C环保设计院中标后,被C环保设计院转让给B环保科技公司,该行为属于违法转让中标项目,转让无效。B环保科技公司没有能力自行建设案涉项目,项目施工依法应当招标。其次,案涉工程竣工验收的条件已经不具备。T化工公司已经搬迁,工程没有继续施工的意义,且案涉工程无法办理竣工备案手续。在Y水务公司进场施工之前,原施工单位的施工成果已经与建设工程规划许可证不符,B环保科技公司未按承诺办理规划变更,案涉项目既不符合规划、又未办理施工许可证,导致无法进行竣工备案。再次,B环保科技公司故意拖延项目竣工验收,以逃避支付工程款。最后,案涉系列合同无效的责任在于B环保科技公司,B环保科技公司作为发包方,应当明知该项目是否应招投标,是否发生规划变更,Y水务公司是在政府有关部门协调下入场施工解决工业污水处理项目建设的问题,案涉合同无效的过错在于B环保科技公司。

一审法院认为:B环保科技公司与Y水务公司签订的《总承包合同》《施工协议》《采购协议》《服务协议》《补充协议》虽然是双方当事人的真实意思表示,但涉诉项目属于必须招投标的项目,而双方未经招投标程序即签订上述协议,故上述协议违反法律的强制性规定,应当属于无效合同。虽然上述协议无效,但Y水务公司全额垫资进行了施工图设计、全部设备采购安装、建筑安装工程的大部分施工,并多次依据协议的约定向B环保科技公司报送了《工程款支付申请表》及《工程产值清单》,B环保科技公司以及监理公司亦予以确认,其应向Y水务公司支付已完工程的工程款。

关于工程价款优先受偿权问题,建设工程款的优先受偿权是原《合同法》第

286条[1]为保护劳动者的利益,赋予建设工程施工方的一项法定优先权。虽《总承包合同》《施工协议》《采购协议》《服务协议》无效且工程未竣工验收,但建设工程款中工作人员的报酬、材料款等均已经发生并已经物化在在建工程当中,Y水务公司全额垫资施工,故在B环保科技公司欠付工程款的情况下,施工单位对已完工程享有优先受偿权。参照《最高人民法院关于印发〈全国民事审判工作会议纪要〉的通知》(法办〔2011〕422号)的精神,因发包人的原因,施工合同终止履行时已经超出合同约定的竣工日期的,以合同终止履行日为优先受偿权的起算点。本案中,双方的《施工协议》约定:2012年12月31日前达到通水条件,2013年4月30日前达到正式运营条件。因B环保科技公司后期对Y水务公司报送的工程量及付款申请(最后一次报送时间为2014年12月28日)不再予以确认,Y水务公司停工。虽然各方当事人均未明确具体的停工日期,但因停工时间在2014年12月28日之后已经超出了合同约定的竣工时间,故应以停工即合同终止履行的时间作为优先受偿权的起算点。据此,Y水务公司于2015年4月13日起诉主张工程款优先受偿权并未超过6个月的期间,应予支持。

二审法院认为:关于本案争议法律关系的性质。本案中,B环保科技公司依据《BOT合约》将案涉工程整体发包给Y水务公司,双方签订《总承包合同》《施工协议》《采购协议》《服务协议》《补充协议》等合同,约定Y水务公司负责包括项目设计、设备及材料采购、建筑安装、调试运行、技术培训、质量保修等内容的工程全过程建设。因此,Y水务公司与B环保科技公司之间形成建设工程总承包合同关系。

关于案涉合同的效力。案涉工程项目属于依法应当进行招投标的大型基础设施项目,因B环保科技公司违法受让他人中标项目,其与T化工公司签订《BOT合约》获得项目特许经营权,规避了《招标投标法》第3条关于特定工程项目必须招投标的效力性强制性规定,《BOT合约》应认定为无效合同。B环保科技公司不能依据无效合同取得特许经营权,故其无权将工程项目整体发包给Y水务公司;且Y水务公司签订项目总承包合同时缺乏相应施工资质,B环

---

[1] 现为《民法典》第807条。

保科技公司发包工程项目亦未依法进行招投标,故 B 环保科技公司与 Y 水务公司之间以项目总承包为基础和目的而签订的《总承包合同》《施工协议》《采购协议》《服务协议》《补充协议》,均应认定为无效协议。

关于 B 环保科技公司应否支付工程款的问题。虽然 B 环保科技公司与 Y 水务公司之间签订的系列合同无效,但 Y 水务公司履行了合同约定的图纸设计、设备采购安装、工程施工等主要合同义务,B 环保科技公司亦认可案涉工程已完成97%的建设进度,2014 年 12 月该公司与 T 化工公司协商对案涉项目进行联网试运行,加之案涉工程项目未经竣工验收是多种因素所致,并非 Y 水务公司造成,故对于未经竣工验收的工程项目,只要已完工程不存在质量问题,B 环保科技公司就应参照合同约定支付工程价款。

实务要点

建设工程价款优先受偿权应当如何适用

1. 建设工程优先受偿权的法律性质

建设工程价款优先权又称不动产施工优先权、不动产建设优先权,是指不动产的施工人、承揽人或者承包人(统称承包人)就该不动产修建而产生的债权,对该不动产享有的优先受偿的权利。

建设工程价款优先受偿权是一种法定的优先权,该优先权基于法律的规定直接在债务人的财产上设立,无须转移财产的占有,也无须登记,优先权是不以占有或者登记为公示要件的权利。[1]《民法典》第 807 条明确规定,建设工程的价款就该工程折价或者拍卖的价款优先受偿,即工程价款的优先受偿权是法定的优先权。根据《最高人民法院关于审理建设工程施工合同纠纷案件适用法律问题的解释(一)》(法释〔2020〕25 号,以下简称《建设工程司法解释(一)》)第 42 条,发包人与承包人约定放弃或者限制建设工程价款优先受偿权,损害建筑

---

[1] 参见潘军锋:《建设工程施工合同案件审判疑难问题研究》,载《法律适用》2014 年第 7 期。

工人利益的,该约定无效,进一步体现了建设工程价款优先受偿权系法定权利。

2. 优先受偿的范围

(1)包括成本、利润、规费和税金。

《建设工程司法解释(一)》第40条第1款规定:"承包人建设工程价款优先受偿的范围依照国务院有关行政主管部门关于建设工程价款范围的规定确定。"该司法解释对于工程价款的范围并未采取列举方式列举,而表述为依照国务院有关行政主管部门的规定。住房城乡建设部、财政部颁布的《建筑安装工程费用项目组成》(建标〔2013〕44号)中规定了工程价格的构成,包括成本(含直接成本及间接成本:人工费、材料费、施工机具使用费、企业管理费等)以及利润、规费和税金。

(2)不包括逾期利息和违约金。

《建设工程司法解释(一)》第40条第2款规定:"承包人就逾期支付建设工程价款的利息、违约金、损害赔偿金等主张优先受偿的,人民法院不予支持。"由此可见,主张优先受偿权的费用不应包括因发包人违约而造成的利息、违约金、损害赔偿金等。

(3)履约保证金和工程质量保证金。

履约保证金,是指发包人为防止承包人在履行合同过程中违约,或当出现违约情形时弥补由此造成的损失,系承包人为担保合同的履行而交付的保证金,其性质是对债的担保。依照《建设工程司法解释(一)》第40条的规定,履约保证金并不属于建设工程价款的范围,司法实践当中也普遍认为设立优先受偿权的目的是保障施工人可以优先取得其实际投入或者物化到建设工程中的价值,而根据规定发包人不得将履约保证金挪作他用。履约保证金未实际投入建设使用,因此不能优先受偿。

工程质量保证金,是指发包人与承包人在建设工程承包合同中约定,从应付的工程款中预留,用以保证承包人在缺陷责任期内对建设工程出现的缺陷进行维修的资金。根据《建设工程质量保证金管理办法》第2条的规定,工程质量保证金是从建设工程价款中预扣的,本质上仍属于建设工程价款的一部分。司法实践中的主流观点还是认为工程质量保证金属于优先受偿的范围。

3. 建设工程优先受偿权的行使期限

《民法典》施行前，于2018年10月29日公布的《最高人民法院关于审理建设工程施工合同纠纷案件适用法律问题的解释（二）》（已失效）第22条规定："承包人行使建设工程价款优先受偿权的期限为六个月，自发包人应当给付建设工程价款之日起算。"《民法典》施行后出台的《建设工程司法解释（一）》第41条规定，"承包人应当在合理期限内行使建设工程价款优先受偿权，但最长不得超过十八个月，自发包人应当给付建设工程价款之日起算"，即2021年1月1日以后，承包人行使建设工程价款优先受偿权的期限从6个月延长到了18个月。优先受偿权的期限延长至18个月的规定结合建设工程合同履行的特征进而保护了承包人的权利。

4. 建设工程优先受偿权的实行条件

优先受偿权必须具备实行条件。建设工程价款优先权非因法律行为而由法律规定直接取得，具有与物权公示相同的效力。承包人优先受偿权的实行，应当具备以下条件：

（1）工程质量合格。建设工程必须质量合格，承包人才能行使优先受偿权。如果工程质量不合格，承包人不能主张优先受偿权。

（2）工程款已确定。工程款数额应当明确，以便确定优先受偿权的范围。工程款的确定可以通过合同约定、工程结算、法院判决或仲裁裁决等实现。

（3）催告支付。承包人应先催告发包人在合理期限内支付价款。这一催告是行使优先受偿权的前提条件，承包人需要证明其已经履行了催告义务。

5. 建设工程优先受偿权的行使方式

（1）协议折价。承包人可以与发包人协商，将工程折价以偿还工程款。这种方式可以避免法律程序的复杂性和减少时间成本，是首选的解决方式。

（2）法院拍卖。如果协商折价不成，承包人可以请求人民法院依法拍卖工程，从拍卖价款中优先受偿。这种方式具有法律强制性，能够有效保障承包人的权益。

（3）通知。承包人可以通过发函件等方式行使优先受偿权，但需在法定期限内。通知的内容应当明确行使优先受偿权的意思表示,并保存好通知送达的证据。

本案中,虽然合同无效,但Y水务公司履行了97%的工程建设、设备采购安装等义务,B环保科技公司及监理公司亦认可施工进度。虽然工程未经验收,但B环保科技公司与T化工公司已协商联网试运行,且项目未验收的原因不完全归责于Y水务公司。因此,B环保科技公司应参照合同约定向Y水务公司支付已完工程款。

双方合同约定2012年12月31日前达到通水条件,2013年4月30日前达到正式运营条件,但实际履行过程中因B环保科技公司的原因而停工,最后一次工程款的报送时间为2014年12月28日,因此法院认定2014年12月28日之后的停工时间为合同履行终止点,并以此计算优先受偿权的期限,Y水务公司2015年4月13日主张优先受偿权并未超出6个月期限,符合建设工程价款优先受偿权的规定,应予支持。

法律依据

1.《民法典》(2021年施行)

第八百零七条 发包人未按照约定支付价款的,承包人可以催告发包人在合理期限内支付价款。发包人逾期不支付的,除根据建设工程的性质不宜折价、拍卖外,承包人可以与发包人协议将该工程折价,也可以请求人民法院将该工程依法拍卖。建设工程的价款就该工程折价或者拍卖的价款优先受偿。

2.《最高人民法院关于审理建设工程施工合同纠纷案件适用法律问题的解释(一)》(法释〔2020〕25号)

第一条 建设工程施工合同具有下列情形之一的,应当依据民法典第一百五十三条第一款的规定,认定无效:

(一)承包人未取得建筑业企业资质或者超越资质等级的;

(二)没有资质的实际施工人借用有资质的建筑施工企业名义的;

(三)建设工程必须进行招标而未招标或者中标无效的。

承包人因转包、违法分包建设工程与他人签订的建设工程施工合同,应当依据民法典第一百五十三条第一款及第七百九十一条第二款、第三款的规定，认定无效。

第九条 当事人对建设工程实际竣工日期有争议的，人民法院应当分别按照以下情形予以认定：

（一）建设工程经竣工验收合格的，以竣工验收合格之日为竣工日期；

（二）承包人已经提交竣工验收报告，发包人拖延验收的，以承包人提交验收报告之日为竣工日期；

（三）建设工程未经竣工验收，发包人擅自使用的，以转移占有建设工程之日为竣工日期。

第二十四条 当事人就同一建设工程订立的数份建设工程施工合同均无效，但建设工程质量合格，一方当事人请求参照实际履行的合同关于工程价款的约定折价补偿承包人的，人民法院应予支持。

实际履行的合同难以确定，当事人请求参照最后签订的合同关于工程价款的约定折价补偿承包人的，人民法院应予支持。

第二十五条 当事人对垫资和垫资利息有约定，承包人请求按照约定返还垫资及其利息的，人民法院应予支持，但是约定的利息计算标准高于垫资时的同类贷款利率或者同期贷款市场报价利率的部分除外。

当事人对垫资没有约定的，按照工程欠款处理。

当事人对垫资利息没有约定，承包人请求支付利息的，人民法院不予支持。

第三十五条 与发包人订立建设工程施工合同的承包人，依据民法典第八百零七条的规定请求其承建工程的价款就工程折价或者拍卖的价款优先受偿的，人民法院应予支持。

第三十六条 承包人根据民法典第八百零七条规定享有的建设工程价款优先受偿权优于抵押权和其他债权。

第四十条 承包人建设工程价款优先受偿的范围依照国务院有关行政主管部门关于建设工程价款范围的规定确定。

承包人就逾期支付建设工程价款的利息、违约金、损害赔偿金等主张优先受偿的，人民法院不予支持。

第四十一条 承包人应当在合理期限内行使建设工程价款优先受偿权,但最长不得超过十八个月,自发包人应当给付建设工程价款之日起算。

第二节 供用水合同纠纷

一、Y公司与Z水库管理站供用水合同纠纷

案情简介[①]

一审被告、二审上诉人:Y公司

一审原告、二审被上诉人:Z水库管理站

Z水库是由G县水利局所设立的中型水库,主要承担着防汛、灌溉、供水及水力发电等多重功能。Z水电站利用水库的水力资源进行发电,并向外界出售电力。Z水库管理站作为该水库的管理单位,负责管理和运营水库的水资源,特别是对于发电水费的收取。

根据2006年签订的合同,Y公司通过与G县水利局签订的协议,获得了Z水电站的经营权。该合同约定,Y公司拥有经营水电站的权利,可以使用水库资源进行发电,但合同并未明确说明是否给予了Y公司免于支付水库使用费用的特别条款。换句话说,Y公司只是获得了经营权,并未明确获准无偿使用水库水资源。

根据相关法律规定,水库作为国家所有的水利工程,任何单位或个人使用水库资源进行发电等经济活动时,必须按照法律规定支付水费。《J省水利工程供水价格管理办法》明确规定,对于用于发电的水库,其水费应按照水电站售电电价的12%核定。也就是说,Z水库管理站依法应收取水库的发电水费,并且收费标准由地方政府进行备案和批准。

[①] 参见江西省抚州市中级人民法院(2022)赣10民终244号民事判决书。

此外，G县人民政府曾发布《G县人民政府关于明确县属中型水库供水收费主体的批复》，明确了Z水库管理站负责Z水库的水费收取，并且Z水库管理站的收费行为应符合J省的相关法规和政策。

由于Y公司多次未按时支付水费，Z水库管理站于2019年和2020年多次向Y公司发出催款函，要求其支付相应的发电水费。然而，Y公司未能及时履行付款义务，且在部分支付之后，仍存在较大金额的欠款。因此，Z水库管理站认为Y公司未按时支付应付的发电水费，遂决定通过法律途径解决这一纠纷。

一审被告、二审上诉人Y公司诉称：首先，2019年和2020年的水费收费并未依据《J省水利工程供水价格管理办法》所列的具体收费标准，而且该办法自2020年起已经不再适用。同时，水费未列入《J省政府定价经营服务性收费目录清单》，因此不具有法定收费依据。其次，Z水库管理站作为供水主体，应当遵循明确的收费程序，且必须经过政府的审批，而这一程序未被履行。双方在合同中没有明确约定具体的水费标准，而水费的支付金额应由双方协商确定，或者由相关部门进行核定。上诉人认为，Z水库管理站并未履行应有的水费核定程序，且未提供相关证明文件来证明水费标准的合理性，因此其水费收费要求应当无效。最后，《优化营商环境条例》明确规定，收费应当透明、公正且合理，被上诉人没有遵循这一原则，且未能提供清晰、明确的收费标准和依据，导致收费行为不规范。

一审原告、二审被上诉人Z水库管理站辩称：作为水利工程的管理方，其依法有权收取发电水费。根据《水法》第55条的规定，水利工程应当按规定收取供水费用。双方在长期合作过程中，Y公司同意根据Z水库的供水条件和供水量支付相应的水费，并且Y公司在2018年已支付了部分水费，证明其在合同执行过程中并无异议。根据《J省水利工程供水价格管理办法》，即使上诉人对部分水费收费标准提出质疑，也应先支付欠款，并可以在支付后向相关部门提起行政复议或诉讼。被上诉人认为，上诉人迟迟未支付欠款，未能履行合同约定，构成违约。

一审法院认为：水资源归国家所有，国家对水资源实行取水许可制度和有偿使用制度。根据《水法》第55条的规定,使用水工程供应的水应当按照国家规定向供水单位缴纳水费,供水价格应当根据补偿成本、公平负担等原则进行确定。法院认定,Z水库管理站作为Z水库的管理单位,依法有权收取发电水费,Y公司作为发电水源的使用方,依法应履行缴纳水费的义务。

法律并未规定供用水双方当事人必须签订书面的供用水合同,而通过Y公司的答辩意见,以及Y公司认可其确实利用了Z水库的水源进行了发电,且Y公司于2020年11月17日向Z水库管理站缴纳发电水费122,368元,可知,Y公司已经实际部分履行了向Z水库管理站缴纳水力发电用水的水费义务,可以确认双方已经形成了事实上的供用水合同关系。

虽然水利工程的供水价格收费未列入《J省政府定价经营服务性收费目录清单》,但《J省发展改革委关于印发〈J省定价目录〉的通知》公布的《J省政府定价经营服务性收费目录清单》,已明确水利工程的供水价格授权县人民政府定价,故Z水库管理站收取水费不违反法律法规,系按照合同约定及相关法律法规规定收取。

二审法院认为:取用水资源的单位和个人要申请领取取水许可证,并缴纳水资源费,才能取得取水权。对于使用水工程供应的水,应实行有偿使用制度,要向供水单位缴纳水费。因此,水资源费、水费是两个不同的概念,所依据的法律规定也不一样,并不存在隶属或者包含关系。具体在本案中,上诉人Y公司的发电用水来源于被上诉人管理的Z水库,上诉人Y公司应按以上规定向被上诉人缴纳发电水费。上诉人主张2019年、2020年《J省政府定价经营服务性收费目录清单》均未将县属水利工程的供水价格纳入政府定价的经营服务性收费,从而认为一审认定是错误的。法院认为,相关文件并未明确取消发电水费这一项目,也未明确废止《J省发展改革委关于印发〈J省定价目录〉的通知》。因此,《J省发展改革委关于印发〈J省定价目录〉的通知》仍然有效。该文件已明确县属水利工程的供水价格定价授权给县人民政府,故2019年、2020年的《J省政府定价经营服务性收费目录清单》未将其列入不足以说明取消了发电水费这一项目。由于被上诉人对发电水费的收取是依法进行的,上诉人关于收取发电水费违反《优化营商环境条例》和《J省优化营商环境条例》的主张不能成立。

实务要点

供用水合同的成立

供用水合同的成立通常需要满足以下几个条件。

1. 合同双方的意思表示一致

根据《民法典》的相关规定,合同的成立需要双方当事人的意思表示一致。这意味着供水方与用水方必须就水的供应、费用支付等事项达成一致,并且该意思表示应当明确、真实。

2. 合同内容的明确性

供用水合同的内容应当明确,包括供水的方式、费用、质量等核心条款。如供水方的供水能力、质量标准、计量方式、收费标准、支付方式等,均应在合同中明确约定,以便双方明确各自的权利义务。

3. 合同形式

(1)书面合同,如自来水公司与用户签订的正式用水合同。

(2)事实合同,即双方没有正式签订书面合同,但通过双方的行为建立了合同关系。例如,用户开始接入自来水或使用水电等服务,即构成了事实上的合同关系。

供用水合同的主要内容

供用水合同的主要内容包括但不限于以下几个方面:

1. 供水服务内容

供水方需提供的水资源的种类、质量、数量和供应方式等。具体来说,应包括:

(1)水质标准。供水方应保证水质符合国家或地方的相关标准,确保水源清洁、安全。

(2)供水数量。合同中应明确约定供水的数量或用水计量方式。通常,水量是根据水表的读数来计算的。

(3)供水时间和频率。明确供水的时段或周期,确保用水方能够按照合同约定正常使用水资源。

2. 水费及支付方式

供水合同中应明确约定水费的计费方式、金额、支付周期、支付方式等。常见的内容包括:

(1)收费标准,应确定水费的标准,包括按用水量收费,或根据合同约定的收费标准进行。

(2)支付方式,通常包括现金支付、银行转账、网上支付等方式。

(3)支付周期,如按月、按季或按年支付水费。

(4)滞纳金条款,如果用水方未按时支付水费,可能会产生滞纳金,合同中应明确这一违约责任。

3. 合同期限

供用水合同应明确约定合同的有效期,通常有以下几种方式:

(1)固定期限合同,如合同约定供水服务的开始和结束时间。

(2)长期服务合同,某些情况下,合同可能是长期的,供水方持续提供服务,用户按约定支付水费。

(3)自动续期条款,如果双方没有明确终止日期,合同可能会自动续期,直至任一方提出终止。

4. 供水方的义务与责任

供水方的义务通常包括:

(1)按时、按质提供水资源。供水方应确保按时提供符合标准的水,水质须符合国家规定。

(2)设备维护和修理。供水方应对供水设施进行必要的维护和修理,确保供水设施正常运行。

(3)服务中断及赔偿。若因供水方的原因而致供水中断,供水方应及时通知用户并采取补救措施。

5. 用水方的义务与责任

用水方的义务通常包括：

（1）按时支付水费。用水方应按照合同约定的时间和方式支付水费。

（2）合理使用水资源。用水方应合理使用水资源，避免浪费。如果有违反约定用水的行为，可能会面临违约责任。

（3）维护水表设施。用水方应按要求维护水表设备，防止人为损坏或不正当操作。

6. 违约责任

供用水合同中应约定双方的违约责任，包括但不限于：

（1）供水方违约责任。如供水方未按时、按质提供水资源，可能需要赔偿用水方的损失。

（2）用水方违约责任。如用水方未按时支付水费，可能需要支付滞纳金，或者供水方有权采取断水等措施。

（3）合同解除条款，合同中应明确当违约行为发生时，另一方有权解除合同，并要求赔偿。

7. 争议解决方式

合同中应明确当发生争议时，双方应如何解决。常见的争议解决方式包括：

（1）协商解决。双方通过友好协商解决争议。

（2）仲裁。如果合同中有仲裁条款，双方可以通过仲裁机构解决争议。

（3）诉讼。如果通过协商或仲裁无法解决争议，双方可以向人民法院提起诉讼。

8. 其他特别条款

（1）不可抗力条款。如遇到自然灾害等不可抗力因素，供水方可能无法提供水源，此类情况应在合同中进行约定。

（2）合同转让与变更。如果供水公司或用水方希望转让合同权利和义务，合同应明确约定相关手续和程序。

供用水合同的成立与内容是为了确保供水方与用水方双方的合法权益得到保护,合同中应详细约定供水服务的内容、费用、违约责任等核心条款。供水方和用水方都应履行好各自的责任,供水方提供合格的水资源,并及时维修设施;用水方按时支付水费,合理使用水资源。该案中,虽然 Y 公司与 Z 水库管理站并未签订书面的供用水合同,但是 Y 公司认可其确实利用了 Z 水库的水源进行了发电,且 Y 公司于 2020 年 11 月 17 日向 Z 水库管理站缴纳发电水费 122,368 元,Y 公司已经实际部分履行了向 Z 水库管理站缴纳水力发电用水的水费义务,可以确认双方已经形成了事实上的供用水合同关系,因此,Y 公司应当向 Z 水库管理站履行缴纳水费的合同义务。

法律依据

1.《民法典》(2021 年施行)

第六百四十八条 供用电合同是供电人向用电人供电,用电人支付电费的合同。

向社会公众供电的供电人,不得拒绝用电人合理的订立合同要求。

第六百四十九条 供用电合同的内容一般包括供电的方式、质量、时间,用电容量、地址、性质,计量方式,电价、电费的结算方式,供用电设施的维护责任等条款。

第六百五十条 供用电合同的履行地点,按照当事人约定;当事人没有约定或者约定不明确的,供电设施的产权分界处为履行地点。

第六百五十一条 供电人应当按照国家规定的供电质量标准和约定安全供电。供电人未按照国家规定的供电质量标准和约定安全供电,造成用电人损失的,应当承担赔偿责任。

第六百五十二条 供电人因供电设施计划检修、临时检修、依法限电或者用电人违法用电等原因,需要中断供电时,应当按照国家有关规定事先通知用电人;未事先通知用电人中断供电,造成用电人损失的,应当承担赔偿责任。

第六百五十三条 因自然灾害等原因断电,供电人应当按照国家有关规定及时抢修；未及时抢修，造成用电人损失的，应当承担赔偿责任。

第六百五十四条 用电人应当按照国家有关规定和当事人的约定及时支付电费。用电人逾期不支付电费的，应当按照约定支付违约金。经催告用电人在合理期限内仍不支付电费和违约金的，供电人可以按照国家规定的程序中止供电。

供电人依据前款规定中止供电的，应当事先通知用电人。

第六百五十五条 用电人应当按照国家有关规定和当事人的约定安全、节约和计划用电。用电人未按照国家有关规定和当事人的约定用电，造成供电人损失的，应当承担赔偿责任。

第六百五十六条 供用水、供用气、供用热力合同，参照适用供用电合同的有关规定。

2.《水法》（2016年修正）

第四十八条第一款 直接从江河、湖泊或者地下取用水资源的单位和个人，应当按照国家取水许可制度和水资源有偿使用制度的规定，向水行政主管部门或者流域管理机构申请领取取水许可证，并缴纳水资源费，取得取水权。但是，家庭生活和零星散养、圈养畜禽饮用等少量取水的除外。

第五十五条 使用水工程供应的水，应当按照国家规定向供水单位缴纳水费。供水价格应当按照补偿成本、合理收益、优质优价、公平负担的原则确定。具体办法由省级以上人民政府价格主管部门会同同级水行政主管部门或者其他供水行政主管部门依据职权制定。

第七十条 拒不缴纳、拖延缴纳或者拖欠水资源费的，由县级以上人民政府水行政主管部门或者流域管理机构依据职权，责令限期缴纳；逾期不缴纳的，从滞纳之日起按日加收滞纳部分千分之二的滞纳金，并处应缴或者补缴水资源费一倍以上五倍以下的罚款。

二、H 休闲健身公司与 X 地表水处理公司供用水合同纠纷

案情简介[①]

一审被告、二审上诉人：H 休闲健身公司

一审原告、二审被上诉人：X 地表水处理公司

2001 年 3 月 25 日，B 市 C 区 T 水库管理处与 H 休闲健身公司签订了《供水协议书》，约定水库管理处每年向 H 休闲健身公司提供约 50 万立方米水量，H 休闲健身公司按月提供用水计划，用水计量方法以水库坝外出水管的流量为准，H 休闲健身公司所用水量的水费按工业消耗水价格标准缴纳，单价为 0.6 元/立方米，以后如有变动按国家物价指数调整，缴纳水费时间为每月 4 日前，过期按 H 休闲健身公司违约计算，未尽事宜另定补充协议，补充协议与该协议具有同等法律效力。

2007 年 7 月 13 日，水库管理处与 H 休闲健身公司签署《补充协议书》，主要内容约定如下：水库管理处向 H 休闲健身公司供水的价格在现有 B 市供水价格不变的情况下，继续执行绿化用水 1.57 元/立方米（若存在用电每立方米加收 0.3 元电费）；若 B 市供水价格有调整，则供水价格比照以往供水优惠比例继续给予优惠；水库管理处给予 H 休闲健身公司的用水优惠价是本着互惠互利的原则，双方分别作为两个独立平等的企业经协商确定的供水优惠价格，是正常的商业运作行为，不受任何行政干预和其他因素的影响。从水库管理处向 H 休闲健身公司开始供水至今，包括今后双方确定的供水优惠价均为最终结算价，不存在正常价、加价和优惠价之间差价补偿问题。

X 地表水处理公司成立于 2008 年 1 月 28 日，系 B 市 C 区 T 水库管理处主管设立的全民所有制企业。X 地表水处理公司成立后，接替水库管理处继续对 H 休闲健身公司进行供水，H 休闲健身公司向 X 地表水处理公司缴纳水费，

[①] 参见北京市高级人民法院(2021)京民终 976 号民事判决书。

X地表水处理公司向H休闲健身公司开具发票。双方未对上述两份协议进行变更或解除,但根据水库管理处和X地表水处理公司在组织类型与经营范围上的区别、多年来实际供水合同履行中收取水费及开具发票的主体情况,可以认定自2008年起X地表水处理公司就接替水库管理处继续对H休闲健身公司进行供水,X地表水处理公司与H休闲健身公司形成了事实上的供用水合同关系。

2014年5月30日,水库管理处向H休闲健身公司发送《关于H休闲健身公司水费调整通知》,表示"根据B市发展和改革委员会关于调整本市非居民用水水资源费征收标准,依据现行水价政策结合目前水资源现状,经我单位研究决定,现将水价调整如下:自备井用水7.15元/立方米,环境用水5元/立方米,饮用水7.15元/立方米,此水价标准自2014年6月1日起执行"。

2020年5月28日,C区节水办向X地表水处理公司发出《告知函》,载明"依据B市水务局、B市市场监督管理局、国家税务总局B市税务局联合发布的《关于落实巡视整改要求规范高尔夫球场取水用水管理工作的意见》的要求,你单位自2014年5月向H休闲健身公司高尔夫球场供应灌溉用水共计3,009,429立方米,其中涉及高尔夫球场范围内用水2,093,858立方米,你单位按照非居民水价征收水资源费(税)应当按照特种行业用水水价征收水资源费(税)。"

2020年6月17日,X地表水处理公司约谈H休闲健身公司经理,于当日向H休闲健身公司送达《水费补缴通知书》并告知其自2014年5月1日至2018年12月31日涉及高尔夫球场范围内用水为2,093,858立方米,应补缴特行水费318,287,129.2元。H休闲健身公司于2020年7月22日书面回复X地表水处理公司,表示H休闲健身公司正在积极与市水务部门和市税务部门进行沟通、协商。

2020年8月31日,H休闲健身公司出具转账支票,收款人为X地表水处理公司,金额为11,669,616元,未注明用途。H休闲健身公司未向X地表水处理公司支付其他特行用水差额费用,故X地表水处理公司向一审法院提出诉讼。

一审被告、二审上诉人H休闲健身公司诉称:H休闲健身公司的高尔夫球场的灌溉用水需求完全能够通过收集的雨水和循环使用的污水来满足,因此其并未使用X地表水处理公司提供的水库供水。H休闲健身公司提供了《H生态园合理用水分析报告》作为证据,以证明其上述主张能够得到支持。根据《价格法》和《B市定价目录》的相关规定,当事人有权对水利工程供水的水价进行约定。因此,双方之间关于水价的约定是合法有效的,一审法院认定该约定无效是错误的。即使合同被认定无效,H休闲健身公司认为X地表水处理公司作为取水(供水)单位,对于相关法规、政策的理解与适用更具专业性和公信力,因此合同无效的法律后果不应完全由H休闲健身公司承担。

一审原告、二审被上诉人X地表水处理公司辩称:H休闲健身公司在诉争期间存在特行用水的情况,即高尔夫球场的灌溉用水,且H休闲健身公司对此期间的水费按照非居民用水价格标准进行了缴纳,但未按照特行用水的价格标准补缴差价。根据B市发展和改革委员会发布的《关于调整B市非居民用水价格的通知》,高尔夫球场属于特殊行业用水户,水价为每立方米160元。因此,H休闲健身公司应按照此价格标准补缴特行用水的水费差价。尽管双方在合同中约定了非居民用水价格,但该约定违反了法律及行政法规的强制性规定,导致国家及社会公共利益受损,因此该约定应被认定为无效。X地表水处理公司主张,合同中关于水价的约定无效,不影响合同其他部分的效力,H休闲健身公司仍应按照法定的水价标准补缴水费。由于H休闲健身公司未按照规定的水价标准支付水费,因此应支付相应的滞纳金。

一审法院认为:X地表水处理公司的供水方式属于利用水利工程供水,其与H休闲健身公司对诉争期间的水费协商约定按照非居民用水价格标准收取,该价格构成中的水资源费金额远低于特殊行业用水的水价构成中的水资源费金额,该约定违反了法律及行政法规的相关规定,使属于国家所有的水资源费未足额缴纳,侵害了国家及社会公共利益。因此,X地表水处理公司与H休闲健身公司对于诉争期间用水全部按照非居民用水标准收取的协商定价的约定应认定为无效,但该部分价格的约定无效不影响双方整体事实供水合同关系的效力。根据B市发展和改革委员会发布的相关文件,认定高尔夫球场属于特殊行业用水户,应按照每立方米160元的标准缴纳水费。因此,H休闲健身公司应按照此标准补缴特行用水的水费差价。考虑到H休闲健身公司在过去的履约过程中能够积极履行水费缴费义务,不存在拖欠水资源费的主观恶意,因此对 X 地表水处理公司诉请的滞纳金不予支持。

一审法院对于 X 地表水处理公司提交的特行用水量统计表和 C 区节水办的数据进行了审查,但因这些数据均是由 X 地表水处理公司单方报送所得,故未予采信。同时,一审法院对于 H 休闲健身公司提交的《H 生态园合理用水分析报告》也未予采信,因为该报告系 H 休闲健身公司单方委托形成,不足以证明其主张。

二审法院认为:根据法律及行政法规的规定,水资源属于国家所有,使用水资源应有偿,使用水工程供应的水,应当按照国家规定向供水单位缴纳水费。因此,H 休闲健身公司用水应依据法律规定向 X 地表水处理公司缴纳水费。关于供水价格,应由 B 市人民政府价格主管部门会同 B 市水行政主管部门依据职权制定。因此,B 市发改委与 B 市水务局对于 B 市水资源费征收标准及水价具有定价及管理的职权,其发布的规范性文件应作为水费收取的价格标准的依据。根据《取水许可和水资源费征收管理条例》第 28 条的规定,特殊行业水价构成中的征收标准应由 B 市人民政府价格主管部门会同同级财政部门、水行政主管部门制定,报本级人民政府批准,并报国务院价格主管部门、财政部门和水行政主管部门备案,不属于供方与终端用户可以通过协议明确由双方协商定价的部分。

综合上述行政规范性文件,X 地表水处理公司的供水方式属于利用水利工程供水,其与 H 休闲健身公司对诉争期间的用于高尔夫球场灌溉的水费应当按照特殊行业水价标准收取,双方协商约定按照非居民用水价格标准收取水费的约定违反了法律及行政法规的相关规定,导致出现应缴未缴的水资源费的巨大差额,侵害了国家及社会公共利益。因此,X 地表水处理公司与 H 休闲健身公司对于诉争期间高尔夫球场取用自来水、自备井水、地表水用于球场灌溉的用水按照非居民用水标准收取的协商定价约定应认定为无效,但该部分价格的约定无效不影响双方整体的事实供水合同关系的效力。

实务要点

合同无效的情形

《民法典》合同编并未统一列举合同无效的情形,而是按照总则编"民事法律行为"的规定对合同效力进行认定,具体有以下五种合同无效的情形。

1. 无民事行为能力人订立的合同无效

根据《民法典》第144条的规定,无民事行为能力人(如未满8周岁的未成年人,或因精神疾病或其他原因无法辨认自己行为的成年人)所订立的合同是无效的。这是因为,法律要求当事人在订立合同时应具备足够的民事行为能力,以确保其有意愿和能力理解合同的权利义务及其后果。例如,若未成年人未经父母或法定监护人同意签订合同,则该合同通常视为无效,但某些情况(如未成年人的劳动合同、买卖日常生活必需品的合同等)除外,依照具体情况可以认定为有效。对于成年但因精神疾病无法辨认自身行为的人签订的合同,若无法证明其签约时有完全的行为能力,合同也应视为无效。

2. 以虚假意思表示订立的合同无效

《民法典》规定,如果合同一方基于虚假的意思表示订立合同,该合同应视为无效。虚假意思表示通常指的是合同一方在明知或故意隐瞒事实的情况下,通过虚假陈述或不真实的承诺来误导对方。例如,恶意虚构交易、以虚假的价格或虚假的标的进行交易,或是合同的一方故意隐瞒或歪曲事实以达成不正当的交易目的,均属虚假意思表示的情形。典型的案例就是企业为了逃避税收而通过虚构的交易合同与其他公司进行"阴阳合同"操作,虚报收入或费用,这种合同应被认定为无效。

3. 违反法律、行政法规的强制性规定订立的合同无效

如果合同违反了国家法律和行政法规中的强制性规定,即为无效。例如,在价格、环境保护、公共安全、消费者权益等领域,法律规定的某些标准必须严格遵守。如某些行业的水费定价规定,劳动法中对工资、工时的强制性规定等。如果合同的条款违反这些法律强制性规定,法院有权判定合同无效。比如,在本案中,价格条款未遵循《价格法》及《取水许可和水资源费征收管理条例》等法规的规定,造成价格条款无效。这种情形体现了法律对于特定行业(如特殊行业用水)的严格规定,要求合同价格应当符合政府的定价政策。

4. 违背公序良俗订立的合同无效

如果合同内容违背了公序良俗,即合同内容违反了社会公共利益、公共秩序或社会道德准则,则该合同无效。公序良俗通常指的是社会普遍接受的道德规范和法律原则,如诚实信用、公平竞争等。例如,如果合同涉及非法的赌博、敲诈勒索、以不正当手段进行竞争等,则违反了公序良俗,应当认定为无效。

5. 恶意串通损害他人合法权益订立的合同无效

如果合同的订立双方存在恶意串通的行为,其目的是损害国家、集体或第三人的合法利益,该合同同样无效。这类情形违背了《民法典》关于诚实信用和公平竞争的原则,通常涉及不正当竞争或欺诈行为。例如,某些企业通过虚假的交易或价格操纵,损害竞争对手的利益,或者某些行为通过伪造合同损害第三方的合法权益,都应视为恶意串通。

合同无效的法律后果

1. 合同不产生法律效力

合同无效的最直接后果是合同自始至终不产生法律效力,即无论合同一方是否履行了部分义务,合同本身的效力自始即不存在。这意味着,合同中的权利和义务不再对当事人产生法律约束力,任何一方都不可以要求对方履行合同义务。

2. 返还已履行的部分

合同无效后,双方通常需要返还已经履行的部分。如果合同履行过程中已经发生了财产转移或服务提供,则合同当事人应将对方交付的财产或已获得的利益归还。如果返还困难,则需要根据返还价值进行赔偿。例如,某人基于无效合同购买了商品且已支付款项,则商家需要将商品退还给买方,同时退还已支付款项。如果物品无法退回,则需要支付赔偿。

3. 损害赔偿责任

如果合同无效是因一方恶意行为所致,如欺诈、胁迫、重大误解等情形,则损害方还需承担赔偿责任。例如,若一方通过虚假陈述签订合同,使另一方蒙受损失,则受害方可以请求赔偿其直接损失及间接损失。

4. 合同无效的时效性与第三方保护

合同无效的认定不受当事人意志的影响,因此即使一方未曾提出合同无效的主张,法院依然可以依法认定合同无效。同时,合同无效不会影响第三方的合法权益,如果第三方已根据合同取得了合法权益,且为善意第三方,则其权益应当得到保护。恶意第三方则不享有此保护。

5. 合同部分无效的后果

如果合同的部分条款无效,而其他条款不受影响,则合同的有效性仍然存在。这时,法院会认定无效条款对其他条款不产生影响。只有当无效的条款是合同的核心条款或影响了合同的根本目的时,才会导致整个合同的无效。如果无效的条款与合同的核心目标无关,则不影响合同整体效力。例如,在合同的价格条款无效的情况下,如果供水合同其他条款仍能履行,合同可以继续有效,双方应根据法律规定的标准或市场情况重新商定价格。

从合同无效的情形及法律后果来看,该案中的核心问题是合同的价格条款违反了法律强制性规定。根据《民法典》的规定,合同中的价格条款因未遵循国家和地方关于特殊行业水价的规定而被法院判定为无效。然而,合同其他条款并未违反法律,因此不受无效条款的影响,继续有效。法院通过确认合同继续履行并要求按法定水价补缴水费的方式,确保了合同的实际履行,同时维护了公共利益和法律的强制性规定。尽管价格条款无效,但法院并未判定合同整体无效,而是采取了合理的法律补救措施,保障了合同履行的公正性与合法性。

法律依据

1.《民法典》(2021 年施行)

第一百四十三条 具备下列条件的民事法律行为有效:

(一)行为人具有相应的民事行为能力;

(二)意思表示真实;

(三)不违反法律、行政法规的强制性规定,不违背公序良俗。

第一百四十四条 无民事行为能力人实施的民事法律行为无效。

第一百四十六条第一款 行为人与相对人以虚假的意思表示实施的民事法律行为无效。

第一百五十三条第一款 违反法律、行政法规的强制性规定的民事法律行为无效。但是,该强制性规定不导致该民事法律行为无效的除外。

第一百五十四条 行为人与相对人恶意串通,损害他人合法权益的民事法律行为无效。

第一百五十五条 无效的或者被撤销的民事法律行为自始没有法律约束力。

第一百五十六条 民事法律行为部分无效,不影响其他部分效力的,其他部分仍然有效。

第一百五十七条 民事法律行为无效、被撤销或者确定不发生效力后,行为人因该行为取得的财产,应当予以返还;不能返还或者没有必要返还的,应当折价补偿。有过错的一方应当赔偿对方由此所受到的损失;各方都有过错的,应当各自承担相应的责任。法律另有规定的,依照其规定。

2.《水法》(2016年修正)

第五十五条 使用水工程供应的水,应当按照国家规定向供水单位缴纳水费。供水价格应当按照补偿成本、合理收益、优质优价、公平负担的原则确定。具体办法由省级以上人民政府价格主管部门会同同级水行政主管部门或者其他供水行政主管部门依据职权制定。

3.《取水许可和水资源费征收管理条例》(2017年修订)

第二十八条 取水单位或者个人应当缴纳水资源费。

取水单位或者个人应当按照经批准的年度取水计划取水。超计划或者超定额取水的,对超计划或者超定额部分累进收取水资源费。

水资源费征收标准由省、自治区、直辖市人民政府价格主管部门会同同级财政部门、水行政主管部门制定,报本级人民政府批准,并报国务院价格主管部门、财政部门和水行政主管部门备案。其中,由流域管理机构审批取水的中央直属和跨省、自治区、直辖市水利工程的水资源费征收标准,由国务院价格主管部门会同国务院财政部门、水行政主管部门制定。

第三节　涉水特许经营合同纠纷

一、P环保公司、Z污水处理公司与X市水务局、H投资公司等特许经营合同纠纷

案情简介[①]

原告：P环保公司、Z污水处理公司

被告：X市水务局、H投资公司、X市污水处理公司

2008年4月26日，X市排水公司与Z污水处理公司签订了《X市第一污水处理厂特许经营项目资产转让协议》，约定：为推动X市市政公用事业改革与发展，盘活国有存量资产，提高市政公用设施运营效率，X市人民政府决定将X市第一污水处理厂一期工程资产权益转让给Z污水处理公司。据此，Z污水处理公司取得该协议中的X市第一污水处理厂一期工程资产权益。

2008年5月13日，X市水务局与Z污水处理公司签订《X市第一污水处理厂特许经营项目特许经营协议》，Z污水处理公司取得X市第一污水处理厂（一期工程及技术改造，二期工程的融资、设计、建设）特许经营权，特许经营期为30年。

2010年8月26日，X市排水公司与Z污水处理公司签订了《X市第三污水处理厂委托运营项目委托运营协议》，约定：根据X市政府办公厅2008年10月24日第89次政府专题工作会议的要求，X市排水公司将第三污水处理厂与第一污水处理厂（二期）工程合建，合建项目的名称为"X市第三污水处理厂工程"（以下简称三污项目）。Z污水处理公司享有的X市第一污水处理厂（二期）工程的特许经营权相应转移至三污项目，即在三污项目中维持Z污水处理

[①] 参见青海省高级人民法院(2018)青民初40号民事判决书。

公司享有的 X 市第一污水处理厂（二期）工程相应的特许经营权不变，该期限与《X 市第一污水处理厂特许经营项目特许经营协议》中约定的期限保持一致；三污项目的委托运营期为 8 年。

2016 年 3 月 17 日，X 市审计局出具《X 市审计局对政府国有资产监督管理委员会〈关于 X 市第一、第三污水处理厂清算和补偿报告〉审计结果的报告》[（2016）18 号]，审核结果：对 Z 污水处理公司终止特许经营补偿 32,903.7 万元，其中，资产补偿费 17,878 万元；利润补偿费 11,296.89 万元；逾期劳务费的补偿 109.5 万元；拖欠的污水处理费 4687.31 万元；在补偿费中应扣减未投入的资金和拆迁资产费 1068 万元。

2016 年 4 月 8 日，X 市水务局、H 投资公司及 X 市排水公司作为甲方，与乙方 Z 污水处理公司、丙方 P 环保公司（投资方）签订了《X 市第一、第三污水处理厂特许经营权终止补偿协议》（以下简称《补偿协议》），其中，第 4 条约定"1.本协议签订后二十个工作日内，甲方向乙方支付水费 4687.31 万元；2.剩余补偿款 28216.39 万元，在本协议生效后四十个工作日内，由甲方向乙方付清；3.乙方在收到全额款项后，第一污水处理厂特许经营协议和第三污水处理厂的委托运营协议终止"；第 6 条第 1 款约定"乙方配合甲方办理第一污水处理厂的资产（包括但不限于土地、车辆、房产）过户手续。在移交基准日前，乙方必须解除上述资产的有关抵押、质押、担保等"；第 6 条第 3 款第 3.1 项约定"违约责任：甲方未按本协议第四条支付结算款，则按结算价款总额的每日万分之五承担违约金，具体以逾期天数按实计算"、第 3.2 项约定"当事人因主张合同权利而支出的包括但不限于诉讼费、代理费、工本费、差旅费等由败诉方承担"。该协议后附的《回购及补偿款的支付方式》中的"备注"一栏中记载了"收款收据"。

2016 年 5 月 31 日，Z 污水处理公司向 X 市污水处理公司移交资产，并出具《X 市第一污水处理厂资产移交清单》。

2016 年 6 月 13 日，H 投资公司向 Z 污水处理公司出具《关于兑付 X 市第一、三污水处理厂特许经营终止补偿款的函》，要求将补偿款兑付税票，并尽快交付有关资产，解除相应资产的抵押、质押、担保等手续。2016 年 6 月 29 日，

H投资公司向Z污水处理公司出具《关于明确X市第一、三污水处理厂特许经营终止补偿款支付方式的函》提出:(1)《回购及补偿款的支付方式》系Z污水处理公司单方面加入,其对此不予认可;(2)要求提供发票并在完成资产产权转移手续后支付剩余补偿款。

2016年6月30日,X市水务局为甲方、H投资公司为乙方,与丙方Z污水处理公司签订了《X市第一、第三污水处理厂特许经营权终止补偿支付补充协议》,其中,第1条第3项约定"甲、乙双方已向丙方支付补偿金——水费部分共计4687.31万元,已在2016年5月支付完成。为提升补偿支付、资产交割与管理运营效率,经甲乙方确认,由乙方按照《补偿协议》之约定支付剩余补偿款部分,共计28216.39万元";第4项约定"经甲、乙、丙三方协商同意,乙方以代为支付的方式,由全资子公司X市污水处理有限公司于2016年6月30日前代为向丙方支付补偿款,补偿款包括由丙方应收的资产补偿款及丙方代为收取的股东的终止补偿款。(该子公司代为支付全额款项后,甲乙双方的义务履行完毕,若未按时或完全支付款项,则甲乙双方对未付的款项承担连带支付责任)"。

2017年5月16日,P环保公司、Z污水处理公司以邮政快递的方式向X市水务局、H投资公司、X市排水公司送达《关于X市第一、三污水处理厂特许经营终止补偿协议剩余款项支付事宜的函》。2017年8月8日,P环保公司、Z污水处理公司以邮政快递的方式向X市水务局、H投资公司、X市排水公司送达《关于X市第一、三污水处理厂特许经营终止补偿协议剩余款项支付事宜的函Ⅱ》,提出以下解决办法:(1)按《补偿协议》支付剩余款项,约4620万元,我司提供发票(资产部分)和收据(补偿部分),X市水务局及时支付剩余款;(2)若H投资公司一定要开具发票,则由X市水务局负责多出来的税收,在X市水务局将多出来的税收支付给我司后我司及时提供发票。同时提出将保留追索违约金的要求。

2018年4月10日,P环保公司和Z污水处理公司向Q省高级人民法院提起诉讼,请求判令被告支付剩余补偿款、逾期付款违约金,并承担连带责任。

原告诉称: 2016年4月8日,原告与X市水务局、H投资公司及X市排水公司签订了《补偿协议》,根据该协议,X市水务局、H投资公司需向两原告支付终止补偿款、水费合计32,903.7万元。X市水务局、H投资公司于2016年5月份向两原告支付了水费4687.31万元,对于剩余的补偿款28,216.39万元的支付,Z污水处理公司与X市水务局、H投资公司于2016年6月30日签订了《X市第一、第三污水处理厂特许经营权终止补偿支付补充协议》,根据该份补充协议的约定,剩余补偿款28,216.39万元,应由X市污水处理公司在2016年6月30日前支付给Z污水处理公司。X市污水处理公司在2016年6月30日支付了补偿款23,596.39万元,尚欠两原告转让款4619.999443万元及违约金未支付,X市污水处理公司、X市水务局、H投资公司对上述付款承担连带清偿责任。

被告X市水务局、H投资公司辩称:(1)原告未按协议约定完成对第一污水处理厂资产的移交,未按协议约定完成配合办理第一污水处理厂的资产过户手续,未按协议约定在移交基准日前解除上述资产的有关抵押、质押、担保等,未向答辩人开具相应发票等先期履行合同义务,被告有权拒绝履行给付其余补偿款的义务;(2)双方协议约定的违约金过高,且约定不明确、不对等、不公平,被告依法有权要求降低;(3)原告主张的律师费缺乏必要性、客观性,不应支持。

被告X市污水处理公司辩称:其不是《补偿协议》及《X市第一、第三污水处理厂特许经营权终止补偿支付补充协议》的合同主体,不享有该协议的权利,也不应履行该协议的义务,没有依照该协议的约定向原告给付补偿款的合同义务。虽然有关于"……代为向丙方支付补偿款"的约定,但是根据原《合同法》第65条关于"当事人约定由第三人向债权人履行债务的,第三人不履行债务或者履行债务不符合约定,债务人应当向债权人承担违约责任"的规定,原告向X市污水处理公司主张权利缺乏事实及法律依据,请求驳回原告诉讼请求。

法院认为:《X市第一、第三污水处理厂特许经营权终止补偿支付补充协议》第1条第4项明确约定X市污水处理公司作为H投资公司的全资子公司替代履行补偿协议中X市水务局、H投资公司的给付义务,若未按时或完全支付款项,X市水务局、H投资公司对未付的款项承担连带支付责任。另从2016年6月30日、2018年9月30日X市污水处理公司分别向Z污水处理公司支付补偿款23,596.39万元、3400万元的履行义务看,其已替代履行X市水务局、H投资公司的合同义务,因此,X市污水处理公司系该案适格主体。

根据《补偿协议》第6条第3款第3.1项的约定,合同履行中,原告按协议约定向被告履行了移交资产的义务,各被告未按上述约定履行全额支付补偿款的义务,明显违约,其应承担相应的违约责任。《补偿协议》是各方当事人的真实意思表示,协议约定的违约金以每日万分之五承担赔偿责任并不违反法律法规的强制性规定,属于合理的责任承担范围,各方当事人应依约履行,被告抗辩违约金过高的理由不能成立,法院不予支持。

《X市第一、第三污水处理厂特许经营权终止补偿支付补充协议》第1条第4项明确约定X市污水处理公司作为H投资公司的全资子公司替代履行补偿协议中X市水务局、H投资公司的给付义务,若未按时或完全支付款项,X市水务局、H投资公司双方对未付的款项承担连带支付责任。故X市污水处理公司未全面履行付款义务,原告主张X市水务局、H投资公司对未支付的款项承担连带清偿责任有合同依据和事实依据,X市水务局、H投资公司应对欠付的补偿款及违约金承担连带清偿责任。

实务要点

《民法典》中的三大抗辩权——同时履行抗辩权、先履行抗辩权和不安抗辩权,在合同履行过程中起到了非常重要的法律保护作用,确保了合同履行的公平性和合理性。

1. 同时履行抗辩权

(1)适用情形:同时履行抗辩权适用于合同双方互负对价债务,并且合同中约定的履行行为需要同时进行的情形。如果对方未履行或履行不符合约定,债务人可以行使同时履行抗辩权,拒绝履行自己的合同义务。

(2)构成条件。

①互负对价债务。双方当事人基于同一合同互相负有履行对价债务的义务,并且这些义务是对等的、具有交换性质的。例如,一方交货,另一方支付货

款,或者一方提供劳务,另一方支付报酬。

②债务应同时履行。合同约定的履行行为应当在同一时间发生,即合同义务是相互依存、互为对价的。

③履行期已到。合同约定的履行期已届满,履行义务的时间已经到达。

④对方未履行或履行不当。如果一方未按约定履行合同或履行不当(如交货不合格、款项支付迟延等),另一方有权拒绝履行其自身义务。

(3)法律效果:如果债务人行使同时履行抗辩权,可以暂停履行自己的合同义务,直到对方履行其合同义务。如果对方未履行义务,则债务人可以请求解除合同或请求赔偿损失。

例如,A 公司与 B 公司签订了供货合同,A 公司承诺交付一定数量的商品,而 B 公司承诺支付货款。根据合同约定,交货与付款是同时进行的。如果 A 公司按时准备好了货物,但 B 公司未按时支付货款,则 A 公司可以行使同时履行抗辩权,拒绝交货,直到 B 公司支付货款。

2. 先履行抗辩权

(1)适用情形:先履行抗辩权适用于合同双方有履行顺序的情形。如果合同约定某一方应先履行合同义务,另一方在先履行方未履行其义务之前被要求履行义务,则后履行方可以主张先履行抗辩权,拒绝履行。

(2)构成条件。

①互负债务。合同中一方应先履行义务,另一方则在先履行方履行后再履行其义务。

②履行顺序。双方的履行顺序是事先明确的,即明确约定了哪一方先履行、哪一方后履行。例如,交货应在支付货款之前,或者服务应在支付报酬之前。

③先履行方未履行。如果合同约定由某一方先履行义务,先履行方未履行或履行不当,则后履行方可以拒绝履行。

④履行顺序未完成。如果先履行方未履行合同,则后履行方没有义务履行其义务。

(3)法律效果:后履行方可以拒绝履行其义务,直至先履行方履行其义务。

如果先履行方继续不履行,则后履行方可以解除合同,并请求损害赔偿。

例如,A公司与B公司签订了设备采购合同,A公司应先交货,B公司应后支付货款。如果A公司未按合同约定交付设备,则B公司可以基于先履行抗辩权拒绝支付货款。B公司可在不承担任何责任的情况下,等待A公司履行其交货义务。

3. 不安抗辩权

(1)适用情形:不安抗辩权适用于先履行债务的当事人发现另一方可能丧失履行能力的情形。当一方担心对方在履行过程中可能无法继续履行合同义务,且有确切证据证明对方的履行能力受到了严重威胁时,先履行方可以主张不安抗辩权,暂停履行,并要求对方提供担保。

(2)构成条件。

①先履行义务。一方合同义务的履行先于另一方。

②确切证据。先履行方必须有确凿证据表明后履行方可能丧失履行债务的能力。例如,后履行方存在财务状况急剧恶化、财产转移、资金流动困难等情况。

③有丧失履行能力的风险。如果先履行方有合理的担心认为对方可能无法履行债务,可以主张不安抗辩权。

(3)法律效果:先履行方有权中止履行自己的义务,直到对方提供足够的担保。如果对方无法提供担保,则先履行方可以解除合同或要求赔偿。

例如,A公司与B公司签订了设备买卖合同,A公司先交货,B公司后支付货款。若A公司发现B公司因经营困难,可能无法按期支付货款,则A公司可以基于不安抗辩权中止交货,并要求B公司提供担保以确保合同的履行。如果B公司无法提供担保,则A公司可以解除合同,或者要求赔偿损失。

回到本案中,对于被告方以原告方未按协议约定完成对第一污水处理厂资产的移交,未按协议约定配合办理第一污水处理厂的资产过户手续、未按协议约定在移交基准日前解除相关资产的有关抵押、质押、担保等,未向被告方开具相应发票等先期履行合同义务为由,拒绝履行补偿款的支付义务。本案的关键在于被告方所提出的"先履行抗辩权"能否成立?法院认为原告方已经按协议约定向被告方履行了移交资产的义务,被告方提出的上述答辩理由不能成立。虽然法院未认定办理资产过户手续、开具发票与履行支付补偿款的先后顺序,但是从法院的判决结果及相关法律的规定可以看出,行使"先履行抗辩权"的前提在于双方履行的义务均为主合同义务,而非从合同义务。本案中,原告方所需要履行的主合同义务为移交相关资产,在该义务已经履行完毕的前提下,被告方应当按照合同的约定履行补偿款的支付义务,否则应当承担相应的违约责任。

这三大抗辩权是《民法典》中为保护当事人合法权益而设立的重要法律制度。它们分别适用于不同的情形,保障了合同履行过程中的公平性与合理性。同时履行抗辩权确保了合同各方履行义务的平衡,防止一方在未履行义务的情况下要求另一方履行。先履行抗辩权则保障了合同中约定履行顺序的合理性,保护先履行方的利益,确保履行顺序的遵守。不安抗辩权提供了一种预防性保护机制,允许当事人在怀疑对方履行能力受损时,要求对方提供担保,或者中止履行合同。这些抗辩权制度为当事人提供了更多的法律保障,不仅使合同的履行更加有序和公正,也促进了合同履行的稳定性与可预见性。[①] 在具体应用中,合同当事人应当根据实际情况合理行使这些权利,避免因不当行使而产生不必要的法律纠纷。

法律依据

《民法典》(2021 年施行)

第五百二十三条 当事人约定由第三人向债权人履行债务,第三人不履行债务或者履行债务不符合约定的,债务人应当向债权人承担违约责任。

第五百二十五条 当事人互负债务,没有先后履行顺序的,应当同时履行。一方在对方履行之前有权拒绝其履行请求。一方在对方履行债务不符合约定

---

① 参见韩新磊:《〈民法典〉履行抗辩权条款的体系解释》,载《河南财经政法大学学报》2022 年第 5 期。

时,有权拒绝其相应的履行请求。

第五百二十六条 当事人互负债务,有先后履行顺序,应当先履行债务一方未履行的,后履行一方有权拒绝其履行请求。先履行一方履行债务不符合约定的,后履行一方有权拒绝其相应的履行请求。

第五百二十七条 应当先履行债务的当事人,有确切证据证明对方有下列情形之一的,可以中止履行:

(一)经营状况严重恶化;

(二)转移财产、抽逃资金,以逃避债务;

(三)丧失商业信誉;

(四)有丧失或者可能丧失履行债务能力的其他情形。

当事人没有确切证据中止履行的,应当承担违约责任。

第五百二十八条 当事人依据前条规定中止履行的,应当及时通知对方。对方提供适当担保的,应当恢复履行。中止履行后,对方在合理期限内未恢复履行能力且未提供适当担保的,视为以自己的行为表明不履行主要债务,中止履行的一方可以解除合同并可以请求对方承担违约责任。

二、P污水处理公司与L区住建局特许经营合同纠纷

案情简介[①]

一审原告、二审上诉人:P污水处理公司

一审被告、二审被上诉人:L区住建局

一审第三人:农行某分行

2009年8月4日,P污水处理公司与L区住建局、S环保集团联合体签订P市L区污水处理厂特许经营协议,该协议约定了P污水处理公司负责在L区建设并运营污水处理厂,并且保证污水处理厂能够按照约定的标准进行污水处理

---

① 参见福建省高级人民法院(2017)闽民终1121号民事判决书。

和环境保护工作。

2014年7月23日,P污水处理公司因其他经济纠纷被法院强制执行,L区住建局为协助法院执行,将P污水处理公司应得的污水处理服务费汇入法院银行账户。之后,P污水处理公司发生资金困难,未及时缴纳电费,L区住建局于2014年8月12日向P污水处理公司发出《关于尽快缴纳污水处理厂电费的函》,要求P污水处理公司及时缴纳电费,以防止停电,影响污水处理及减排任务。2014年8月13日,P污水处理公司向L区住建局发出《关于请求从我司应得污水处理费中代扣代付电费的函》,请求L区住建局从污水处理费中代扣代付电费。

2014年8月25日,P污水处理公司向L区住建局发出《关于协调恢复供电、供水的紧急请求函》,请求L区住建局将P污水处理公司应得的污水处理服务费优先支付水电费、工资,使生产恢复成为可能,同时P污水处理公司将全力筹措资金以自行支付银行利息、设备维护、生产药品耗材等费用,以尽快实现生产恢复,避免情况继续恶化。如L区住建局不能接受上述建议,则P污水处理公司呼吁L区住建局立即接管污水厂,恢复生产,避免造成更严重的社会局面。2014年8月25日,L区住建局向P污水处理公司发出《立即恢复生产通知书》,该通知书载明P污水处理公司因欠缴电费于2014年8月24日15时许被电力部门停电,导致污水处理厂停止运营,造成污水管网压力陡增,污水溢流,严重影响社会公共利益和安全,将造成严重的环保事故,同时还将导致污水溢流至周边农田,造成大量农作物受灾受损的严重事件。该通知书同时要求P污水处理公司立即恢复生产经营,若未及时恢复生产经营,L区住建局将视情况决定终止(解除)特许经营协议,择时收回特许经营权。

2014年8月29日,L区住建局向P污水处理公司发出通知,决定终止(解除)与P污水处理公司签订的污水处理厂特许经营协议,并收回特许经营权,暂时接管污水处理厂的资产、设备等,并通知P污水处理公司在接到通知书之日起7日内指派人员与L区住建局对资产补偿等依照特许经营协议约定进行结算或通过法院诉讼程序进行解决。

2014年9月3日,P污水处理公司向L区住建局作出回复,其认为L区住建局在未与 P 污水处理公司协商一致签署协议的情形下,单方作出解除特许经营协议、收回特许经营权并接收资产设备的行为无效。2014 年 11 月 26 日,P 污水处理公司委托律师向 L 区住建局发出律师函,认为 L 区住建局解除(终止)特许经营协议没有事实与法律依据,解除程序违法,解除协议的行为无效,L 区住建局应依法承担违约责任,其将通过法律途径解决相关事宜。

一审原告、二审上诉人 P 污水处理公司诉称: P 污水处理公司因经济困难,账户被法院冻结,电力部门拉闸停电的情况虽有违约之处,但该等违约并不会导致根本合同目的落空,不符合同解除的法定要件。L 区住建局并未按照合同的约定给予 30 天违约补正期及 30 天协商期,其行使合同的解除权没有依据,显属违约解除。L 区住建局对于本案合同的解除是属于法定解除、约定解除还是协商解除主张不明确,一审法院对此也未予以分析认定,应属认定事实不清,适用法律错误。特许经营合同有三方签约主体,但 L 区住建局的合同解除仅通知了 P 污水处理公司,未通知第三方 S 环保集团等联合体,合同解除无效。

一审被告、二审被上诉人 L 区住建局辩称: 第一,P 污水处理公司未能履行合同致使合同目的不能实现,L 区住建局依法履行法定解除权,有事实和法律依据。第二,特许经营权是授予 P 污水处理公司一方,根据涉案合同的约定履行特许经营权的也是 P 污水处理公司一方,根据合同相对性原则,L 区住建局向 P 污水处理公司发出合同解除通知是合法有效的。第三,异议期是除斥期间,不适用中断、中止的情形,P 污水处理公司在法定期间内未提起诉讼,其逾期提起诉讼不应支持。综上,请求驳回 P 污水处理公司的上诉,维持原判。

一审法院认为: P 污水处理公司因其他经济纠纷被法院强制执行,L 区住建局为协助法院执行,自 2014 年 7 月 23 日起依照法院协助执行通知书的要求,将 P 污水处理公司应得的污水处理费全额汇入法院指定的账户,应视为 L 区住建局已按特许经营协议的约定,履行了支付污水处理费的合同义务。P 污水处理公司因自身经济困难,缺乏资金无力支付电费而被电力部门停电,造成污水处理厂停止运营,严重危害社会公共利益和公共安全,其无力支付电费的行为可以表明 P 污水处理公司已缺乏履行特许经营协议约定的合同义务的能力,L 区住建局无须与 P 污水处理公司进行协商即有权解除合同。P 污水处理公司因自身缺乏资金无力支付电费,被电力部门停电导致污水处理厂停止运营,同时先后多次向L区住建局发函要求接管污水处理厂,并表明其将积极配合L区住建局解除特许经营协议、收回特许经营权。L区住建局依照P污水处理公司多次解除特许经营协议的请求和特许经营协议的约定,作出解除特许经营协议、收回特许经营权,并暂时接管P市污水处理厂资产的决定,是P污水处理公司、L区住建局双方合意解除协议的行为,符合协议约定和法律规定。因S环保集团联合体仅作为P污水处理公司的投资方,P污水处理公司是特许经营协议的项目公司,亦是特许经营协议的合同相对人,L区住建局向P污水处理公司发出解除特许经营协议、收回特许经营权的通知,没有违反合同相对性原则,符合法律规定。

二审法院认为:本案中,P污水处理公司因其他经济纠纷被法院依法强制执行,L区住建局依照执行法院的通知,将应支付给P污水处理公司的污水处理服务费汇入法院银行账户,应视为L区住建局已经履行了涉案特许经营协议约定的支付污水处理服务费的义务。之后,P污水处理公司因资金困难,未及时缴纳电费,为此,自2014年8月12日至2014年8月28日止,P污水处理公司与L区住建局之间发生多次函件往来,但P污水处理公司均未能解决其资金问题,最终导致污水处理厂被拉闸停电而停产,P污水处理公司的行为已违反了涉案特许经营协议的约定,且其违约行为导致了污水处理厂正常运营的合同目的无法实现,必将严重危害社会公共利益和公共安全,L区住建局有权解除合同。所以,L区住建局于2014年8月29日向P污水处理公司发出的《解除(终止)〈P市污水处理厂特许经营协议〉、收回特许经营权及暂时接收P市污水处理厂资产设备通知书》是合法有效的。一审法院对P污水处理公司要求确认L区住建局解除涉案协议及收回特许经营权的行为无效等诉讼请求未予支持,并无不当。另外,根据涉案协议载明的内容,S环保集团联合体仅是涉案特许经营项目的投资人,该联合体依约设立的P污水处理公司才是具体实施污水处理厂BOT事宜的项目公司,L区住建局亦将涉案特许经营权授予P污水处理公司,故L区住建局向P污水处理公司发出解除涉案协议、收回特许经营权的通知符合合同相对性的原则,符合法律规定。

> 实务要点

> 合同解除的情形

合同解除是指在合同有效成立后,因特定情形的出现,使合同一方或双方当事人依法或依约终止合同效力的行为。根据《民法典》的规定,合同解除的情形主要分为约定解除和法定解除两大类。

1. 约定解除

(1)协商一致解除。

根据《民法典》的规定,当事人双方经过协商达成一致意见,可以解除合同。

法律后果:解除后,双方应根据协议处理已履行部分的财产返还和损失赔偿等事项。

(2)约定解除权。

如果合同中明确约定了某些解除条件,且这些条件已经发生,那么一方可以行使解除权,解除合同。

适用情形:合同中可能约定了在特定情况下(如项目延期超过某一时限、质量不合格等)一方有解除合同的权利。如果合同中确实包含类似的约定,且解除事由发生,则L区住建局可以行使解除权解除合同。

法律后果:根据约定解除权条款,解除合同的一方不需要经过双方协商,但应当通知对方并依法履行解除手续。

2. 法定解除

(1)不可抗力。

如果合同履行受到不可抗力的影响,导致无法实现合同目的,则一方可以解除合同。

适用情形:如果合同一方未能按时履行合同或未能继续履行合同的原因是不可抗力事件(如自然灾害、疫情等),则另一方可依据不可抗力条款解除合同。

法律后果:解除合同后,双方应根据不可抗力的相关规定,互相返还已履行部分,并不追究对方的违约责任。

(2)预期违约。

在履行期限届满前,如果一方明确表示或通过行为表明不履行主要合同义务,则另一方可以解除合同。

适用情形:如果合同一方在合同履行过程中明确表示无法继续履行合同,或通过行为(如无故拖延支付款项)表明不履行合同,则另一方可主张解除合同。

法律后果:解除合同的一方可以请求对方承担违约责任,并赔偿因此产生的损失。

(3)迟延履行。

如果一方迟延履行主要合同义务,经催告后在合理期限内仍未履行,则另一方可以解除合同。

适用情形:如合同一方未按时支付款项或完成其他合同义务,且在催告后仍未履行,则另一方可以主张解除合同。

法律后果:解除合同后,违约方应当承担违约责任,赔偿解除合同一方因此遭受的损失。

(4)根本违约。

如果一方违约的行为严重影响合同目的的实现,则另一方可以解除合同。根本违约通常指违约行为对合同履行的核心部分产生了重大影响。

适用情形:如果合同一方未按合同约定履行主要义务(如工程质量不合格、严重延期等),导致合同目的无法实现,则另一方可以依据根本违约的规定解除合同。

法律后果:解除合同后,违约方应当赔偿因其违约行为造成的损失,且解除合同的一方有权要求恢复原状或要求赔偿损失。

(5)法律规定的其他情形。

除以上情形外,还可以根据法律的其他规定解除合同。

适用情形:可能涉及特殊情形或合同中未明确约定的解除情形,具体需要根据案件实际情况判断。

法律后果:解除合同的一方仍需要承担合同解除后的相应责任和义务。

合同解除的程序

1. *解除权的行使*

在符合解除条件的情况下,合同解除方应依法行使解除权。通常,解除权的行使意味着一方基于特定解除事由,通知对方解除合同。

2. *通知对方*

合同解除的通知是解除合同的关键程序,只有在解除通知到达对方时,合同才会解除。

3. *异议处理*

如果对方对解除合同有异议,则可以通过法院或仲裁机构请求确认解除合同的效力。

4. *解除权行使期限*

合同解除权一般会受到时间限制。根据《民法典》的相关条款,解除权行使的期限如下:

(1)法定解除权:如果法律规定了解除权的行使期限,则解除权人必须在规定期限内行使,否则解除权将消失。

(2)约定解除权:如果合同中约定了解除权的行使期限,则解除方必须在该期限内行使解除权。

(3)未约定期限:如果合同没有约定解除期限,则解除权应当在解除事由发生后的合理时间内行使,且不得超过1年。

本案中,原告因资金困难,未及时缴纳电费,已违反了涉案特许经营协议的约定,且其违约行为导致了污水处理厂正常运营的合同目的无法实现,必将严重危害社会公共利益和公共安全,根据《民法典》第562~566条的规定,原告的行为已经构成根本违约,达到法定解除的情形,L区住建局有权解除合同。且在本案中,原告曾多次发函给L区住建局请求解除特许经营协议,L区住建局根据原告的函件作出解除特许经营的协议,应被视为原告有解除特许经营协议的意向,L区住建局解除协议的行为符合法律的规定及协议的约定。

法律依据

《民法典》（2021 年施行）

第五百六十二条 当事人协商一致，可以解除合同。

当事人可以约定一方解除合同的事由。解除合同的事由发生时，解除权人可以解除合同。

第五百六十三条 有下列情形之一的，当事人可以解除合同：

（一）因不可抗力致使不能实现合同目的；

（二）在履行期限届满前，当事人一方明确表示或者以自己的行为表明不履行主要债务；

（三）当事人一方迟延履行主要债务，经催告后在合理期限内仍未履行；

（四）当事人一方迟延履行债务或者有其他违约行为致使不能实现合同目的；

（五）法律规定的其他情形。

以持续履行的债务为内容的不定期合同，当事人可以随时解除合同，但是应当在合理期限之前通知对方。

第五百六十四条 法律规定或者当事人约定解除权行使期限，期限届满当事人不行使的，该权利消灭。

法律没有规定或者当事人没有约定解除权行使期限，自解除权人知道或者应当知道解除事由之日起一年内不行使，或者经对方催告后在合理期限内不行使的，该权利消灭。

第五百六十五条 当事人一方依法主张解除合同的，应当通知对方。合同自通知到达对方时解除；通知载明债务人在一定期限内不履行债务则合同自动解除，债务人在该期限内未履行债务的，合同自通知载明的期限届满时解除。对方对解除合同有异议的，任何一方当事人均可以请求人民法院或者仲裁机构确认解除行为的效力。

当事人一方未通知对方，直接以提起诉讼或者申请仲裁的方式依法主张解除合同，人民法院或者仲裁机构确认该主张的，合同自起诉状副本或者仲裁申请书副本送达对方时解除。

第五百六十六条 合同解除后,尚未履行的,终止履行;已经履行的,根据履行情况和合同性质,当事人可以请求恢复原状或者采取其他补救措施,并有权请求赔偿损失。

合同因违约解除的,解除权人可以请求违约方承担违约责任,但是当事人另有约定的除外。

主合同解除后,担保人对债务人应当承担的民事责任仍应当承担担保责任,但是担保合同另有约定的除外。

第四节 排污权交易纠纷

P树脂公司与F化工公司排污权买卖合同纠纷

案情简介[①]

一审原告、二审上诉人:P树脂公司

一审被告、二审上诉人:F化工公司

一审第三人:J实业公司

2018年9月26日,P树脂公司、F化工公司签订协议书一份,协议载明:经双方初步商定,F化工公司同意将排污指标800吨(此数量尚需主管环保部门同意,如不同意,则本意向书无效)转让给P树脂公司,转让价格为11,200元/吨,转让产生的税费由F化工公司负责缴纳,F化工公司在收到P树脂公司的定金100万元后开始办理相关转让手续,P树脂公司配合。如F化工公司违约,则其双倍返还P树脂公司定金;如P树脂公司违约,则F化工公司不退还定金。同日,P树脂公司将100万元汇至被告F化工公司账户。2018年12月28日,

---

[①] 参见浙江省绍兴市中级人民法院(2019)浙06民终2038号民事判决书。

F化工公司与第三人J实业公司签订实施主体及其他指标转让协议,将F化工公司"年产2000吨色谱有机颜料技改项目"的实施主体及项目的用水用电、项目排污权指标、能耗标准等要素指标转让给J实业公司,双方对转让价款及支付方式等条款进行了约定。2018年12月29日,第三人J实业公司向F化工公司支付款项770万元。同日,F化工公司将款项100万元汇至P树脂公司账户。2018年12月30日,F化工公司职工阮主任向P树脂公司李总发送微信记录:"李总,昨天财务把100万元预付款打回你们公司账户了,这件事没办法办了。关于损失的事情我们再坐下来谈谈吧。实在抱歉了。"2019年1月25日,虞企重组办〔2019〕2号文件对J实业公司重组F化工公司享受的企业重组优惠政策作出了批复,其第4条明确在双方签订项目转让协议和提供承诺书后,同意被重组企业F化工公司原核定的用水、用电、项目排污权指标、能耗标准等要素指标,在未被查封、抵押的前提下直接更名或过户到重组企业J实业公司……2019年1月3日,P树脂公司诉至法院,并对F化工公司申请了财产保全措施,法院依法对F化工公司名下的排污权指标予以查封。

一审原告、二审上诉人P树脂公司诉称:涉案标的物在排污权上没有任何权利瑕疵和负担,且P树脂公司有足够资金支付对价。F化工公司和J实业公司的重组内容不绝对包括排污权,行政批复对民事市场交易持中立态度且作出时间在P树脂公司和F化工公司签订合同之后,所以对P树脂公司没有约束力。依据2012年《最高人民法院关于审理买卖合同纠纷案件适用法律问题的解释》第28条的规定,买卖合同约定的定金不足以弥补一方违约造成的损失,对方请求赔偿超过定金部分的损失的,人民法院可以并处,但定金和损失赔偿的数额总和不应高于因违约造成的损失。2019年5月10日,上诉人与某针织印染有限公司签订排污权买卖合同一份,该排污权单价为15,000元/吨,并且需要承担成交额6%的税费,交易共需花费人民币合计壹仟贰佰肆拾捌万壹仟伍佰圆整(12,481,500元)。原本向被上诉人购买排污指标时单价为11,200元/吨,上诉人为此损失总计叁佰陆拾捌万玖仟伍佰圆整(3,689,500元)。

一审被告、二审上诉人F化工公司辩称:F化工公司与P树脂公司所签订的合同为预约合同,且该预约合同附条件。依据合同的性质及条件未成就的事实,F化工公司无须承担责任。F化工公司与P树脂公司依据《绍兴市区排污权有偿使用和交易试点工作实施办法》签订《协议书》,其中明确约定交易指标尚需环保部门同意,待P树脂公司取得环评报告及环保部门同意其申请排污权指标的证明文件后,双方才能进一步磋商并签订正式的排污权交易合同。P树脂公司在预约合同签订后的3个多月时间里,始终未向负责交易的排污权交易机构提出申请,该《协议书》也未被环保部门确认有效。因此,该预约合同的合同条件尚未成就,F化工公司与P树脂公司也未签订有效的排污权交易合同。据此,F化工公司不存在违约,无须承担返还定金的责任。P树脂公司怠于履行相关手续,不满足排污权交易主体资格,不能进行排污权交易。F化工公司已经按照协议要求将相关材料递交到环保部门。交易无法继续的过错责任在于P树脂公司,应由P树脂公司承担该次交易失败的责任,而F化工公司无须承担责任。

一审第三人辩称:P树脂公司要求继续履行合同的请求不能成立。F化工公司与P树脂公司签订的协议书属于预约合同,这份协议书约定了排污权转让需经主管部门审核,其后再根据审核意见履行交易。F化工公司已经明确拒绝了预约合同的履行,F化工公司已经与第三人J实业公司签订了排污权转让协议,协议也已全面履行。根据F化工公司与第三人之间协议的履行情况,P树脂公司要求继续履行合同的请求不能成立。

一审法院认为:环保职能部门对于排污权的正常市场交易无权干涉,仅对企业相关项目用水量予以核定,且根据排污权二级市场交易惯例,有排污权需求的出让方及受让方往往达成初步意向后,进一步向环保部门核实受让方所持项目具体用水量,再进行具体的转让手续事宜,直至备案过户。结合本案,从对当事人缔约自由最大限度的尊重出发,法院审查更应以真意探寻为主,本案中在P树脂公司持有增设项目的前提下,双方签订协议书的主要目的在于固定交易机会,约束当事人达成最终交易,且P树脂公司在签订协议书同日也积极履行了定金义务。虽此后P树脂公司、F化工公司双方均还未能将转让事宜进一步推进,但F化工公司在该协议书的约束力尚未消除前即将涉案排污权转让给第三人J实业公司,且F化工公司未能证明P树脂公司无排污权主体资格,该行为明显违背了当事人之间的信赖利益,但因F化工公司与第三人J实业公司之间的转让协议系企业重组考量下的转让,且已接近履行完毕,目前已介入排污权过户转让阶段,事实上已无可能与P树脂公司继续交易将涉案排污权转让至P树脂公司名下,但P树脂公司、F化工公司在协议书中已确定的条款对双方仍具有约束力,故鉴于F化工公司的违约行为,应承担双倍返还定金的义务。对于P树脂公司主张的若交易不能则另行赔偿损失且要求对损失进行评估的诉请,在协议书中并未涉及,对于先后时间差异可能导致的排污权价差损失,因协议书签订后未能推进相关转让手续的原因归属不明,对该部分诉请该院亦不予支持。

二审法院认为:首先,F化工公司与P树脂公司之间签订的协议成立且生效。经审查,协议书上当事人双方约定了"此数量尚需主管环保部门同意,如不同意,则本意向书无效",环保部门向原审法院说明其只对交易双方的主体资格进行审查,因此,该协议不违反法律的禁止性规定,应属有效,原审法院认定协议书中已确定的条款对双方具有约束力,并无不当,应予维持。

其次,原审第三人J实业公司与F化工公司之间的合同合法有效,已经部分履行完毕,无证据证明原审第三人J实业公司知晓F化工公司与P树脂公司签订了买卖合同,也无证据证明J实业公司有其他过错行为。J实业公司与F化工公司之间系企业重组之下的排污权转让,重组内容包括土地、厂房、排污权等内容,且已接近履行完毕,只因被法院查封而未正式完成政府主管部门的变更手续。原审法院据此认定J实业公司取得涉案排污权,F化工公司不能将涉案排污权转让至P树脂公司名下,并无不当,应予维持。

最后,F化工公司在合同履行过程中存在违约行为。P树脂公司与F化工公司应当按照合同约定全面履行各自的义务。2012年《最高人民法院关于审理买卖合同纠纷案件适用法律问题的解释》第2条规定,当事人签订认购书、订购书、预订书、意向书、备忘录等预约合同,约定在将来一定期限内订立买卖合同,一方不履行订立买卖合同的义务,对方请求其承担预约合同违约责任或者要求解除预约合同并主张损害赔偿的,人民法院应予支持。本案中,P树脂公司在签订协议书当日已经积极履行了定金义务,而F化工公司在该协议书尚未解除前即将排污权转让给第三人J实业公司,该行为明显违背合同项下的义务,且F化工公司未能证明P树脂公司无排污权的购买主体资格,故P树脂公司要求F化工公司承担损害赔偿的诉讼请求,应予以支持。此外,关于赔偿损失的认定。本案中,P树脂公司向F化工公司支付了定金1,000,000元,F化工公司在确定不履行协议后予以返还,依据双倍返还定金原则,P树脂公司主张F化工公司再返还1,000,000元定金的诉讼请求,予以支持。关于P树脂公司主张的定金外的损失2,689,500元,因P树脂公司与F化工公司签订的协议中并未约定定金外的损害赔偿责任,且该协议不能履行丧失的是订立合同的机会,并不能产生合同的履行利益,所以P树脂公司主张定金外的损失无约定与法定依据,法院不予支持。

实务要点

预约合同的效力与违约责任

1. 预约合同的效力

预约合同是当事人约定在将来一定期限内订立合同的认购书、订购书、预订书等,预约合同具有法律效力,当事人应遵守其约定。预约合同是一种独立的合同类型,不同于本约合同,它具有自己的标的,即双方在将来订立本约的义务。预约合同应具备一定的确定性,至少应包含合同主体、标的等内容,以确定将来所要订立的合同的基本框架。预约合同成立后,当事人应履行合同义务,包括在约定的期限内订立本约合同。预约合同本身在法律上是有效的,双方在签订预约合同时已经对某些基本条款和条件达成了共识,虽然这些条款和条件尚未完全落实。在预约合同签署后,双方仍然需要履行一定的义务,直到最终合同正式签署或条件得到满足。[①]

P树脂公司和F化工公司在签订协议时达成了排污权转让的初步意向,尽

---

① 参见焦清扬:《预约合同的法律构造与效力认定》,载《社会科学》2016年第9期。

管协议书约定,排污权的转让需要经过环保部门的同意,如果环保部门不同意,则协议无效。但是环保部门只对交易双方的主体资格进行审查,因此,该协议成立且生效,对双方均具有约束力。P树脂公司已根据协议支付了定金,表明其有履行合同的意图,F化工公司也应当履行相应的义务,按照协议安排转让排污权。

2. 预约合同的违约责任

(1)违约责任的承担:如果当事人一方不履行预约合同约定的订立合同义务,则对方可以请求其承担预约合同的违约责任。

(2)违约责任的性质:预约合同的违约责任是一种独立的违约责任,不同于本约合同的缔约过失责任。

(3)违约责任的类型:违约责任的类型包括继续履行、赔偿损失、支付违约金和定金罚则等。

(4)赔偿范围:预约合同违约的赔偿范围一般限于信赖利益损失,不包括本约合同的履行利益损失。[1]

(5)强制缔结本约的争议:对于是否可以请求法院强制双方缔结本约,存在争议。一般认为,法院不能强制双方缔结本约,但可以要求违约方承担相应的违约责任。

(6)定金罚则:如果预约合同中约定了定金,守约方可以要求违约方双倍返还定金。

在本案中,P树脂公司和F化工公司签订的是预约合同。P树脂公司履行了其合同义务(支付定金),但F化工公司未按照约定履行转让排污权的义务,并将排污权转让给了第三方J实业公司。即使协议未最终形成正式的买卖合同,F化工公司也不能违背合同精神,将排污权转让给第三方,而不履行对P树脂公司的义务。

---

[1] 参见耿利航:《预约合同效力和违约救济的实证考察与应然路径》,载《法学研究》2016年第5期。

定金的性质与适用

定金是指合同当事人一方在订立合同时,向对方支付一定数额的款项,作为履行合同的担保。定金本质上是一种担保手段,目的是通过支付定金来增强合同履行的约束力,防止合同违约。

定金的主要功能是作为履行担保,即一方支付定金后,另一方可以依据该定金要求其履行合同。如果合同的一方违约,则定金的处理就成了双方解决争议的依据。

合同解除后的定金的处理方式如下。

(1)支付定金的一方违约:支付定金的一方如果未能履行合同,应当赔偿对方损失,并且定金不予退还。

(2)接受定金的一方违约:如果接受定金的一方违约,应当返还双倍定金。

定金有着数额的限制,定金的数额应当合理,不得过高。定金数额不应超过合同总价的20%。超过该比例的,超过部分不具有法律效力,只有不超过合同总价20%的定金部分才具有担保效力。

F化工公司违反了预约合同的约定,应当承担违约责任,包括双倍返还定金。P树脂公司支付的100万元定金,根据定金罚则,F化工公司应双倍返还,即再返还100万元给P树脂公司。但是预约合同的赔偿范围一般限于信赖利益损失,不包括本约合同的履行利益损失,因此P树脂公司主张的额外损失缺乏合同依据和法律支持,未被法院支持。

法律依据

1.《民法典》(2021年施行)

第四百九十五条 当事人约定在将来一定期限内订立合同的认购书、订购书、预订书等,构成预约合同。

当事人一方不履行预约合同约定的订立合同义务的,对方可以请求其承担预约合同的违约责任。

第五百七十七条 当事人一方不履行合同义务或者履行合同义务不符合

约定的,应当承担继续履行、采取补救措施或者赔偿损失等违约责任。

第五百八十四条 当事人一方不履行合同义务或者履行合同义务不符合约定,造成对方损失的,损失赔偿额应当相当于因违约所造成的损失,包括合同履行后可以获得的利益;但是,不得超过违约一方订立合同时预见到或者应当预见到的因违约可能造成的损失。

第五百八十五条第一款 当事人可以约定一方违约时应当根据违约情况向对方支付一定数额的违约金,也可以约定因违约产生的损失赔偿额的计算方法。

第五百八十六条 当事人可以约定一方向对方给付定金作为债权的担保。定金合同自实际交付定金时成立。

定金的数额由当事人约定;但是,不得超过主合同标的额的百分之二十,超过部分不产生定金的效力。实际交付的定金数额多于或者少于约定数额的,视为变更约定的定金数额。

第五百八十七条 债务人履行债务的,定金应当抵作价款或者收回。给付定金的一方不履行债务或者履行债务不符合约定,致使不能实现合同目的的,无权请求返还定金;收受定金的一方不履行债务或者履行债务不符合约定,致使不能实现合同目的的,应当双倍返还定金。

2.《最高人民法院关于适用〈中华人民共和国民法典〉合同编通则若干问题的解释》(法释[2023]13号)

第六条 当事人以认购书、订购书、预订书等形式约定在将来一定期限内订立合同,或者为担保在将来一定期限内订立合同交付了定金,能够确定将来所要订立合同的主体、标的等内容的,人民法院应当认定预约合同成立。

当事人通过签订意向书或者备忘录等方式,仅表达交易的意向,未约定在将来一定期限内订立合同,或者虽然有约定但是难以确定将来所要订立合同的主体、标的等内容,一方主张预约合同成立的,人民法院不予支持。

当事人订立的认购书、订购书、预订书等已就合同标的、数量、价款或者报酬等主要内容达成合意,符合本解释第三条第一款规定的合同成立条件,未明确约定在将来一定期限内另行订立合同,或者虽然有约定但是当事人一方已实施履行行为且对方接受的,人民法院应当认定本约合同成立。

第七条 预约合同生效后,当事人一方拒绝订立本约合同或者在磋商订立本约合同时违背诚信原则导致未能订立本约合同的,人民法院应当认定该当事人不履行预约合同约定的义务。

人民法院认定当事人一方在磋商订立本约合同时是否违背诚信原则,应当综合考虑该当事人在磋商时提出的条件是否明显背离预约合同约定的内容以及是否已尽合理努力进行协商等因素。

第八条 预约合同生效后,当事人一方不履行订立本约合同的义务,对方请求其赔偿因此造成的损失的,人民法院依法予以支持。

前款规定的损失赔偿,当事人有约定的,按照约定;没有约定的,人民法院应当综合考虑预约合同在内容上的完备程度以及订立本约合同的条件的成就程度等因素酌定。

第六十七条 当事人交付留置金、担保金、保证金、订约金、押金或者订金等,但是没有约定定金性质,一方主张适用民法典第五百八十七条规定的定金罚则的,人民法院不予支持。当事人约定了定金性质,但是未约定定金类型或者约定不明,一方主张为违约定金的,人民法院应予支持。

当事人约定以交付定金作为订立合同的担保,一方拒绝订立合同或者在磋商订立合同时违背诚信原则导致未能订立合同,对方主张适用民法典第五百八十七条规定的定金罚则的,人民法院应予支持。

当事人约定以交付定金作为合同成立或者生效条件,应当交付定金的一方未交付定金,但是合同主要义务已经履行完毕并为对方所接受的,人民法院应当认定合同在对方接受履行时已经成立或者生效。

当事人约定定金性质为解约定金,交付定金的一方主张以丧失定金为代价解除合同的,或者收受定金的一方主张以双倍返还定金为代价解除合同的,人民法院应予支持。

第六十八条 双方当事人均具有致使不能实现合同目的的违约行为,其中一方请求适用定金罚则的,人民法院不予支持。当事人一方仅有轻微违约,对方具有致使不能实现合同目的的违约行为,轻微违约方主张适用定金罚则,对方以轻微违约方也构成违约为由抗辩的,人民法院对该抗辩不予支持。

当事人一方已经部分履行合同,对方接受并主张按照未履行部分所占比例适用定金罚则的,人民法院应予支持。对方主张按照合同整体适用定金罚则的,人民法院不予支持,但是部分未履行致使不能实现合同目的的除外。

因不可抗力致使合同不能履行,非违约方主张适用定金罚则的,人民法院不予支持。

第五节　涉水买卖合同纠纷

一、Y 水处理公司与 Z 水务公司买卖合同纠纷

案情简介[①]

本诉原告、反诉被告:Y 水处理公司

本诉被告、反诉原告:Z 水务公司

2013 年 5 月 7 日,Z 水务公司(买方)与 Y 水处理公司(卖方)签订了一份《污水处理厂设备采购合同(水泵等设备)》。合同约定 Z 水务公司向 Y 水处理公司购买污水厂水泵、推流器等设备。交货时间为 2013 年 6 月 22 日前所有设备到场。卖方承诺为除非买方另有要求,该合同下所有货物运抵工地及通过到货验收的总时间为签订合同后 90 天。合同总价款为 196 万元,包括运输、设计、设备供货、负责指导安装和调试、培训、技术服务(包括技术资料、图纸的提供、质保期保障等)及到货后按买方指定的工地现场卸货的全部费用及所有应缴纳的相关税费。该合同价格为固定不变包干价,含产品和售后服务费及含税的总价。货物产地及标准:货物为 Y 水处理公司生产的全新产品,卖方承诺对

---

① 参见湖北省襄阳市樊城区人民法院(2018)鄂 0606 民初 7199 号民事判决书。

所有产品的技术性能和产品质量负全责(贴牌产品或替代产品拒收)。标准为该合同所指的货物及服务应符合合同附件的技术规格所述的标准,如果没有提及适用标准,则应符合中华人民共和国国家标准或行业标准,如果中华人民共和国没有相关标准,则采用货物来源国适用的官方标准。这些标准必须是有关机构发布的最新版本的标准。到货及安装地点为 H 省 X 市 F 区太平店污水处理厂,卖方按该合同要求的交付使用时间将货物运至合同到货地点并进行指导安装和测试。履约保证金在中标单位接到中标通知书次日内支付,同时签订合同,提货前 5 日内,买方组织专业技术人员到厂家初验认可后方可发货。付款方式为:(1)提货前 5 日内,买方组织专业技术人员到厂家初验认可后,5 个工作日内支付总货款的 50% 即 98 万元,合同货物运抵买方指定工地。卖方同时向买方提供该款项的发票。(2)合同货物在经单机和联机调试验收合格(90 天不验收视为验收合格)后,买方支付合同总价的 20% 即 39.2 万元给卖方。在此之前,卖方须向买方提供该合同下所有款项的普税发票。(3)在污水厂整体安装工程验收合格(以工程监理及相关政府职能部门签字验收合格为准,货到半年不验收视为验收合格)后运行半年无质量问题,买方支付合同总价的 25% 即 49 万元给卖方。(4)合同总价的 5% 即 9.8 万元为质量保证金。如在质量保证期(运营 2 年)内买方对卖方的产品质量和服务质量无异议,则买方应在质量保证期满后的 30 天内无息支付该质量保证金给卖方。(5)若质量有异议则买方有权拒退还保证金。卖方负责指导安装,全部伴随服务的费用包括在合同总价内。质量保证期为设备通过调试运行后的 24 个月,或设备通过到货点检查验收后的 26 个月,以两者先到者为准。在质保期内卖方免费提供设备正常使用情况下的维修及保养服务。延迟交货的每延迟一天扣延期量总额的 1% 作为违约金。合同中附件 2 的约定系招标文件之约定,履约保证金(合同总价的 3%)于 2013 年 5 月 15 日前汇入 Z 水务公司账户,货到现场后 5 个工作日全额退还履约保证金。

合同签订后,2013 年 5 月 15 日,Y 水处理公司向 Z 水务公司支付履行保证金 5.88 万元。2013 年 6 月 24 日,Z 水务公司向 Y 水处理公司支付货款 98 万元,2014 年 11 月 19 日支付 7.5 万元,2016 年 5 月 18 日向其支付 35 万元。

2014年11月19日,H环境工程有限公司向Y水处理公司转款20万元。Z水务公司分别于2013年7月6日、2013年9月2日收到两批货物,Z水务公司的工作人员在该提货清单收货方签字盖章处签字。污水处理项目于2012年8月18日开工建设,2013年8月20日竣工通水,2013年11月27日经H省X市环保局批复同意,开始试运行。2013年6月22日之前,Z水处理公司多次催Y水处理公司,但到2013年6月22日,仍未能交货,并于2013年6月24日,Z水务公司指派其公司员工周某进驻Y水处理公司催促交货验收,但Y水处理公司生产的部分产品于2013年7月20日才出厂。2013年至2016年,Y水处理公司在现场安装设备后进行了多次返厂维修、更换等服务工作。Z水务公司对设备的反馈声明大致相同,均为"设备故障率较高,严重影响我项目工程进度""设备安装至今维修返厂故障率高,更换返厂至今周期长严重影响我厂生产,造成损失巨大",并就设备质量问题发送《联系函》《紧急通知》。

原告Y水处理公司向法院提起诉讼,要求被告立即给付原告货款63万元;退还原告履约保证金5.88万元;给付原告已代付的运费9350元;利息12万元,合计81.815万元。

本诉原告Y水处理公司诉称:合同签订后,原告已按约定完成了全部义务,至今被告仅支付原告货款133万元,尚欠货款63万元。2013年5月7日签订合同后,原告按合同和被告于2013年5月12日发的《合同附件》函,于2013年5月15日支付给被告5.88万元的履约保证,按约定被告应在原告货到现场后5个工作日退还,但至今未退还。2013年8月18日原告发送控制柜等,被告要求直送,并承诺运费9350元由被告承担。被告尚欠原告共计69.815万元,多次催要无果。

本诉被告Z水务公司辩称:原告主张的63万元数额有误,被告已支付160.5万元,尚欠35.5万元;原告主张的5.88万元保证金不实,该费用已转入H环境工程有限公司作为保证金,请求法庭驳回;原告请求被告承担运费9350元不实,此费用应由原告承担;请求法庭驳回原告利息12万元的诉请。

反诉原告Z水务公司诉称:要求反诉被告向反诉原告支付迟延交货违约金55.5万元;向反诉原告开具已付160.5万元的设备货款增值税专用发票。根据合同约定，反诉被告迟延交货32天，应当承担迟延交货违约金627,200元，因双方关系较好，反诉原告只主张55.5万元迟延交货违约金。另反诉原告已分三笔向反诉被告支付了140.5万元设备款，且H环境工程有限公司向反诉被告代为支付了合同设备款20万元，合计160.5万元。反诉被告均未向反诉原告开具增值税专用发票。后经反诉原告多次催索无果。

反诉被告Y水处理公司辩称： 反诉原告要求反诉被告向其公司按每日1%，迟延交货32天的违约金55.5万元，无事实和法律依据，且超过诉讼时效，应予以驳回；按总货款每日1%的标准计算违约金过高，请求法院依法调整到按照反诉被告要求反诉原告计算利息损失的标准即银行贷款利率计算违约金；反诉原告要求反诉被告开具增值税专用发票，属于行政法调整的领域，不属于民事案件受理范围，而且合同亦未约定必须开具增值税专用发票。

法院认为： 原告（反诉被告）与被告（反诉原告）签订的《污水处理厂设备采购合同（水泵等设备）》系双方当事人真实意思的表示，且不违反法律、行政法规的效力强制性规定，属有效合同，对双方当事人具有约束力，双方当事人均应按照合同约定履行义务、享受权利。合同约定总价款为196万元，被告于2013年6月24日支付货款98万元，于2014年11月9日支付7.5万元，2014年11月19日支付20万元，2016年5月18日支付35万元，合计160.5万元。对于本诉，被告尚欠原告货款35.5万元（含质保证金9.8万元，2016年7月13日之前，出现质量问题时，Y水处理公司均履行了维修义务，在本次诉讼中被告亦未主张质量问题，所以其应当将质保金返还给原告），原告主张被告向其公司支付货款的诉讼请求成立。因被告未按照上述约定的时间支付货款及返还履约保证金，属于违约，应承担违约责任，且原告主张被告逾期付款和返款的利息及资金占用期间的利息损失符合相关法律规定。原告提供的《报告》证明被告经办人签字增加了费用"由业主承担"，因此运费应当由被告向原告支付。对于反诉，反诉被告不能援引约定抗辩反诉原告未提前初验而导致其不能交货，因反诉被告未能在约定的时间内交付货物属于违约行为，应承担迟延履行违约金。诉讼时效上，由于双方均向对方主张合同的权利，诉讼时效中断，直至2016年7月13日恢复计算，未超过2年；金额上，本案违约金以反诉被告提供的附有证据计算方法为准,并未超过实际上迟延交货71天所造成的2,064,733.25元的损失的30%,反诉原告也未要求按照32天的损失金额增加违约金,因此法院判令反诉被告向反诉原告支付499,464元的违约金。对于增值税发票问题,合同约定了验收合格后支付款项前卖方要开具普税发票,这属于民事调整的范畴,驳回反诉原告要求开具专票的请求。

实务要点

违约金条款如何依法、合理地适用

在Y水处理公司与Z水务公司买卖合同纠纷案中,Y水处理公司未能在合同约定的时间内交付货物,Z水务公司依据"延迟交货的每延迟一天扣延期量总额的1%作为违约金"的合同条款在反诉中提出要求其支付违约金的诉讼请求。关于迟延交货违约金的争议,首先应当确定是否存在违约情形,如果存在,还需要重点关注违约责任和违约金条款的解释问题。

1. 交货延迟的约定抗辩

约定抗辩权是指当事人之间基于契约自由原则而约定的对抗请求权的权利。涉案合同约定的首付款期限为"1. 提货前5日内,买方组织专业技术人员到厂家初验认可后,5个工作日内支付总货款的50%即98万元,合同货物运抵买方指定工地。卖方同时向买方提供该款项的发票",也就是说,当Y水处理公司具备交货条件时,Z水务公司应于2013年6月22日前5日向Y水处理公司支付首付款98万元,但是,该案的实际情况是Y水处理公司为该案生产的部分设备于2013年7月20日才出厂,Z水务公司不具备于2013年6月22日之前在合理期限内初步验收的条件,所以Y水处理公司并不能援引约定抗辩Z水务公司未提前初验而导致其公司不能交货。因未能在约定的时间内交付货物属于违约行为,Y水处理公司应承担违约责任。

2. 违约责任与违约金的法律基础

根据《民法典》的有关规定,合同一方未履行合同义务,或者履行不符合约定的,视为违约,另一方有权要求其承担合同约定的或其他与标的和损失相适应的违约责任;在违约的一方履行义务或采取补救措施后,另一方还可以要求赔偿其他损失,损失赔偿额应当相当于违约所造成的损失,但是不得超过违约一方可预见到的损失。《民法典》第 585 条第 1 款规定,"当事人可以约定一方违约时应当根据违约情况向对方支付一定数额的违约金,也可以约定因违约产生的损失赔偿额的计算方法",对于违约行为,尤其是涉及货物标的物的交付,通过合同违约金条款提前约定赔偿标准是保障合同履行、预防违约行为、弥补违约损失的有效手段,当事人就迟延履行约定违约金的,支付违约金后,合同义务的履行仍应继续。

3. 违约金的合理性与适用

《民法典》第 585 条第 2 款规定了人民法院和仲裁机构对违约金的审查与裁量权,此时,合同的约定不是唯一的支付标准,遵循公平原则和诚信原则,实际损失成为影响最终违约金金额的合理性砝码。在这种情况下,当事人即使在合同中约定不得对违约金进行调整,法院亦不予支持。对于违约金数额有争议的,债务人可以请求法院或仲裁机构酌情增加或减少违约金数额,需要注意的是,该权利是债务人的形成诉权,法院或仲裁机构不得主动适用。本案中,Y 水处理公司认为违约金按日 1% 的标准计算违约金过高,应按对等原则按 Y 水处理公司请求的同期银行贷款利率计算违约金,请求法院依法予以核减。《最高人民法院关于适用〈中华人民共和国民法典〉合同编通则若干问题的解释》第 65 条具体规定了违约金的司法酌减权,该案中,Y 水处理公司未按时交货,造成 Z 水务公司无法按计划推进项目进度,污水处理设备买卖合同的履约延迟可能引发一系列连锁反应,包括项目延期、额外的管理成本,甚至可能导致第三方违约等,法院依法计算得出的违约金并未超过造成损失的 30%,甚至偏低,因而 Y 水处理公司的抗辩不成立,在 Z 水务公司没有申请增加违约金的前提下,法院也没有对约定的违约金作调整,如此一来,既验明了违约金的合理性,也尊重了当事人对违约金调整的意思自由。

> **法律依据**

1.《民法典》(2021年施行)

第五百八十二条 履行不符合约定的,应当按照当事人的约定承担违约责任。对违约责任没有约定或者约定不明确,依据本法第五百一十条的规定仍不能确定的,受损害方根据标的的性质以及损失的大小,可以合理选择请求对方承担修理、重作、更换、退货、减少价款或者报酬等违约责任。

第五百八十三条 当事人一方不履行合同义务或者履行合同义务不符合约定的,在履行义务或者采取补救措施后,对方还有其他损失的,应当赔偿损失。

第五百八十四条 当事人一方不履行合同义务或者履行合同义务不符合约定,造成对方损失的,损失赔偿额应当相当于因违约所造成的损失,包括合同履行后可以获得的利益;但是,不得超过违约一方订立合同时预见到或者应当预见到的因违约可能造成的损失。

第五百八十五条 当事人可以约定一方违约时应当根据违约情况向对方支付一定数额的违约金,也可以约定因违约产生的损失赔偿额的计算方法。

约定的违约金低于造成的损失的,人民法院或者仲裁机构可以根据当事人的请求予以增加;约定的违约金过分高于造成的损失的,人民法院或者仲裁机构可以根据当事人的请求予以适当减少。

当事人就迟延履行约定违约金的,违约方支付违约金后,还应当履行债务。

2.《最高人民法院关于适用〈中华人民共和国民法典〉合同编通则若干问题的解释》(法释〔2023〕13号)

第六十五条 当事人主张约定的违约金过分高于违约造成的损失,请求予以适当减少的,人民法院应当以民法典第五百八十四条规定的损失为基础,兼顾合同主体、交易类型、合同的履行情况、当事人的过错程度、履约背景等因素,遵循公平原则和诚信原则进行衡量,并作出裁判。

约定的违约金超过造成损失的百分之三十的,人民法院一般可以认定为过分高于造成的损失。

恶意违约的当事人一方请求减少违约金的,人民法院一般不予支持。

二、陈某与L河坝灌区管理处拍卖合同纠纷

案情简介[①]

原告:陈某

被告:L河坝灌区管理处

第三人:G市产权交易所

2018年11月8日,G市产权交易所受L河坝灌区管理处委托,通过公开交易方式转让L河坝灌区管理处报废资产(西电站发电机组等设备)一批。2018年11月9日,G市产权交易所通过官方网站,以公告形式,对包括但不限于转让底价、标的信息、交易条件与受让方资格条件、资产交易合同版本等项目信息及相关附件予以如实披露。按照该项目交易流程安排,G市产权交易所在公告期内分别组织了包括陈某在内的各意向方进行了实物看样(2018年11月20日现场看样),看样期间,项目委托方L河坝灌区管理处接受了各意向方的咨询,以便各意向方充分了解该转让资产的实际情况。2018年11月21日,L河坝灌区管理处通过短信,向被答辩人、被答辩人合伙人邓某等全部已知竞买人书面通知了该次涉案竞价的处置资产范围、留用资产范围等,并对现场不属于涉案拍卖资产范围的其他留用资产张贴了"留用"纸张。2018年11月26日,L河坝灌区管理处西站线路整改工作启动,拆除了励磁变压器。

2018年12月17日,涉案资产公开拍卖,陈某参与竞价并最终以人民币361,900元的报价受让了标的。2018年12月20日,L河坝灌区管理处、陈某、G市产权交易所三方共同签订了该项目的《成交确认书》。2018年12月27日,L河坝灌区管理处与陈某签订该项目《资产交易合同》,同时G市产权交易所向交易双方出具了该项目的交易凭证。陈某按照《资产交易合同》的约定支付了该项目全部交易价款。2018年12月29日,陈某向L河坝灌区管理处提交施工

[①] 参见广东省广州市花都区人民法院(2019)粤0114民初2296号民事调解书。

方案,方案载明的拆除范围即G市产权交易所挂牌公示的资产图片范围,陈某无异议。2019年1月3日,L河坝灌区管理处和陈某双方办理现场移交工作,陈某清点移交内容后签署《标的物移交确认表》并现场拆除了涉案标的物。2019年1月11日,陈某发函给L河坝灌区管理处,对于拆除范围提出异议。2019年1月14日,陈某发函给G市产权交易所,投诉涉案交易。2019年1月18日,现场拆除工作结束。

双方对涉案报废处置资产范围不能达成一致,陈某遂向法院起诉,请求判令L河坝灌区管理处向其赔偿违约(拆走5台励磁变压器)损失人民币15,000元;L河坝灌区管理处向其交付合同约定的报废资产(电站控制室内的5个控制柜和2个公用柜、发电车间里的5台发电机组、5台水闸启闭机、5套微机调速器、5个励磁变压器、10个励磁柜和2台电站水泵的通电导线或控制电线);L河坝灌区管理处承担案件的诉讼费、保全费、担保费。

原告陈某诉称:原被告双方签署《资产交易合同》后,原告已履行完毕付款义务,而被告在原告进场提货前以"留用"为目的,将明确约定属于资产交易范围内的5台励磁变压器私自拆除,也不允许原告拆除与搬离涉诉通电导线或控制电线。被告的违约行为对原告的合法权益造成重大损失,被告应当交付资产交易标的物,赔偿经济损失。

被告L河坝灌区管理处辩称:被告依法委托第三人拍卖的报废资产是被告西电站的部分物资,公示拍卖信息显示,不包括正常运营中的电缆电线,原告提交的《拆除施工方案》和签署的《标的物移交确认表》也证实了这一点;对于5台励磁变压器,经原告确认的上述两个文件存在遗漏,误导了拆除现场的工作,被告同意配合后续拆除,原告要求的赔偿款没有事实和合同依据。

法院认为:原告陈某诉被告L河坝灌区管理处拍卖合同纠纷案,于2019年2月2日立案后,经法院主持调解,双方当事人经协商一致自愿达成和解协议,经法院确认的民事调解书内容如下。

(1)被告L河坝灌区管理处同意于2019年4月29日前向原告陈某交付涉案的励磁变压器5台、通电导线一批(指电站控制室内的5个控制柜、2个公用柜与发电车间里5台发电机、5台水闸启闭机、5套微机调速器、5个励磁变压器、10个励磁柜、2台电站水泵之间的通电导线,不包括:①被告L河坝灌区管理处现仍正常使用的供电照明电柜的连接电线;②非该案中报废资产范围的室外变压器的电线电缆)。

(2)原告陈某自行负责拆除上述物资,并在拆除后3天内完成现场清理和修复工作,并应经被告L河坝灌区管理处对现场进行的验收。如原告陈某逾期完成拆卸及运走交付物资,双方按《资产交易合同》的约定执行,并视为被告L河坝灌区管理处已完成交付责任,被告L河坝灌区管理处不承担保管责任,由原告陈某自行承担一切责任。被告L河坝灌区管理处向原告陈某交付上述物资之后,原告陈某不得以任何理由再向被告L河坝灌区管理处主张任何赔偿权利,双方的案件纠纷了结。

实务要点

事业单位报废资产拍卖程序

事业单位拍卖报废资产的程序与其他类型的资产拍卖程序虽然在底层上是一致的拍卖模式,但由于事业单位的特殊性质和管理要求,相关流程通常更为规范,且受到行政法规和事业单位财务管理规定的刚性约束。以下是事业单位拍卖报废资产的完整流程,旨在确保拍卖过程的公开、公正、透明,保障国有资产的安全合规。

1. 资产清查与评估

(1)资产清查:事业单位首先需要对其所有的资产进行清查,确认哪些资产已经达到报废或无法继续使用的标准。清查过程需要确保准确无误,并对每一项资产的使用状况、价值和剩余使用年限进行详细记录。

(2)资产评估:报废资产需进行专业的评估,评估机构应具备资质,评估报告需要充分反映资产的市场价值、残值、使用状况、修理费用等。评估报告可为后续的拍卖定价提供依据。事业单位可以选择通过政府或相关主管部门指定的评估机构进行评估。

2. 报废资产审批

（1）报废申请与审批：在资产清查和评估之后，事业单位需要向主管部门或单位的资产管理部门提交报废资产的审批申请。该申请应包括资产的清单、评估报告、报废理由等材料。

（2）审批流程：主管部门（如财务处、资产管理部门等）对报废资产进行审核，确认是否符合报废标准。一旦批准报废，事业单位就可以开始后续的拍卖程序。

3. 委托拍卖公司或交易平台

（1）选择拍卖机构：事业单位在确认报废资产后，需要选择一家合法的拍卖公司或交易平台（如政府指定的产权交易所）进行公开拍卖。选择拍卖机构时，应确保其具备相关资质，并能够组织公正、公开的拍卖程序。

（2）签署委托协议：事业单位与拍卖机构签署委托合同，明确拍卖时间、地点、资产清单、拍卖方式、竞买条件等具体细节。

4. 资产公告与信息披露

（1）发布拍卖公告：拍卖机构会根据事业单位的委托发布拍卖公告。公告内容应包括报废资产的基本信息（如名称、数量、规格、使用状况、评估报告等）、拍卖时间、地点、竞买人资格、起拍价、拍卖规则等。

（2）公告时间要求：拍卖公告一般需在拍卖前一段时间发布，通常为10~20天，以确保潜在竞买人有足够时间了解资产信息和准备竞标。

（3）实物展示或现场看样：拍卖方通常会安排资产的现场展示或实物看样，竞买人可以实地查看报废资产的状态，以确保对拍卖标的有充分了解。看样通常是自愿的，但有助于增加竞标的透明度和公正性。

5. 竞买人资格审核

（1）资格要求：事业单位可以设定一定的竞买人资格要求，通常需要竞买人具有合法的法人或个人资格，并且有能力支付拍卖资产的款项。竞买人可能需要提供相关的资质证明、财务状况、信用记录等。

（2）保证金缴纳：竞买人在报名参加拍卖时，通常需要缴纳一定数额的保证金。保证金的数额一般为拍卖起拍价的一定比例,目的是确保竞买人有足够的支付能力,并对拍卖过程负责任。

6. 拍卖前的宣传与确认

(1)再次公告:拍卖前,拍卖机构通常会进行再次公告,特别是对拍卖标的物的信息做进一步的确认和更新,以确保所有竞买人都能获取最新的资产信息。

(2)竞买人确认:参与竞拍的竞买人需要确认拍卖规则,审阅资产清单,确认拍卖标的物和相关细节。

7. 拍卖过程

(1)公开拍卖:拍卖会按照事先确定的时间和地点进行。拍卖主持人负责组织拍卖,并由拍卖师主持。竞买人通过举手、电子竞标等方式竞标,竞价通常由拍卖师进行引导。

(2)竞标规则:拍卖的规则会在拍卖前公布,包括起拍价、加价幅度、竞拍时间、竞买人的竞标方式等。拍卖师会逐项拍卖资产,最终按照竞标规则确定每项资产的成交价。

(3)成交确认:当竞标的价格达到或超过起拍价时,拍卖师宣布该项资产成交,竞标者为最高出价者。

8. 签署《成交确认书》

(1)成交确认:拍卖结束后,拍卖机构与竞得者签署《成交确认书》,该确认书明确拍卖资产、成交价、付款方式、交付时间等事项。《成交确认书》通常是后续正式合同的基础。

(2)确认合同条款:《成交确认书》应包括详细的资产清单,明确哪些资产已成交,哪些资产没有成交,并说明相关的付款方式、交付时间等。特别是在拍卖报废资产时,应确保相关的"报废"状态得到明确,以避免误解。

9. 付款与资产交付

(1)支付款项:竞买人在签订《成交确认书》后,需要按时支付拍卖资产的全部价款。付款方式一般为一次性支付,或者按照合同约定的分期支付方式进行。

(2)资产交付:当竞买人完成支付后,拍卖机构和事业单位会安排资产的交付或移交。交付前,事业单位需要确保拍卖资产的状态符合拍卖公告中的描述,并确保无任何隐瞒的瑕疵。资产交付时,竞买人和拍卖方通常会签署《资产交付确认书》,以确认交付的资产与拍卖清单相一致。对于需要拆卸、搬迁的资产,竞买人应负责拆除和运输,拍卖方会在交付过程中配合。

10. 税务处理与费用结算

(1)税费结算:根据地方税务机关的规定,拍卖过程中可能会涉及增值税、印花税等税费。事业单位或拍卖方需要依据法律法规,处理相关的税务事项。

(2)拍卖费用:拍卖方(拍卖公司)通常会收取一定比例的拍卖费用,费用的计算方法和支付方式会在委托合同中明确约定。

11. 争议解决

如果在拍卖过程中或资产交付后发生争议(如资产状态与描述不符、支付延迟等),应根据合同的约定进行处理。通常,争议可以通过协商、调解、仲裁或诉讼解决。

法律依据

1.《拍卖法》(2015 年修正)第四章第一节至第四节

2.《广州市市本级行政事业单位国有资产处置管理办法》(2022 年修订)第五章、第六章

3.《企业国有资产交易监督管理办法》(2016 年施行)

第四十八条 企业一定金额以上的生产设备、房产、在建工程以及土地使用权、债权、知识产权等资产对外转让,应当按照企业内部管理制度履行相应决策程序后,在产权交易机构公开进行。涉及国家出资企业内部或特定行业的资产转让,确需在国有及国有控股、国有实际控制企业之间非公开转让的,由转让方逐级报国家出资企业审核批准。

第四十九条 国家出资企业负责制定本企业不同类型资产转让行为的内部管理制度,明确责任部门、管理权限、决策程序、工作流程,对其中应当在产权

交易机构公开转让的资产种类、金额标准等作出具体规定,并报同级国资监管机构备案。

第五十条 转让方应当根据转让标的情况合理确定转让底价和转让信息公告期:

(一)转让底价高于100万元、低于1000万元的资产转让项目,信息公告期应不少于10个工作日;

(二)转让底价高于1000万元的资产转让项目,信息公告期应不少于20个工作日。

企业资产转让的具体工作流程参照本办法关于企业产权转让的规定执行。

第五十一条 除国家法律法规或相关规定另有要求的外,资产转让不得对受让方设置资格条件。

第五十二条 资产转让价款原则上一次性付清。

第六节 涉水企业借贷纠纷

B机械公司与Y市污水处理公司、Y市水务集团等企业借贷纠纷

案情简介[①]

原告:B机械公司

被告:Y市污水处理公司(以下简称污水公司)、Y市水务集团(以下简称水务公司)、Y市政府

2012年8月7日,Y市政府出具授权委托书,载明"Y市政府作为项目的回购主体,决定由污水公司作为我方全权代理人,就Y市朝阳污水处理厂项目以投资建设—转让模式(BT模式)进行建设事宜与B机械公司签订合同和处理

---

① 参见江苏省无锡市中级人民法院(2014)锡商初字第0072号民事判决书。

相关事情,其法律后果由我方承担"。2012年8月9日,污水公司与B机械公司签订《J省Y市朝阳污水处理厂项目(二标段)投融资建设协议》(以下简称《投融资建设协议》),约定B机械公司应负责项目的投融资、建设和移交,污水公司应及时接受项目移交并足额支付回购资金;B机械公司可以为项目融资,凭污水公司的同意为贷款人办理其收费权和土地使用权、房屋所有权质抵押登记的手续,向贷款人贷款;该协议自污水公司和B机械公司提供关于污水公司同意为贷款人办理其收费权和土地使用权、房屋所有权质抵押登记的承诺函以及收费权文件和土地使用权证、房产所有权证原件等附件之日起生效。如若污水公司未按时支付回购款,B机械公司有权采取质押、抵押等担保措施进行追偿。协议还约定,污水公司有义务在建设项目完成后及时接受项目移交,并支付相关的回购资金。双方在合同中明确约定了融资安排和回购款的具体支付时间。当日,污水公司与B机械公司又签订《补充协议》,约定污水公司依据Y市政府的授权与B机械公司另行签订《借款合同》,主要内容为B机械公司出借给污水公司3000万元,用于Y市政府支付Y市朝阳污水处理项目的土地费等与项目有关的费用。

2012年12月12日,在Y市政府出台专题会议纪要并承诺由市财政偿还借款的背景下,污水公司与B机械公司及水务公司签订了《专门用途借款合同》。该合同约定污水公司向B机械公司借款3000万元人民币,用于支付Y市朝阳污水处理项目的土地费用等相关费用。借款分3期归还,且每一期的归还时间与《投融资建设协议》约定的回购款支付时间一致。水务公司作为连带责任保证人,为污水公司提供担保,保证污水公司按期归还借款。2012年12月18日,污水公司向B机械公司出具《公函》,表示由投资公司履行3000万元借款合同中约定的融资平台工作,请求B机械公司通过转账方式汇入借款。2012年12月19日,投资公司向B机械公司出具收到借款3000万元的收据。2012年12月21日,B机械公司向投资公司账户汇款3000万元。2014年8月5日,投资公司向B机械公司归还借款本金1000万元。

根据双方签订的《投融资建设协议》,污水公司应在约定时间内办理相关抵押手续,否则B机械公司有权解除协议。2012年11月20日,污水公司向B机械公司出具《承诺函》(以下称《承诺函一》),承诺根据《投融资建设协议》,其同意将污水公司所有的污水处理收费权以及土地使用权证,在B机械公司向金融机构办理融资事宜时依照金融机构的要求办理相关的质押登记和抵押登记手续。2013年6月6日,污水公司与B机械公司办理抵押登记,由污水公司以Y市国土资源局延国用他项(2013)第240199008号土地他项权利证明书项下的土地使用权,向B机械公司提供抵押担保。2013年8月8日,污水公司向B机械公司出具《承诺函》(以下称《承诺函二》),载明"根据我们双方签订的《投融资建设协议》规定,该协议自双方按协议附件清单要求全部提供经双方授权代表签署确认的附件之日起生效,现因房产证原件未提交,而使BT协议不能生效。我公司承诺在一个月内完成房产登记手续和完成房产抵押登记手续,如果未按期完成,贵公司可以立即停止BT项目,由此造成的经济损失和违约责任全部由我公司承担"。由于抵押登记仍未按期完成,2013年9月13日,B机械公司正式向污水公司发送《解除合同通知书》,通知污水公司解除双方签订的《投融资建设协议》。B机械公司还要求污水公司在2013年9月20日前通过银行汇款归还借款3000万元,并支付自借款之日起至归还之日止的利息及违约金。此时,污水公司未能完成房产证的提交,也未能按期支付回购款项。2013年10月15日,污水公司向B机械公司发送《回复函》,确认其已收到《解除合同通知书》,并表示该问题已经上报Y市政府,称归还借款的具体时间将待Y市政府决定后通知。2014年8月5日,污水公司归还了借款本金1000万元。

B机械公司就未归还的借款及利息向法院提出诉讼请求:(1)污水公司应于判决生效之日起10日内向B机械公司归还借款本金2000万元,并支付以3000万元为基数自2012年12月22日起至2014年8月5日止,以及以2000万元为基数自2014年8月6日起至判决给付之日止按中国人民银行同期贷款利率计算的利息。(2)对污水公司前述的第1项债务,B机械公司有权以Y市国土资源局延国用他项(2013)第240199008号土地他项权利证明书项下的土地使用权的折价或者拍卖、变卖该土地使用权的价款优先受偿。(3)水务公司、Y市政府对污水公司前述第1项债务承担连带清偿责任。

原告诉称:被告污水公司在被告Y市政府的授权下,与其签订《投融资建设协议》,并向原告借款3000万元。由于被告污水公司未能按期完成房屋抵押登记,原告有权解除协议并要求其归还借款。原告要求被告污水公司归还借款本金2000万元,并支付按中国人民银行同期贷款利率计算的利息。同时,原告有权就已抵押的土地使用权的折价或者拍卖、变卖该土地使用权的价款优先受偿,被告水务公司和被告Y市政府应对被告污水公司的借款承担连带清偿责任。三被告均未作答辩。

法院认为: 涉案企业借贷合同,系被告污水公司以自己的名义、在被告Y市政府的授权范围内,与原告订立的合同;原告在订立合同时知道二被告之间的代理关系。依照《合同法》第402条(《民法典》第925条)的规定,该合同直接约束被告Y市政府和原告,故应归还借款本金2000万元并支付以3000万元为基数自2012年12月22日起至2014年8月5日止,以及以2000万元为基数自2014年8月6日起至判决给付之日止按中国人民银行同期贷款利率计算的利息。归还的主体应为Y市政府而非污水公司。

对前述债权,原告要求以Y市国土资源局延国用他项(2013)第240199008号土地他项权利证明书项下的土地使用权折价或者以拍卖、变卖该土地使用权的价款优先受偿。但该土地他项权利证明书未标注该土地使用权具体担保的是哪笔债权,而原告认可该土地使用权担保的是污水公司在《投融资建设协议》项下的回购款而非在《专门用途借款合同》项下的借款,故法院对原告的该项诉请不予支持。

被告水务公司经董事会决议为被告污水公司在《专门用途借款合同》项下的借款及借款所生债务提供连带责任保证担保。根据被告水务公司董事会成员金某(兼任污水公司法定代表人)参加董事会会议表决的情况;《专门用途借款合同》明确标注了其与《投融资建设协议》之间的牵连关系,而《投融资建设协议》明确载明该协议系由被告Y市政府授权被告污水公司与原告签订的;以及被告水务公司未到庭抗辩的情况,可判断被告水务公司对《专门用途借款合同》项下债务归属于被告Y市政府是明知的。故被告水务公司应为被告Y市政府前述还本付息债务承担连带清偿责任。

实务要点

解读"代理"——代理关系、代理人责任与代理合同

本案的核心法律问题是代理关系及代理人责任的问题。Y市政府通过授权委托的方式让污水公司作为其代理人签订《投融资建设协议》及相关借款合同,而法院在审理时对代理关系的认定、代理人责任的划分以及代理合同的有效性依法作出了判断,公平分配代理人与委托人的责任,纠正了债权人B机械公司对于代理人责任的认知偏差,保障了债权人的合法权益。

1. 代理关系的构成与适用

代理关系是指一方(代理人)依照委托人的意思,代表委托人与第三人发生法律行为的关系。代理人与被代理人之间的法律关系是代理的内部关系,基于代理行为产生的代理人与第三人、被代理人与第三人之间的法律关系是代理的外部关系——代理的内部关系是外部关系得以产生和存在的前提,而代理的外部关系是内部关系的目的和归属。由此可见,代理制度的设立是为了使委托人能够通过代理人代为处理事务,而代理人在代理权限范围内所作的行为,直接产生法律效力。[①]

适用代理关系而产生的代理行为具有以下几个实务特点:

(1)代理人的行为是被代理人意思的体现。代理人代表委托人执行任务,且其行为需符合委托人的意思。

(2)代理行为必须在委托授权范围内进行。代理人所作的行为必须在其被授权的范围内,否则将可能导致不当行为,甚至超越代理权限。

(3)代理行为的法律后果直接归属于被代理人。代理人在授权范围内的所有行为,其法律后果由被代理人承担。

在本案中,Y市政府授权污水公司作为全权代理人处理Y市朝阳污水处理项目的投融资及建设问题。法院根据《民法典》第925条的规定,认为B机械公

[①] 参见武亦文、潘重阳:《民法典编纂中代理制度的体系整合》,载《浙江社会科学》2016年第10期。

司在订立合同时明知代理人和被代理人之间的代理关系,所以涉案合同直接约束Y市政府和B机械公司,Y市政府因此承担了主要的还款责任。

2. 代理人与被代理人的责任分配

在明确代理人与被代理人之间的法律关系的前提下,分析代理责任的分配问题,应当依据《民法典》合同编的相关规定,基本原则是:代理人在授权范围内的履约行为,其法律后果由被代理人承担;如果代理人超越授权范围、未按委托人的指示行事或因疏忽未履行委托义务,可能会对被代理人造成损害,此时代理人需要承担相应的法律责任。

在本案中,污水公司作为代理人,签订了《投融资建设协议》及后续借款合同,协议明确约定了由污水公司负责项目的投融资、建设和移交。在污水公司未能按时完成房屋所有权抵押登记的情况下,B机械公司有权解除合同并要求偿还借款。由于污水公司是代为执行Y市政府指示的代理人,并且其履行义务未超过委托授权范围,法院认为,借款的还款责任应由被代理人Y市政府承担,也就是说,污水公司与Y市政府的代理关系决定了Y市政府应作为债务的最终承担者,而污水公司仅仅扮演着作为代理人担当中介执行的角色。

那么,如果委托授权的范围和内容并不明确呢?此时,代理人应当对被代理人向第三人承担的民事责任负连带责任。如果委托代理事项违法呢?代理人明知违法仍然进行代理活动的,同样应当承担连带责任。

3. 代理合同签订的注意事项

《民法典》合同编规定,代理关系的成立需要有明确的授权,且代理人需在授权范围内行事。本案涉及政府与企业之间的代理关系问题。在政府授权企业处理特定项目时,尤其是在涉及公款和公共利益的情况下,政府的责任和代理人的责任的分界线可能会模糊。污水公司作为政府的代理人签订合同,由于合同涉及的借款和项目涉及公共财政,这也会影响法院最终判定由政府承担债务偿还责任。代理人的不当行为和越权行为可能对政府的责任产生重大影响,政府应当谨慎授权,避免因代理行为产生不必要的法律纠纷。

特别是在涉及大额投资、融资等项目时,被代理人和代理人在签订代理合同需要注意以下几个要点。

(1)明确授权范围。

授权范围是代理合同的核心,在代理合同中列明被代理人授予代理人的具体权限能够保障代理关系的优势发挥和风险规避。被代理人应当对代理行为进行详细说明,确保代理人的行为能充分履行合同义务且不超出授权范围,以避免发生类似本案中代理人未按时完成房屋登记而导致的责任问题。

(2)确定代理边界。

代理人在签订合同或进行决策时,应当严格遵循授权范围。超越代理权的代理行为只有经过被代理人的追认,被代理人才承担法律责任,也就是说,被代理人可能不承担由此产生的责任。由此可见,代理合同中授权与责任紧密关联,这要求被代理人和代理人明确约定代理边界。

(3)注重担保清晰。

在代理关系中,代理合同附件及代理事项的合同文本是产生争议时至关重要的材料。尤其在涉及土地使用权、融资担保等复杂问题时,合同中需要详细列明各方的权利与义务。例如,在本案中,《投融资建设协议》仅表明污水公司将土地使用权作为回购款的担保,使法院认为该土地担保并未被明确标注为担保借款,最终导致B机械公司无法优先受偿。由此可见,代理合同在签订时必须注意代理事项合同文本的规范管理,确保每项担保内容得到清晰、准确的约定。

法律依据

1.《民法典》(2021年施行)

第九百一十九条 委托合同是委托人和受托人约定,由受托人处理委托人事务的合同。

第九百二十条 委托人可以特别委托受托人处理一项或者数项事务,也可以概括委托受托人处理一切事务。

第九百二十二条 受托人应当按照委托人的指示处理委托事务。需要变更委托人指示的,应当经委托人同意;因情况紧急,难以和委托人取得联系的,受托人应当妥善处理委托事务,但是事后应当将该情况及时报告委托人。

第九百二十五条 受托人以自己的名义,在委托人的授权范围内与第三人订立的合同,第三人在订立合同时知道受托人与委托人之间的代理关系的,该合同直接约束委托人和第三人;但是,有确切证据证明该合同只约束受托人和第三人的除外。

2.《最高人民法院关于适用〈中华人民共和国民法典〉合同编通则若干问题的解释》(法释〔2023〕13号)

第二十条 法律、行政法规为限制法人的法定代表人或者非法人组织的负责人的代表权,规定合同所涉事项应当由法人、非法人组织的权力机构或者决策机构决议,或者应当由法人、非法人组织的执行机构决定,法定代表人、负责人未取得授权而以法人、非法人组织的名义订立合同,未尽到合理审查义务的相对人主张该合同对法人、非法人组织发生效力并由其承担违约责任的,人民法院不予支持,但是法人、非法人组织有过错的,可以参照民法典第一百五十七条的规定判决其承担相应的赔偿责任。相对人已尽到合理审查义务,构成表见代表的,人民法院应当依据民法典第五百零四条的规定处理。

合同所涉事项未超越法律、行政法规规定的法定代表人或者负责人的代表权限,但是超越法人、非法人组织的章程或者权力机构等对代表权的限制,相对人主张该合同对法人、非法人组织发生效力并由其承担违约责任的,人民法院依法予以支持。但是,法人、非法人组织举证证明相对人知道或者应当知道该限制的除外。

法人、非法人组织承担民事责任后,向有过错的法定代表人、负责人追偿因越权代表行为造成的损失的,人民法院依法予以支持。法律、司法解释对法定代表人、负责人的民事责任另有规定的,依照其规定。

第二十一条 法人、非法人组织的工作人员就超越其职权范围的事项以法人、非法人组织的名义订立合同,相对人主张该合同对法人、非法人组织发生效力并由其承担违约责任的,人民法院不予支持。但是,法人、非法人组织有过错的,人民法院可以参照民法典第一百五十七条的规定判决其承担相应的赔偿责任。前述情形,构成表见代理的,人民法院应当依据民法典第一百七十二条的规定处理。

合同所涉事项有下列情形之一的,人民法院应当认定法人、非法人组织的工作人员在订立合同时超越其职权范围:

(一)依法应当由法人、非法人组织的权力机构或者决策机构决议的事项;

(二)依法应当由法人、非法人组织的执行机构决定的事项;

(三)依法应当由法定代表人、负责人代表法人、非法人组织实施的事项;

(四)不属于通常情形下依其职权可以处理的事项。

合同所涉事项未超越依据前款确定的职权范围,但是超越法人、非法人组织对工作人员职权范围的限制,相对人主张该合同对法人、非法人组织发生效力并由其承担违约责任的,人民法院应予支持。但是,法人、非法人组织举证证明相对人知道或者应当知道该限制的除外。

法人、非法人组织承担民事责任后,向故意或者有重大过失的工作人员追偿的,人民法院依法予以支持。

第二十二条 法定代表人、负责人或者工作人员以法人、非法人组织的名义订立合同且未超越权限,法人、非法人组织仅以合同加盖的印章不是备案印章或者系伪造的印章为由主张该合同对其不发生效力的,人民法院不予支持。

合同系以法人、非法人组织的名义订立,但是仅有法定代表人、负责人或者工作人员签名或者按指印而未加盖法人、非法人组织的印章,相对人能够证明法定代表人、负责人或者工作人员在订立合同时未超越权限的,人民法院应当认定合同对法人、非法人组织发生效力。但是,当事人约定以加盖印章作为合同成立条件的除外。

合同仅加盖法人、非法人组织的印章而无人员签名或者按指印,相对人能够证明合同系法定代表人、负责人或者工作人员在其权限范围内订立的,人民法院应当认定该合同对法人、非法人组织发生效力。

在前三款规定的情形下,法定代表人、负责人或者工作人员在订立合同时虽然超越代表或者代理权限,但是依据民法典第五百零四条的规定构成表见代表,或者依据民法典第一百七十二条的规定构成表见代理的,人民法院应当认定合同对法人、非法人组织发生效力。

第二十三条 法定代表人、负责人或者代理人与相对人恶意串通,以法人、非法人组织的名义订立合同,损害法人、非法人组织的合法权益,法人、非法人组织主张不承担民事责任的,人民法院应予支持。法人、非法人组织请求法定代表人、负责人或者代理人与相对人对因此受到的损失承担连带赔偿责任的,人民法院应予支持。

根据法人、非法人组织的举证,综合考虑当事人之间的交易习惯、合同在订立时是否显失公平、相关人员是否获取了不正当利益、合同的履行情况等因素,人民法院能够认定法定代表人、负责人或者代理人与相对人存在恶意串通的高度可能性的,可以要求前述人员就合同订立、履行的过程等相关事实作出陈述或者提供相应的证据。其无正当理由拒绝作出陈述,或者所作陈述不具合理性又不能提供相应证据的,人民法院可以认定恶意串通的事实成立。

第七节 涉水股权、债权转让纠纷

一、H能源公司、H集团公司与M水利电力公司股权转让纠纷

案情简介[①]

一审被告、二审被上诉人、再审申请人:H能源公司、H集团公司

一审原告、二审上诉人、再审被申请人:M水利电力公司

2015年5月18日,H能源公司与M水利电力公司签署涉案《股权转让协议》,协议约定H能源公司通过股权转让的方式获取M水利电力公司的部分股权,并负责投资设立G企业,以配套M水利电力公司位于J县的水电站所发电的电量。根据双方订立的协议,H能源公司有义务投资并设立G企业,利用Y

---

① 参见最高人民法院(2018)最高法民申5659号民事裁定书。

水电站的电能为其提供配套电力。对于这一主要义务,协议中明确约定,若 H 能源公司未履行上述义务,M 水利电力公司可主张违约并要求赔偿相应损失。然而,在协议履行过程中,H 能源公司未能按时完成 G 企业的建设。H 能源公司未能履行义务的行为直接影响了 Y 水电站的电能消纳问题。虽然 Y 水电站在 2016 年获得了并网售电许可,M 水利电力公司也将水电站的电量销售给了电网公司,但由于缺乏 G 企业的配套,水电站的电量消纳问题未得到有效解决,M 水利电力公司的经营遭受重大损失。

因此,M 水利电力公司将 H 能源公司及其母公司 H 集团公司诉至法院,要求法院判令 H 公司支付违约金,并履行合同约定的相关义务。经过一审和二审阶段,H 能源公司和 H 集团公司不服 S 省高级人民法院民事判决,向最高人民法院申请再审。

一审被告、二审被上诉人、再审申请人 H 能源公司、H 集团公司诉称:第一,请求确认一审、二审判决事实认定错误。S 省高级人民法院在二审判决中认定再审被申请人签订的《并网协议》履行的是过网供电义务,存在事实认定不清的错误。二再审申请人认为,《并网协议》实际上是电网公司和发电企业之间的协议,并不涉及"过网供电"问题,而是关于电力并网和调度的约定。二再审申请人主张,《并网协议》中的上网电价为 0.183 元/度,而这一价格与《股权转让协议》中约定的电价相同,说明"过网供电"并不涉及电力的过网费用和线路损耗。因此,法院在判断"过网供电"是否合规时,误解了《并网协议》及其相关条款,进而对事实作出了错误认定。

第二,请求认定 M 水利电力公司单方面将发电量销售给电网公司,使 G 企业建设无意义。二再审申请人认为,Y 水电站已经无法满足建设 G 企业的条件。因为再审被申请人已经单方面将 Y 水电站的全部发电量销售给了电网公司,G 企业所需的电力消纳已无法通过建设该企业来实现。因此,二再审申请人认为再审被申请人单方面将电量售卖给电网公司,导致 G 企业的建设目标和电力需求不再存在,继续履行建设 G 企业的义务失去了原定协议赋予的利益。

第三,请求认定 H 能源公司已经履行建设 G 企业的义务。二再审申请人认为,H 能源公司曾积极推动 G 企业的建设,并作出了实际努力,但再审被申请人未予配合,导致项目进展缓慢,甚至部分项目遭遇阻碍。因此,二再审申请人主张,H能源公司并未违约,而是因为再审被申请人未能履行相关的配合义务,才导致项目未能如期完成,责任和后果应当由再审被申请人承担。

第四,请求认定Y水电站尚未竣工发电,且G企业未建成会导致投资人面临重大损失。二再审申请人指出,Y水电站至今未投入运营,并且若G企业与水电站同时投产,该项目将长期闲置,投资人将面临巨额亏损。由于再审被申请人未能履行其在电力消纳方面的相关义务,水电站的发电量已经无法被充分消纳,进而影响了整个项目的经济效益和投资回报。因此,再审被申请人应当为此承担责任,并支付相应的赔偿。

基于上述事实和理由,二再审申请人认为,二审法院的判决在事实认定和法律适用方面存在错误,特别是在关于违约金的裁定和合同义务的履行情况上,请求法院撤销二审判决,改判支持其合理诉求,确认H能源公司不应承担过高的违约责任,或者下调违约金的金额。

一审原告、二审上诉人、再审被申请人M水利电力公司辩称:第一,二再审申请人称Y水电站将建成后的发电量已经销售给了电网公司,高耗能项目建设已没有意义与《关于履行股权转让协议第九条义务的复函》所载明的内容相矛盾。J县属于国家电网覆盖区域,Y水电站只能通过并网调度的方式销售电力,《并网协议》是向G企业履行供电义务的前提。

第二,根据《股权转让协议》的约定,再审被申请人需要G企业来解决Y水电站的电力销售问题,至于建什么类型、如何建设均是再审申请人H能源公司的义务。再审申请人H能源公司根本没有建设G企业的行动。另外,根据《S省J县Y水电站延期发电损失计算》证明,Y水电站的年可发电量完全能满足高耗能企业的用电量。

第三,再审申请人H能源公司在《关于G项目建设问题的复函》中明确陈述"目前Y水电站面临着电能消纳的客观现实""由于前期工业硅项目搁置,后期通过电网消纳又不能全部满足"等事实情况,说明为确保Y水电站的电力消纳,G企业的设立有其必要性。Y水电站至今未发电,也是因为再审申请人H能源公司怠于履行合同义务,建设过程中发生了质量事故。

基于上述事实和理由,再审被申请人认为,H 能源公司未履行约定的义务,导致水电站的电量无法有效消纳,损害其利益。相关证据证明即使水电站未投入运营,未建设 G 企业已经造成了再审被申请人未来可能遭遇的电能消纳问题,因此请求法院判决 H 能源公司支付相应的违约金以弥补损失。

再审法院认为:本案的争议焦点问题有二:(1)H 能源公司未设立 G 企业是否构成违约;(2)M 水利电力公司关于违约金的主张是否成立。

对于第一个问题,H 能源公司未按照《股权转让协议》的约定投资设立 G 企业已构成违约。首先,涉案《股权转让协议》是双方的真实意思表示,协议的内容不违反法律法规的强制性规定,合法有效。根据该协议第 9 条,H 能源公司应投资并设立 G 企业以配对 Y 水电站的电能。同时,该协议并未约定 Y 水电站向 G 企业的供电方式,也未约定 M 水利电力公司在建设 G 企业方面负有配合义务。然而,H 能源公司未按约定履行其义务,因此 H 能源公司主张其在高耗能项目建设上已经履行了应尽义务,但因 M 水利电力公司未予配合致使项目建设受到影响的申请再审事由没有事实和法律依据,法院不予支持。其次,H 能源公司未提交任何证据证明 Y 水电站所发电量通过现有途径足以完全被消纳,或者其无法完全履行《股权转让协议》约定的向 G 企业提供匹配电量的义务。其发 M 水利电力公司的复函反而表明了 G 企业的设立具有必要性。故 H 能源公司关于 Y 水电站已不具备配套高耗能项目条件,M 水利电力公司已经单方面将发电量销售给了电网公司,高耗能项目的供电没有来源的申请再审理由不能成立。

对于第二个问题,M 水利电力公司关于违约金的主张成立。H 能源公司的行为构成违约,应当向 M 水利电力公司承担赔偿责任。虽然 Y 水电站尚未投入运营,目前没有电力可供销售,但各方当事人在庭审中均未否认 Y 水电站在经验收合格后可以正式投入运营使用,并且结合前述事实,Y 水电站运营后将面临电能消纳困难,故 G 企业未建成将会给 M 水利电力公司造成损害。二审判决综合各方因素将违约金调整至 450 万元,认定 H 能源公司用其已支付的 100 万元保证金折抵后,还应向 M 水利电力公司支付 350 万元并无不当。

综上所述,最高人民法院裁定驳回再审申请。

实务要点

实际履行与合同约定的矛盾——不可调和之调和

合同法的基本原则之一是契约自由原则,即当事人自主决定合同内容,且合同一旦成立,双方就应按照约定履行。针对 H 能源公司、H 集团公司股权转让纠纷再审认定的焦点问题—"H 能源公司未设立 G 企业是否构成违约",H 能源公司认为,由于 M 水利电力公司未予配合,建设 G 企业的项目搁置,现实情况的变化导致履行合同的约定已经没有实际意义,而 M 水利电力公司坚持要求 H 能源公司履行合同约定的建设义务——实际履行中,由于不可预见的因素,合同一方可能遇到履行困难或履行障碍,这时如何界定履行的严格性,如何处理合同约定与实际履行之间的矛盾,如何平衡合同的严格执行与实际商业情况的变化,便成为复杂的法律问题。这一问题不仅涉及合同法的基本原则,还涉及法院在合同履行过程中如何考虑商业环境、实际履行困难以及当事人的履行意图。

1. 合同约定的履行义务

合同履行的基本原则是要求各方信守承诺,遵守约定,于正确的时间、地点、方式全面履行自己在合同项下的义务,尤其是在没有合同变更或解除协议的情况下。在本案中,H 能源公司与 M 水利电力公司签订的《股权转让协议》第 9 条明确约定,H 能源公司有义务设立 G 企业,以配对 Y 水电站的电力消纳。合同的约定履行是基于双方的商业预期,旨在确保 Y 水电站的发电量有足够的市场消纳空间。这种约定具有明确的商业目标:通过设立 G 企业,为 Y 水电站提供稳定的电力需求,从而促进电力项目的顺利运行。法院的态度维护了合同履行的基本原则,认同合同一旦生效,各方当事人就应按照约定履行相关义务,即便实际情况发生了变化,也不可否认 H 能源公司不履行合同约定义务的行为该行为已对 M 水利电力公司造成了潜在损失。

2. 合同实际的履行困境

实际履行过程中,若一方发现履行合同义务面临较大的经济损失或不必要的成本支出,则可以提出合同变更或解除的主张,尤其是当合同的约定与实际情况严重不符时。《民法典》合同编关于"情势变更"的规定,是"合同严守原则"的例外。原则上,当事人应该严格按照合同约定履行义务,故情势变更原则的适用应较为谨慎,当事人对情势发生变更后的处理方式约定了不同于该条规定情形的,则当事人约定优先,该条的情势变更原则不再适用。情势变更原则适用后,其法律后果包括"重新协商""变更或解除合同"。因情势变更的事实不可以归责于当事人,根据公平原则,合同当事人因合同解除所产生的损失,应由双方分担。[①] 本案并不适用该原则。随着涉案项目的推进,H能源公司单方面认为,由于M水利电力公司已经单方面将Y水电站的电量销售给电网公司,而电网公司能够有效消纳这些电力,G企业的建设已经不再具备商业必要性,不再像合同订立之初具有经济效益,可能导致巨大的资本浪费和项目闲置。只是,其认知中的履行困境与实际情况不符,实际上Y水电站的电力仍无法得到有效消纳,并且投产迟延同样造成了M水利电力公司的损失。双方无法达成一致,故不存在协商变更合同的条件。

3.合同履行的灵活性与商业实践

本案中的合同履行与实际情况的矛盾反映了商业合同在执行过程中可能遇到的复杂性。虽然合同的约定具有约束力,但商业实践中的实际情况往往会发生或大或小的变化,这时如何平衡合同的严格执行与实际履行中的困难,成为法律判断的难点。

对于商业合同而言,严格执行合同条款是保障交易稳定和公平的基本前提,合同的履行是以严格履约为主,灵活调整为辅的。契约自由是双方秉持的合同精神,也是法院应当尊重的首要原则。在双方没有变更合同约定的合意时,遵守原本的合同约定便是对这一精神最好的诠释,若单方意思和条件发生变化就能够颠覆另一方信守的合同约定,那么千千万万的合同将会沦落为无用的空文,守约者遭受的损失也将无以弥补。原则上,履行合同约定应当严谨、严格、严肃。

---

① 参见王德山:《论情势变更制度的适用要件》,载《法学杂志》2008年第1期。

不可否认的是,商业目的与合同条款确实具有适应性。合同条款的约束力可能会因法定情形和双方的共同利益而有所变动。如果合同当事人提出的调整合同条款或履行方式的请求,被对方和法院纳入考量,法院综合合同目的和商业背景,适度灵活处理合同条款,能够在确保合同履行与实际商业需求相符的同时,不损害双方当事人的利益,也不失为美谈。本案再审认同二审法院对违约金金额进行的适度调整是适应商业性质的一个缩影,只是本案案情不足以撼动"应当履行合同约定"的基本原则,再审裁定确保了最终结果的公正性和合理性。

法律依据

《民法典》(2021年施行)

第五百零九条 当事人应当按照约定全面履行自己的义务。

当事人应当遵循诚信原则,根据合同的性质、目的和交易习惯履行通知、协助、保密等义务。

当事人在履行合同过程中,应当避免浪费资源、污染环境和破坏生态。

第五百三十三条 合同成立后,合同的基础条件发生了当事人在订立合同时无法预见的、不属于商业风险的重大变化,继续履行合同对于当事人一方明显不公平的,受不利影响的当事人可以与对方重新协商;在合理期限内协商不成的,当事人可以请求人民法院或者仲裁机构变更或者解除合同。

人民法院或者仲裁机构应当结合案件的实际情况,根据公平原则变更或者解除合同。

第五百四十三条 当事人协商一致,可以变更合同。

二、F 水务投资公司与 B 信托公司债权转让合同纠纷

> **案情简介**[①]

一审原告、二审被上诉人：B 信托公司

一审被告、二审上诉人：F 水务投资公司

2007 年，B 信托公司以信托纠纷将 Y 公司、L 公司、H 市污水处理公司、尤某、邱某、魏某诉至法院，法院经审理作出民事判决。上述判决生效后，B 信托公司向法院申请执行，法院于 2008 年 3 月 3 日立案执行，并于 2008 年 3 月 11 日作出民事裁定书。执行中，法院冻结了多名被执行人持有的涉案公司股权。2008 年 6 月 2 日，B 信托公司与 Y 公司、L 公司、H 市污水处理公司、尤某、邱某、魏某签订《执行和解协议书》，约定：(1) 就民事判决所涉债务，被执行人将于 2008 年 7 月 30 日前全部清偿。(2) 如 2008 年 7 月 30 日被执行人未能按照该协议第 1 条的约定清偿民事判决书中确认的全部债务，则双方恢复强制执行程序。2009 年 9 月 15 日，B 信托公司向法院提交申请，申请：(1) 尤某、邱某、魏某所持的 L 公司股权暂不处置；(2) 终结本次执行程序，待今后发现被申请人财产线索后再行恢复执行。2010 年 3 月 4 日，B 信托公司向法院提交《恢复强制执行申请书》，请求恢复执行民事判决。该申请书中载明：现 B 信托公司发现尤某尚有财产可供继续执行，根据法律规定，B 信托公司特向法院提出恢复强制执行申请并提供财产线索。

2010 年 3 月 18 日，B 信托公司（转让方、甲方）与 F 水务投资公司（受让方、乙方）签订《债权转让协议》，该协议约定，B 信托公司将其拥有的基于已生效的 B 市第二中级人民法院(2007)二中民初字第 007754 号民事判决书所确定的对 Y 公司、L 公司计算至 2007 年 7 月 26 日的债权 3990 万元（截至 2009 年 9 月 30 日，本金及利息、罚息共计 4000 万元）中未实现的全部债权及其他权利转让给

[①] 参见北京市高级人民法院(2019)京民终 541 号民事判决书。

F水务投资公司,双方同意协议价款为4000万元。双方还约定F水务投资公司应于2010年10月30日前向B信托公司支付全部转让价款,延迟支付的,应付未付款项按同期中国人民银行贷款利率向B信托公司支付利息。《债权转让协议》签订后,F水务投资公司未按约定向B信托公司支付债权转让款,B信托公司在2012年至2017年向F水务投资公司多次发送催收函件,F水务投资公司收悉。

2014年7月4日,F水务投资公司(甲方)与B信托公司(乙方)签订《谅解备忘录》,该备忘录表明,"甲方深知对以上债权及利息的归还的义务和必然",甲乙双方就该债权转让款及利息的偿还商定了以乙方对甲方有关项目提供投融资服务,甲方依法支付各项服务费用的变通的办法来解决,具体约定了:(1)甲方同意2014年6月23日《关于归还债权转让款及利息的函》,双方正式明确该债权及利息,并继续依法延长该债权及利息的法律时效。(2)乙方同意甲方提出的以乙方向甲方控股股东的各相关项目提供投融资服务的方式,变相归还上述债权转让款及利息。双方确认,《顾问协议》与《关于归还债权转让款及利息的函》系甲乙双方为同一笔债权债务的变通解决而分别签署的,双方实际按照《顾问协议》执行。甲方或甲方的最终全资控股股东Z公司以任何形式向乙方支付相应款项的,均视为甲方偿还乙方的该笔债务。甲乙双方同意,该备忘录签署后,甲方应在2014年9月30日前向乙方支付的总金额不低于500万元;在2014年12月30日前,甲方向乙方支付的总金额应超过2000万元;如果2015年6月30日前甲方向乙方归还了全部的债权款本金(4000万元),则全部利息和罚金减免为300万元。如果2015年6月30日前甲方及其控股股东未按照约定偿还该协议约定的全部款项,则乙方有权立即行使对甲方及其最终股东提起诉讼的权利。

2014年7月7日,Z公司(甲方)与B信托公司(乙方)签订《顾问协议》,该协议约定乙方为甲方其提供相关的顾问服务,付款期限与备忘录载明的一致。2015年12月25日,B市某律师事务所受B信托公司的委托,向Z公司发出律师函,就《顾问协议》项下欠付的顾问费用进行催收,表明除2014年9月30日Z公司的子公司支付了500万元之外,其余应付款项均已到期届满,甲方应向B信托公司支付剩余款项3800万元和相应的逾期支付利息(利息以剩余款项为本金,按同期中国人民银行贷款利率计算至实际支付之日,暂计算至2015年12月25日为230.00411万元)。

B信托公司于2017年诉至法院,要求F水务投资公司支付4000万元债权转让款及利息。一审法院支持其部分诉讼请求,判决F水务投资公司支付债权转让款3500万元及利息。F水务投资公司不服一审判决,提起上诉。

一审被告、二审上诉人F水务投资公司诉称: B信托公司作为F水务投资公司曾经的实际控制人,在实际控制F水务投资公司期间,将无法收回的债权以高额的价格转让给F水务投资公司,属于实际控制人利用关联关系损害公司利益的情形,《债权转让协议》依法应属无效。即使认为《债权转让协议》有效,其项下F水务投资公司对B信托公司的债务已经变更为完全由Z公司承担,且Z公司已经向B信托公司实际履行了部分付款义务,因此B信托公司无权要求F水务投资公司向其支付任何款项。一审法院判决认定Z公司为债务加入而不是债务承担,属于认定事实不清,适用法律错误。二审上诉人还主张,一审法院遗漏必要的共同诉讼当事人,程序严重违法。

一审原告、二审被上诉人B信托公司辩称: 涉案《债权转让协议》签订时,原告并非被告的实际控制人,协议约定的各方权利义务平等,合法有效,F水务投资公司应根据协议履行支付债权转让款及其相应利息的义务。根据《谅解备忘录》的约定Z公司仅是债务加入,F水务投资公司的还款义务没有免除。二审被上诉人认为,一审法院审理程序符合法律规定。

一审法院认为: 本案的争议焦点为F水务投资公司应否向B信托公司支付债权转让款及利息。F水务投资公司明知《债权转让协议》处于履行状态,对于B信托公司在协议中的计算过程和结果亦予以认可。涉案《债权转让协议》系双方真实意思表示,不违反法律、行政法规的强制性规定,且转让标的为经生效法院判决确认的未实现债权,故该协议应属合法有效,双方应按照协议的约定履行各自的合同义务。B信托公司与F水务投资公司签订的《谅解备忘录》显示"F水务投资公司亦深知对以上债权及利息的归还的义务和必然",签订目的是通过变通的办法解决涉案债务,债务人仍为F水务投资公司。该备忘录系双方真实意思表示,对于B信托公司和F水务投资公司具有约束力,即便案外人

Z公司认可备忘录内容,也仅构成债务加入,F水务投资公司的应付债务未予免除。至于债权转让款的本金,B信托公司自认已收到的《顾问协议》项下500万元付款应当扣减,利息应当由F水务投资公司依约支付。

二审法院认为: 2010年3月18日案涉《债权转让协议》签署时,B信托公司已经不再持有科技风投公司的股权,故不存在间接持有F水务投资公司股权的情形,F水务投资公司关于B信托公司利用关联关系损害公司利益的主张不成立。在由Z公司进行还款的安排下,债权人B信托公司并未有免除原债务人F水务投资公司债务的意思表示,F水务投资公司并未脱离债务关系,仅是由Z公司加入案涉债权转让关系,与F水务投资公司共同承担案涉债务,B信托公司有权向F水务投资公司和Z公司主张权利。且基于上述合同内容,B信托公司向F水务投资公司、Z公司共同主张案涉债权,或B信托公司单独向F水务投资公司主张案涉债权均不违反上述合同的约定。F水务投资公司的上诉请求不能成立,应予驳回,维持原判。

实务要点

债务承担与债务加入的认定

解决F水务投资公司与B信托公司债权转让合同纠纷案的争议焦点问题,不能绕开对Z公司在《谅解备忘录》中约定的还款义务是构成债务承担还是债务加入的分析。以下将从债务承担和债务加入的概念入手,详细分析它们之间的区别,并探讨实务中应如何认定债务承担和债务加入,最后分析本案中债务加入的法律适用。

1. 债务承担与债务加入的概念

(1)债务承担(免责的债务承担)是指在债权人同意的情况下,原债务人将其对债权人的债务转移给第三方,由第三方承担债务履行的责任。债务承担发生后,第三方成为新的债务人,原债务人则不再承担债务责任。债务承担可以是单独的,也可以是附条件的,但必须得到债权人的认可。

（2）债务加入（并存的债务承担）是指在债务人原有的债务关系基础上，第三方同意与原债务人共同承担债务责任，即第三方与原债务人共同成为新的债务人。债务加入不同于债务承担，债务人未被完全替代，原债务人依然对债务承担连带责任，债权人可以请求第三人在其愿意承担的债务范围内和债务人承担连带债务。

2. 债务承担与债务加入的区别

（1）法律性质不同。

债务承担是一种债务关系的转移，债权人与原债务人之间的债务关系因债务承担而解除，债权人和新债务人之间形成新的债务关系。债务加入是原债务关系的延续，债务人之间是共同履行的关系，债权人可要求任何一方履行其应当负担的债务。

（2）债务人责任不同。

债务承担的情形中，原债务人不再承担责任，新的债务人完全取代原债务人的地位并承担履行原债务人的法律责任。债务加入的情形中，原债务人依然要承担债务责任，新加入的债务人则与原债务人共同承担该债务，形成连带债务责任。

（3）成立要件不同。

债务承担的成立，需要债权人的明示同意。为了保证三方的合法权益，一般有明确的书面约定或合同约定来厘清新债务人承担的具体责任，原债务人则通常会被解除责任。债务加入的成立，仅仅需要债权人默示同意，可以由原债务人通知债权人或以新债务人向债权人表示愿意加入的方式确定。

3. 实务中认定债务人属于债务承担或债务加入的要点

在法律实务中，区分债务承担与债务加入对于明确债务人责任、保障债权人利益至关重要。债务承担与债务加入的认定通常涉及合同条款的审查、债权人同意的证据、债务履行的实际情况等因素。以下方法和要点可供实务人员在认定债务承担与债务加入时参考。

（1）合同条款的审查。

合同条款是判断债务关系性质的关键依据。如果合同中明确约定了债务由新债务人代为履行,且原债务人不再承担责任,那么可以认定为债务承担。例如,合同中明确写到"原债务人解除债务,新的债务人代为履行",这通常表明是债务承担。如果合同中只是增加了新的债务人,且没有明确解除原债务人责任的条款,那么通常视为债务加入。例如,合同中写明"新的债务人与原债务人共同履行债务",这构成的是债务加入关系。

(2)债权人同意的证据。

债务承担与债务加入理论上都需要通知债权人并得到债权人的同意,只是同意的程度和方式有所不同。在实务中,债权人的同意通常通过以下形式来证明。

①书面同意。债权人签署的同意书、确认函、补充协议等,明确表明其同意债务承担或债务加入。

②债务履行记录。在新的债务人明确表示愿意负担债务的前提下,如果有转账记录、收据等证据表明债权人已经接受新的债务人履行部分或全部债务,且没有提出异议,可以视为默示同意,此时债务关系未发生根本性变化,但是债务加入已经成立。

③会议记录或邮件往来。如债务人在谈判过程中或通过其他书面形式取得了债权人的同意,这些证据可以有效支持债务承担或债务加入的认定。

(3)债务履行的实际情况。

如果合同和相关协议的条款不明确,法院和律师通常会根据债务履行的实际情况来判断是否属于债务承担或债务加入。例如,如果一方在债务履行中完全替代了另一方的履行责任,并且债权人未再要求原债务人履行债务,则可以推定为债务承担。如果债务人仍然是共同履行债务并且债权人可以向任何一方要求履行债务,则可能是债务加入。在实务中,法院会根据债务人履行债务的行为来推定债务履行的实际性质,且倾向于保护第三方的利益。

本案中,F水务投资公司与B信托公司之间签订的《谅解备忘录》所涉及的债务履行问题,正如法院所认定的,实质上是一种债务加入的情形,而非债务承担。涉案《谅解备忘录》系双方的真实意思表示,合法有效。该备忘录主文中明确约定了变通偿还债务的方式和期限,且F水务投资公司或Z公司支付的款项,均视为 F 水务投资公司偿还 B 信托公司的涉案债务;在分期支付的具体约定中,还款义务主体仍为甲方即 F 水务投资公司;如 F 水务投资公司及其控股股东未按约定偿还约定的全部款项,B 信托公司有权立即行使对 F 水务投资公司及其最终股东提起诉讼的权利。由此可见,偿还债权转让款的义务主体仍为 F 水务投资公司,如其未依约按期还款,B 信托公司有权向 F 水务投资公司提起诉讼,这不符合债务承担的责任安排。该备忘录并未免除 F 水务投资公司的应负债务,如若案外人 Z 公司对于该备忘录予以认可,也仅构成债务加入。F 水务投资公司仅因 Z 公司向 B 信托公司实际履行部分付款义务即主张涉案债务已由 Z 公司全部承担,B 信托公司无权向 F 水务投资公司主张欠付款项,缺乏法律依据。

实务中,债务加入的认定是谨慎的。相较保证责任,债务加入后的第三人不享有先诉抗辩权、保证期间等利益,故债务加入人的责任甚至更重于保证人的责任,在表述不清晰的情况下,不应当轻易认定第三人构成债务加入。

在债务加入的情形下,债权人可以选择起诉原债务人或新债务人,或将二者作为共同被告同时起诉,所以本案中 Z 公司并非必要的共同诉讼当事人,债权人 B 信托公司有选择起诉对象的自由。因此,债权人如果希望增加债权实现的可能性,应当明确约定选取债务加入的方式,以增加债权人可以主张权利的债务人数量,为自身合法权益增多一重保障。若 B 信托公司选择起诉 Z 公司偿还转让款,Z 公司还款后能否向 F 水务投资公司追偿?就本案《谅解备忘录》的内容来看,结论并不清晰。实践中,根据《最高人民法院关于适用〈中华人民共和国民法典〉合同编通则若干问题的解释》约定追偿权的,法院予以支持;没有约定的,依照不当得利的规定合法追偿的,法院亦予以支持。

法律依据

1.《民法典》(2021 年施行)

第五百五十一条 债务人将债务的全部或者部分转移给第三人的,应当经债权人同意。

债务人或者第三人可以催告债权人在合理期限内予以同意,债权人未作表示的,视为不同意。

第五百五十二条 第三人与债务人约定加入债务并通知债权人,或者第三人向债权人表示愿意加入债务,债权人未在合理期限内明确拒绝的,债权人可以请求第三人在其愿意承担的债务范围内和债务人承担连带债务。

2.《最高人民法院关于适用〈中华人民共和国民法典〉合同编通则若干问题的解释》(法释〔2023〕13号)

第五十一条 第三人加入债务并与债务人约定了追偿权,其履行债务后主张向债务人追偿的,人民法院应予支持;没有约定追偿权,第三人依照民法典关于不当得利等的规定,在其已经向债权人履行债务的范围内请求债务人向其履行的,人民法院应予支持,但是第三人知道或者应当知道加入债务会损害债务人利益的除外。

债务人就其对债权人享有的抗辩向加入债务的第三人主张的,人民法院应予支持。

第二章 涉水物权纠纷

第一节 相邻用水、排水权纠纷

一、李某敏与李某建、胡某丽、X兵团相邻用水纠纷

案情简介[①]

一审原告、二审上诉人、再审申请人：李某敏

一审被告、二审上诉人、再审申请人：李某建、胡某丽

一审被告、二审被上诉人、再审被申请人：X兵团

2007年2月7日，李某敏与X自然保护区管理局签订《艾比湖湿地恢复工程合作施工协议书》，约定李某敏在6000亩工程区范围进行水产养殖，对引进的新品种进行养殖必须由X自然保护区管理局组织相关专家进行详细论证或组织小区域实验后，经许可方能引进。该协议签订后，李某敏即按照约定实施围堰，并进行螃蟹及鱼类的养殖。2007年4月7日，李某建与X兵团签订《牛群代牧人合同书》，约定合同期限为3年，具体时间为2007年至2010年每年的4月20日至11月1日，还约定了放牧地点和四至地点。2007年8月15日，李某敏与X兵团二片区签订《水土开发合同》，约定X兵团二片区北部承包范围

[①] 参见最高人民法院(2015)民提字第144号民事判决书。

的界限,水面面积为600亩及6间砖木平房(总价值5000元)(该合同约定的区域与《牛群代牧人合同书》中约定的承包范围存在部分重合);承包期为15年,从2010年1月1日起至2024年12月31日止;承包费用为每年每亩50元,年承包费为30,000元;X兵团只负责提供场地,道路、水源、电力等均由李某敏自己解决;该合同如与国家政策、团场总体规划等相冲突,该合同自行解除。2007年8月16日,李某敏即按照约定向X兵团缴纳了购房款5000元。

2010年7月7日,李某建、胡某丽(夫妻关系,均系X兵团职工)将流向李某敏水产养殖区的水流进行堵坝截流。李某敏先后向X兵团相关领导要求解决养殖区用水问题,终基于各种因素协调未果。李某建以李某敏与X兵团于2007年8月15日签订的《水土开发合同》侵犯其合法权益、违反其与X兵团于2007年4月7日签订的《牛群代牧人合同书》为由,向人民法院提起诉讼,要求确认《水土开发合同》无效、李某敏停止开挖草场的侵权行为及恢复草场原状、赔偿损失等。人民法院于2010年11月22日作出(2010)博垦民初字第318号民事判决,判决驳回李某建的诉讼请求。李某建提起上诉,2011年5月16日,人民法院作出(2011)农五民终字第8号民事判决,判决驳回上诉,维持原判。

2010年7月22日,X兵团以《水土开发合同》违反了《关于严格控制开发水土资源加大生态保护力度的紧急通知》(X兵发〔2009〕39号)中"严格禁止除国家和兵团批准之外的水土资源开发行为及严格禁止各类社会人员开发团场水土资源"之规定,向李某敏送达《关于解除与李某敏签订的〈水土开发合同〉的通知》。2010年10月8日,李某敏又向X兵团发出《关于继续履行同李某敏签订的〈水土开发合同〉的通知》。2010年7月23日,某兽医局作出《关于某3团李某敏需清沟引水事项的请示》,称:"现有李某敏在艾比湖湿地承包养蟹,由于原水沟约400米需要挖深以便引水,我们认为对草场影响不大,可以进行。希望李某敏在清沟的过程中,注意保护草场,严格按照原水沟清挖。以上意见妥否,请领导批示。"相关领导表示同意。2010年8月4日,X兵团相关人员就李某敏养殖水产用水问题进行协调,从《关于协调李某敏养殖水产用水的情况》的记录来看,X兵团相关人员表示X兵团没有保障李某敏用水的义务;X兵团相关人员对于李某敏挖渠没有表示反对,但对如何挖渠提出了相关意见;李某敏表示挖渠后如果没有水流与X兵团无关。精河县公证处于2010年9月3日作出的(2010)新精证字842号公证书记载了李某建、胡某丽于2010年8月29日阻止李某敏挖渠的事实。证人丁某证实X兵团相关人员在李某敏进行挖渠时予以了阻止。

李某敏诉至法院,请求依法判决:(1)李某建、胡某丽、X兵团立即停止侵权,并共同赔偿李某敏经济损失2,414,900元;(2)李某建、胡某丽、X兵团承担连带责任。经李某敏申请、一审法院委托,某评估有限公司于2011年11月25日出具某鉴字〔2011〕第17号《李某敏养殖的5000亩螃蟹和2010年全年损失的数量和价值鉴定报告书》,鉴定意见为:经鉴别案件相关材料、综合分析数据、调查价格,核算鉴定对象2010年的损失数量是243,000尾,损失重量是29,160千克,损失总价值是2,332,800元。X自然保护区管理局于2012年2月6日出具《证明》称:"……在注水区域州水产公司等单位进行虾、蟹等水产品试验养殖,博州水产公司、精河水产公司湿地恢复区引用精河河流水源,个体户李某敏唯一饮用水源为某2团分岔河水源……"博尔塔拉蒙古自治州环境监测站于2010年8月16日作出的博州环监(WT)字(2010)第W-001号监(检)测报告称于2010年8月11日来源于"养殖场池塘"的水样状态为:"有异色、有异味、浑浊。"一审法院基本支持李某敏有关停止侵害、经济赔偿的诉讼请求。李某敏不服一审判决,上诉请求判令X兵团承担连带责任;李某建、胡某丽不服一审判决,上诉请求撤销一审判决,依法改判。二审法院维持一审法院关于经济赔偿的判决,驳回三上诉人的上诉请求。李某敏不服二审判决,向最高人民法院申请再审,坚持要求X兵团承担连带责任;李某建、胡某丽亦申请再审,请求驳回李某敏的诉请。

2015年4月15日再审法院组织各方当事人到现场勘验,确认案涉分岔河并非李某敏螃蟹养殖区的唯一水源,湿地尚有机井及精河河道引水设施。分岔河并非一般意义上的稳定的、集中的河流水源,而系X兵团农田灌溉的余水,其先漫过上游的草原,剩余水量如途中损耗较少可以流至李某敏的螃蟹养殖区。2010年当地大旱,普遍缺水。李某敏在未与上游草原用水人李某建、胡某丽协商的情况下,为保障其螃蟹养殖区水源,在分岔河的东岔挖深引水渠,李某建、胡某丽后将水渠填平,使草场恢复枯水期的正常流水。李某敏经 X 兵团某师的批示同意,在分岔河的西岔新挖引水渠,但由于设计施工失误,造成河水倒流,未成功引水。再审法院通知作出《李某敏养殖的 5000 亩螃蟹和 2010 年全年损失的数量和价值鉴定报告书》的两位鉴定人孙某、王某出庭接受质询,法院认定,鉴定结果不具备科学性,一审、二审法院未对该鉴定意见的合法性进行审查,将其直接作为定案依据违反法律规定。

一审原告、二审上诉人、再审申请人李某敏诉称:李某建和胡某丽封堵养殖区水源损害他人的侵权行为是基于 X 兵团将同一地域分别承包给两家引发的,作为有主导地位的 X 兵团理应积极协调、妥善处理、化解纠纷,但其一方面在不具备合同解除条件的情况下单方面通知解除与李某敏之间的合同,逃避其应履行的义务,用不作为的态度放任侵权损害后果的扩大,具有非常明显的过错。另一方面,X 兵团主观上具有纵容损害后果发生的故意,其多次强行阻止李某敏通过正常审批途径寻求的清沟引水行为,客观上加剧了李某敏养殖的螃蟹及鱼类缺水死亡的严重后果,其行为与李某敏的损失发生之间存在因果关系,故应当承担连带责任。二审法院认定本案案由为相邻用水纠纷适用法律错误,本案应当为侵权纠纷。

一审被告、二审上诉人、再审申请人李某建、胡某丽诉称:第一,李某敏称李某建、胡某丽堵坝截流,切断流向李某敏养殖区的水源,造成李某敏重大损失缺乏依据,该养殖区的水源并非只有一个。《李某敏养殖的 5000 亩螃蟹和 2010 年全年损失的数量和价值鉴定报告书》未经质证、鉴定人也未出庭接受质询,一审法院予以采纳错误,而且该鉴定意见依据购苗证明及航空货运单确定李某敏的放苗数量不准确、在形式和内容上不具有规范性及合法性,其所记载的特别事项也说明该鉴定意见不准确。第二,李某建、胡某丽阻止李某敏在其承包的草场上开挖渠道、破坏草场植被是其职责所在,并没有侵害李某敏利益。相反,李某敏为了自己的利益在未取得有关部门的批准、未征得草场承包户同意的情况下,擅自租用挖掘机在李某建、胡某丽承包的草场非法开挖渠道,不仅违反了《草原法》的有关规定,也侵害了李某建、胡某丽的合法利益。李某建、胡某丽在交涉无果的情况下仅对其开挖的水沟进行恢复原状,并没有故意切断水源、不让水流向其养殖区的侵权行为。

一审被告、二审被上诉人、再审被申请人 X 兵团辩称: 李某敏是与某地湿地管理部门签订的《艾比湖湿地恢复工程合作施工协议书》,X 兵团不是合同的当事人,双方之间没有法律关系,X 兵团不负有给李某敏协调用水的义务。X 兵团与李某敏签订的《水土开发合同》并未实际履行,李某敏在本案中与李某建、胡某丽产生的用水争议以及李某敏的挖渠引水行为,并非为了履行《水土开发合同》而是由于《艾比湖湿地恢复工程合作施工协议书》。李某敏未能提供证据证明 X 兵团有单独或者与李某建、胡某丽共同侵权的事实,不存在 X 兵团应当承担连带责任的法定情形。李某敏改变水流方向在先,李某建、胡某丽堵坝在后,X 兵团一直在协调将水源方向恢复原状,而分岔河也并非李某敏养殖区的唯一水源。

一审法院认为: 李某建、胡某丽对流向李某敏养殖区的水源实施了堵坝截流。根据"一方擅自堵截或独占自然流水影响他方正常生产、生活的,他方有权请求排除妨碍;造成他方损失的,应负赔偿责任"[①]的法律规定,李某建、胡某丽擅自堵坝截流造成李某敏 5000 亩养殖区螃蟹因缺水死亡,故李某敏要求李某建、胡某丽停止侵害并赔偿造成的经济损失的请求并无不当,予以支持。按照李某敏与 X 兵团签订的《水土开发合同》中"水源由李某敏自己解决"的约定,李某敏认为 X 兵团规避应履行的义务、以不作为的方式造成损害后果扩大的理由不能成立,且其并未提供证据证实 X 兵团与李某建、胡某丽共同实施了侵害其合法权益的行为,故李某敏要求 X 兵团承担共同侵权责任的诉讼请求缺乏事实根据和法律依据,不能成立,不予支持。李某敏要求赔偿 5000 亩养殖区螃蟹死亡的经济损失 2,332,800 元及鉴定费 69,900 元的诉讼请求,由于该损失有一审法院依法委托的由某评估有限公司出具的鉴定意见予以证实,故李某建、胡某丽应当向李某敏赔偿 2,332,800 元及鉴定费 69,900 元。

[①]《最高人民法院关于贯彻执行〈中华人民共和国民法通则〉若干问题的意见(试行)》第 98 条,该文件于 2021 年 1 月 1 日废止失效。

二审法院认为:(1)当事人之间因对自然流水的利用问题发生的争议应当属于相邻关系纠纷,而不属于侵权纠纷。李某敏以李某建、胡某丽擅自变更自然水流的流向给其造成损失为由提起本案诉讼,故本案应当属于相邻关系纠纷,而不属于侵权纠纷。根据《民事案件案由规定》,本案案由应当确定为相邻用水纠纷。

(2)李某建、胡某丽有改变水流自然流向行为的事实。X自然保护区管理局于2012年2月6日出具的《证明》已经证实被李某建、胡某丽改变自然流向的水流是李某敏养殖区的唯一水源,李某建、胡某丽认为李某敏养殖区的水源不止一个的上诉理由不能成立。由于李某建、胡某丽擅自改变李某敏养殖区唯一水流的自然流向,监(检)测报告可以证实李某敏养殖区的水质发生恶化的事实,同时李某建、胡某丽又不能提供证据证明李某敏养殖区的螃蟹死亡系由其他原因造成的,一审法院认定李某敏养殖区螃蟹的死亡由李某建、胡某丽的行为导致并无不当,二人应当赔偿损失,《李某敏养殖的5000亩螃蟹和2010年全年损失的数量和价值鉴定报告书》可以在本案中作为认定损失的依据。在相邻用水关系中,相关当事人只能要求排除妨碍而不能要求停止侵害,一审法院判决李某建、胡某丽停止侵害违反法律规定,应当予以纠正。

(3)案涉《水土开发合同》是否已经解除的问题不属于本案的审理范围。李某敏并不是基于案涉《水土开发合同》才进行本案中的螃蟹养殖,X兵团分别与李某建、李某敏签订《牛群代牧人合同书》《水土开发合同》的行为并不是李某建、胡某丽采取擅自改变水流自然流向行为的直接原因,与李某敏所遭受的损失之间不存在因果关系。李某敏没有提供证据证明X兵团对于保障其基于《艾比湖湿地恢复工程合作施工协议书》进行养殖所需要的用水,排除李某建、胡某丽擅自改变水流自然流向的行为负有约定义务,同时没有法律规定X兵团对排除李某建、胡某丽擅自改变水流自然流向的行为负有法定义务,因此,不能因为X兵团基于X兵团某师的安排而参与李某敏与李某建、胡某丽之间的纷争就认定其负有相应的义务。

再审法院认为:本案再审审理的争议焦点问题是,造成李某敏养殖的5000亩螃蟹死亡的原因是什么,其实际损失有多大,对于损失各方当事人应如何承担责任。

（1）关于致损原因及责任承担问题。本案李某敏系以李某建、胡某丽封堵其养殖区水源而致其养殖的5000亩螃蟹死亡为由，请求判令李某建、胡某丽停止侵权、赔偿损失，以X兵团重复发包、在用水争议发生后不作为，甚至阻挠李某敏挖沟引水为由，请求判令X兵团承担连带责任。综合查明事实，李某敏系因与共同使用同一自然水源的上游用水人李某建、胡某丽之间的用水问题而产生争议，故本案应认定为相邻用水纠纷。相邻用水人对于自然流水的利用应合理分配。2010年大旱气候造成当地用水普遍紧缺是客观事实，分岔河本非稳定的、集中的河流水源，在2010年水量更少。李某敏为保障其养殖区用水而挖深水渠，造成上游草原缺水。李某建、胡某丽将自然水源恢复原状系维护其自身合法权益的行为。并且在用水争议产生后，李某建亦曾寻求公力救济，其向法院起诉要求确认李某敏与X兵团签订的《水土开发合同》无效、李某敏停止开挖草场的侵权行为以及恢复草场原状、赔偿损失等，故可以认定李某建、胡某丽并非擅自堵截讼争自然水源。反之，李某敏未与上游草原用水人协商即挖深水渠，使原本漫向草原的自然流水集中流向其螃蟹养殖区，并非合理利用讼争自然水源的行为，不符合"不动产的相邻各方，应当按照有利生产、方便生活、团结互助、公平合理的精神，正确处理截水、排水、通行、通风、采光等方面的相邻关系"①之法律规定。由于在非大旱气候的一般年份，分岔河的水完全可以漫过李某建、胡某丽所筑水坝继续流向下游湿地，故2010年的大旱气候才是造成李某敏养殖的5000亩螃蟹缺水死亡的主要原因。并且李某敏养殖螃蟹的5000亩湿地本不具备养殖螃蟹的客观条件，李某敏未对当地水文、气候、地理环境等进行充分论证即投资螃蟹养殖，由此造成的损失应由李某敏自担。李某敏关于李某建、胡某丽的行为侵犯其权益，应赔偿损失的主张缺乏事实依据与法律根据。李某敏并非基于其与X兵团签订的《水土开发合同》才进行本案中的螃蟹养殖，且《水土开发合同》中亦明确约定"X兵团只负责提供场地，道路、水源、电力等均由李某敏自己解决"，故X兵团没有保障李某敏用水的义务。X兵团在李

---

① 参见原《民法通则》第83条，现对应《民法典》第288条。

某敏与李某建、胡某丽的用水争议产生后,也曾进行协调。后李某敏经 X 兵团某师同意在分岔河的西岔新挖引水渠,但由于设计施工失误,造成河水倒流,未成功引水。故 X 兵团对于李某敏的损失也不应承担责任。

(2)关于实际损失问题。李某敏在最初起诉时主张其养殖的螃蟹和鱼类损失为 997,800 元,后在鉴定意见作出后变更为螃蟹损失 2,332,800 元,但其始终未提供有效证据证明其实际遭受的具体经济损失。《李某敏养殖的 5000 亩螃蟹和 2010 年全年损失的数量和价值鉴定报告书》存在前述诸多不科学、不规范之处导致鉴定结论不合法,不应作为损失认定的依据。故李某敏主张其养殖的螃蟹损失为 2,332,800 元缺乏充分证据证明,不予支持。

实务要点

相邻用水纠纷的处理原则及实例[1]

相邻用水纠纷是指在相邻土地或水域之间,因水资源的使用、管理或分配不当,而在权利人之间发生的争议。在现代社会,随着经济社会发展,水资源数量减少、质量下降,相邻用水纠纷日益增多,水流问题、用水的合法权益及其保护机制越来越受重视。为了有效解决这些纠纷,法律法规设定了具体的处理原则和适用规则具体原则及实例如下。

相邻权原则

"相邻权"是指相邻土地或水域的权利人之间相互产生的使用权、负担义务及行为约束。相邻用水纠纷往往涉及权利的平衡问题,即如何在保障一方用水权益的同时,避免对另一方权益的侵害。《水法》第 28 条强调了引水、截(蓄)水、排水行为不得损害他人的合法权益。对于属于共有资源的水资源,权利人应当在保障自己使用权益的同时,避免影响邻近水域的正常使用。《民法典》第 288 条规定了相邻权利人处理相邻关系的基本原则,所以,在处理相邻用水纠纷

---

[1] 参见蔡养军:《论相邻关系纠纷的法律适用》,载《北方法学》2016 年第 2 期。

时双方应当以生产有序、生活便利、人际和谐为重。

在某地的相邻用水案件中,甲方使用水源的行为导致乙方土地的水源减少,乙方诉至法院要求赔偿。法院在判决时,强调了相邻权的基本原则,认为甲方应保障乙方正常灌溉所需的生产用水和正常起居所需的生活用水,甲方的用水行为严重损害了乙方的用水权益,影响了乙方的生产利益和生活需要。

公平合理原则

在解决相邻用水纠纷时,公平性与合理性的考量尤为关键,使双方利益平衡是最好的结果。根据《民法典》第290条,自然流水应当在相邻权利人之间合理分配。如果一方的用水行为侵犯了另一方的利益,应平衡各方利益,尽量使纠纷解决方案公平、合理,不应使一方在不合理的条件下独占水源,导致另一方的生活或生产受到影响。

例如,某农田灌溉区因水源不充足,甲方通过改道水流过度扩大灌溉面积,而未考虑乙方的合理用水需求,造成乙方农田无法获得足够的灌溉水源。法院在审理过程中指出,甲方的行为不符合公平原则,判决甲方恢复原状,并赔偿乙方的损失。

先来后到原则

在相邻用水问题中,水源往往是非常有限的,通常会采取先来后到的原则,先行使用水源的一方在没有协议或特殊约定的情况下,享有优先使用权。此原则适用于没有明确约定水源使用优先级的情况。若存在特殊约定或法律规范,则应依据约定或法律执行。

在一起河道水源使用纠纷中,甲方和乙方未明确约定谁先使用水源。在实际用水过程中,甲方先于乙方长期使用水源,乙方因此无法获得足够水量灌溉农田,致使其产量大幅下降。法院认为,依据先来后到原则,甲方具有使用水源的优先权,同时,甲方应当根据水源情况适当分配水源,避免对乙方正常生产造成不合理影响。

自然流向原则

《民法典》第 290 条明确规定,应当尊重自然流水排放的自然流向。《最高人民法院关于贯彻执行〈中华人民共和国民法通则〉若干问题的意见(试行)》第 98 条也表明,"一方擅自堵截或独占自然流水影响他方正常生产、生活的,他方有权请求排除妨碍;造成他方损失的,应负赔偿责任"。该司法解释虽已废止,但其规定也有一定参考意义。水流是自然资源的一部分,任何一方相邻权利人不得私自改变其流向或水量,必须尊重相邻方的合法用水权利和合理使用习惯。

在某山区,一居民修建水坝,阻断了上游水流,导致下游农田无法灌溉,下游的农民向法院提起诉讼。法院认为,该居民的行为导致自然流水的流向变化,无法正常排放,严重影响了下游农田的灌溉权利,判决其恢复水流,并赔偿下游农民的经济损失。

公共利益和生态保护优先原则

在相邻用水纠纷中,水资源的保护不仅关系到经济利益,还涉及生态环境的保护。《环境保护法》第 30 条宏观规定了应当合理开发自然资源,保护生物多样性,保障生态安全。《水法》第 6 条明确规定国家鼓励开发、利用水资源,但是开发、利用者也具有保护水资源的义务,应当兼顾发展与保护、开源与节流。法院在处理此类纠纷时,也需要考虑水资源的可持续性和生态效益,避免因过度开采水资源而引发更大范围的环境问题。

某半干旱地区草场,甲方开挖沟渠满足了自己的灌溉需要,但破坏了草场植被,被牧民乙起诉。法院认为其行为既损害了相邻牧民的用水权益,也严重有损于当地生态环境。法院的判决显示了对公共环境利益的恶劣影响的深刻关切。

协商与调解原则

不动产的相邻双方生活距离近且接触频繁,在行使各自的权利时,相互之间不可避免地会产生纠纷,严重的会影响整个区域的生产生活。因此,遇到相邻用水矛盾时,减少对抗性诉讼,通过协商、调解等柔性手段化解为宜。《最高人民法院司法改革领导小组关于印发〈人民法院司法改革案例选编（五）〉的通知》反映相邻权纠纷必须进行诉前调解,且《最高人民法院关于进一步贯彻"调解优先、调判结合"工作原则的若干意见》要求将诉讼调解向后延伸,实现调解回访与息诉罢访相结合,旨在消除相邻关系的不和谐因素,同时节省司法资源。

例如,在一起相邻用水纠纷中,双方因灌溉水源分配问题产生争议。法院审理时,首先组织双方进行调解,最终双方通过协商达成了一项用水分配协议,并由法院出具调解书巩固协商成果,避免了进一步的司法介入。

法律依据

1.《民法典》(2021年施行)

第二百八十八条　不动产的相邻权利人应当按照有利生产、方便生活、团结互助、公平合理的原则,正确处理相邻关系。

第二百八十九条　法律、法规对处理相邻关系有规定的,依照其规定;法律、法规没有规定的,可以按照当地习惯。

第二百九十条　不动产权利人应当为相邻权利人用水、排水提供必要的便利。

对自然流水的利用,应当在不动产的相邻权利人之间合理分配。对自然流水的排放,应当尊重自然流向。

第二百九十六条　不动产权利人因用水、排水、通行、铺设管线等利用相邻不动产的,应当尽量避免对相邻的不动产权利人造成损害。

2.《水法》(2016年修正)

第六条　国家鼓励单位和个人依法开发、利用水资源,并保护其合法权益。开发、利用水资源的单位和个人有依法保护水资源的义务。

第二十八条　任何单位和个人引水、截(蓄)水、排水,不得损害公共利益和他人的合法权益。

3.《环境保护法》(2014年修订)

第三十条第一款　开发利用自然资源,应当合理开发,保护生物多样性,保障生态安全,依法制定有关生态保护和恢复治理方案并予以实施。

二、T公司、Z公司相邻用水、排水纠纷

案情简介[①]

一审原告、二审上诉人、再审申请人：T公司

一审被告、二审被上诉人、再审被申请人：Z公司

20世纪90年代T公司位于C区的大楼,该大楼及周边区域的雨水、生活污水均通过附近的公共涵洞排至中坝河滩,再自然散排进入金沙江。T大楼建成后,Y市政府决定修建中坝防洪堤,回填中坝河滩以供开发利用。

2010年1月18日,Y市规划和建设局向Y市国土资源局发出《关于中坝A1-2-04、A1-2-08两地块规划设计条件补充说明的函》,称因规划实施时序和地形高差原因,A1-2-04、A1-2-08两地块的建设将改变周边未开发建设地块的原有雨、污水排放体系并带来影响,两地块的土地竞得者应对此充分予以考虑和妥善解决,将周边区域的雨、污水排放设施与项目建设统筹规划考虑、同步建设,相关事宜应与市水务局、市投资集团衔接,在项目方案、施工图设计中具体落实。

2010年1月28日,Z公司与Y市国土资源局签订了《国有建设用地使用权出让合同》,该合同仅包含两个附件:一是规划建设用地红线图,二是宜规条〔2009〕国土017号《规划设计条件通知书》,既没有上述补充说明函的内容,也没有将该函作为合同附件。根据该合同,Z公司受让位于原中坝河滩的Y市中坝A1-2-08地块。合同第3条约定:"受让人对依法取得的国有建设用地,在出让期限内享有占有、使用、收益和依法处置的权利,有权利用该土地依法建造建筑物、构筑物及其附属设施。"合同还约定:A1-2-08地块总用地面积约61,721平方米,其中规划建设用地面积约48,248平方米,城市公共用地面积约13,473平方米,城市公共用地范围内的市政道路、管网、街道路灯、绿地等设施

[①] 参见四川省高级人民法院(2017)川民再187号民事判决书。

根据宜规条〔2009〕国土017号《规划设计条件通知书》由土地受让人建设,建成后无偿移交给市政管理部门。Z公司将该宗土地用于开发商住项目"K庄园"A期,并按照合同约定代建了城市公共用地范围内的市政道路及附属设施,Y市住房和城乡建设局于2014年2月27日颁布建设工程规划核实合格证确认代建道路符合规划。Z公司代建的E1道路与T公司等所用公共涵洞出水口之间仅有几十米距离,E1道路地下代建有专门用于连接公共涵洞的新建涵洞,但由于E1道路以外不属于中坝A1-2-08地块范围,公共涵洞和新建涵洞至今未予连接。T大楼背面负一层露天地面与大楼地下室负二层通道相连,负一层露天地面排水口直通负二层窨井口然后连接公共涵洞,负一层露天地面雨水通过窨井排泄。《Y市住房和城乡建设局关于市信访办〈关于妥善处置T公司底楼被水淹问题的函〉办理情况的报告》载明:"经实际测量,T公司底楼出水口高程为276.25米,其相关排水通过坡度为3%的水沟排入原来修建的市政涵洞。该处涵洞底标高为274.25米,涵洞大小为2米×2米,市政涵洞里的雨、污水排入K庄园边界处规划市政道路边的小水沟里散排,排污口标高约为265.5米,已被其上的泥沙掩埋,小水沟的底面标高为271.44米。离T公司涵洞出水口约40米远,有一条Y集团公司修建的临建涵洞,涵洞底面标高为274.66米。"

2010年8月9日,T公司将整栋大楼除已出租部分和留作自用的一间房屋外,其余全部房屋租给Y肛肠医院有限公司(以下简称Y医院)经营使用,租期为15年,其中负二层作为该医院的职工宿舍和仓库使用。2011年6月22日、7月3日,天降暴雨,T大楼负二层排水窨井发生倒灌,负二层被淹,造成了财产损失。2011年8月30日,C价格评估咨询有限公司Y分公司出具《价格评估报告》,认为Y医院负二层的职工宿舍、库房被水淹造成的各项损失及房屋修复费用共计239,589元,Y公证处于次日对此进行了公证。2012年6月5日,T公司与Y医院签订《水淹损失赔付协议》,约定T公司向Y医院赔付财产损失和外租房费用合计181,236元,该款于同年6月18日付清。2012年7月27日,Y专业气象台出具《天气实况证明》,证实2011年6月21日至6月22日达到暴雨标准,T公司为此支付了证明费500元。2012年9月11日,T大楼负二层第三次倒灌被淹,当月21日,T公司与Y医院签订《2012年9月11日水淹损失赔付协议》,约定 Y 医院将承租的负二层暂时退还给 T 公司,T 公司承担 Y 医院每月在外租房费用 6000 元,该租金在 Y 医院应付租金中自行扣除,直至 T 公司排除水淹隐患并交付修复合格的房屋时止。T 公司曾向政府相关部门反映倒灌问题,Y 市住房和城乡建设局在会同市国土局、市水务局、市城管局、C 区政府等单位实地勘察研究后出具了报告,该报告对倒灌原因进行了分析:T 公司等所用公共涵洞遇到持续时间长的大暴雨,由于涵洞出口被泥沙掩埋,其一部分雨水通过土壤间的缝隙渗透进入金沙江,另一部分雨水则通过小水沟进入 Z 公司新建的涵洞,但是由于排水不畅,雨水淤积,水平上升,部分公共涵洞中的雨水倒流进入 T 公司底楼地下室。该报告还明确了解决方案:方案一,清除排污暗管和过去修建的市政涵洞中沉积的泥沙、废弃物等,并在涵洞出口处修建集水竖井,再将 Z 公司修建的涵洞延伸至集水竖井处,投资约为 80 万元;方案二,委托设计单位进行现场调研,进行雨水和污水的管道水力设计和计算,并按要求组织实施,更好地解决该处和该组团的排水问题。该报告最终提出建议,由水务局牵头,优化完善方案一,并立即开展整治工作,尽快消除安全隐患。

T 公司就受到的损失向法院提起诉讼,请求判决 Z 公司排除妨害,消除危险,停止侵害,要求 Z 公司赔偿 T 公司因房屋被水淹造成的财物及经营损失费、公证评估费 239,589 元及其他费用,共计 464,560.68 元。一审法院驳回 T 公司的诉讼请求,原告不服,上诉请求撤销一审判决。二审法院驳回上诉,维持原判,上诉人不服,申请再审。

一审原告、二审上诉人、再审申请人 T 公司诉称:(1) Z 公司有两个侵权行为:一是 Z 公司为开发"K 庄园"在河滩上填筑坝体,阻断了公共涵洞的自然排水路径;二是 Z 公司修建 E1 道路的回填土掩埋了公共涵洞出水口,导致暴雨雨水无法正常排泄。因此,原审判决认为 T 公司所述公共涵洞的出水口是被 E1 道路垮塌土方掩埋的证据不足,属于事实认定错误。(2) Z 公司为开发建设修建 E1 道路时没有处理好周边排水关系,造成 T 公司排水不畅,违反了物权法关于相邻关系的法定义务,其行为已构成侵权。原审判决认定 Z 公司是代建 E1 道路,消除该路对原有雨水排放造成的不利影响,既不是 Z 公司的法定义务,也不是其约定义务,属于适用法律错误。

一审被告、二审被上诉人、再审被申请人Z公司辩称：E1道路和道路下面的公共排水涵洞的所有权人是Y市人民政府,Z公司仅是代建E1道路和公共设施,不是适格的被告。本案排水涵洞的管理人是Y市水务局,T公司因雨水倒灌遭受损失的法律责任应由Y市水务局承担。原审判决认定事实清楚,适用法律正确,应予维持。

二审法院认为：Z公司根据《国有建设用地使用权出让合同》的约定代建了市政工程E1道路,Y市规划和建设局确认该道路符合规划,尽管E1道路的修建的确阻挡了公共涵洞原有的排水路径,影响了公共涵洞的排水速度,但是Z公司是受政府的委托代建道路。在Y市国土资源局与Z公司签订《国有建设用地使用权出让合同》之前,Y市规划和建设局已经作出了《关于中坝A1－2－04、A1－2－08两地块规划设计条件补充说明的函》,提到地块的建设将改变周边未开发建设地块的原有雨、污水排放体系并带来影响,要求土地竞得者对此充分予以考虑并妥善解决,但该函内容在《国有建设用地使用权出让合同》中没有体现,该函不是合同附件,不能约束土地受让人Z公司。根据《国有建设用地使用权出让合同》第3条之约定,Z公司仅能在中坝A1－2－08地块用地范围内代建市政道路及附属设施,无权越界将公共涵洞与临时涵洞连通。T公司提出Z公司修建E1道路的回填土垮塌掩埋了公共涵洞的出水口,从而阻碍了排水,公共涵洞的出水口的确被淤泥掩埋,但出水口距E1道路边界尚有几十米的距离,在长期被堰塞湖浸泡的情况下,出水口周围的泥土可能松动、垮塌,因此现有证据不足以认定公共涵洞的出水口是被E1道路垮塌土方掩埋的。综上,Z公司按照《国有建设用地使用权出让合同》的约定履行了代建E1道路的义务,消除E1道路对原有雨、污水排放体系造成的不利影响既不属于Z公司的法定义务,也不属于Z公司的约定义务,故原判认定T公司的损失不应由Z公司承担并无不当。T公司的上诉理由不能成立,原审判决认定事实清楚,适用法律正确。

再审法院认为：本案有三个争议焦点:一是,Z公司是否有排除T公司所用公共涵洞排水妨害的义务;二是,T公司的损失数额;三是,T公司的损失应当如何分担。

关于Z公司是否有排除T公司所用公共涵洞排水妨害的义务的问题。Z公司是否有义务排除T公司所用公共涵洞的排水妨害,应当看Z公司的行为是否构成侵权。在本案不构成特殊侵权的情况下,即应审查Z公司的行为是否符合一般侵权的构成要件。

首先,应审查Z公司是否存在违法行为。2010年1月28日,Z公司与Y市国土资源局签订《国有建设用地使用权出让合同》,受让Y市中坝A1-2-04、A1-2-08地块用于房地产开发,按照合同的约定城市公共用地范围内的市政道路、管网等由土地受让人建设。因此,建设E1道路和该地市政管网是Z公司的合同义务,其行为性质并非Z公司辩称的无偿代建,更不是民法上的代理行为。民法上的代理是代理人按照被代理人的授权从事民事活动,行为的后果由被代理人承担。本案却是Z公司按照土地使用权出让合同的约定自行出资修建,其修建必须符合市政规划,对工程质量自行承担责任。2010年1月18日,Y市规划和建设局向Y市国土资源局发出《关于中坝A1-2-04、A1-2-08两地块规划设计条件补充说明的函》,也明确告知:因规划实施时序和地形高差原因,A1-2-04、A1-2-08两地块的建设将改变周边未开发建设地块的原有雨水、污水排放体系并带来影响,两地块的土地竞得者应对此充分予以考虑和妥善解决,将周边区域的雨、污水排放设施与项目建设统筹规划考虑、同步建设,相关事宜应与市水务局、市投资集团衔接,在项目方案、施工图设计中具体落实。由此可见,市政规划和建设部门在土地使用权出让合同签订前已明确要求Z公司修建的市政设施必须保障市政公益功能的正常发挥,而不仅仅是按图施工,甚至设施功能闲置。Z公司修建E1道路后未清除原有涵洞上的淤泥,未将原有公共涵洞和新建涵洞连通导致该地无法正常排水,其行为本身就违反了土地使用权出让合同的义务,损害了他人合法权益,具有违法性。

其次,审查是否存在损害结果。T公司因天降暴雨,原有涵洞排水不畅而遭受了巨额损失,存在损害结果。

再次,审查违法行为与损害结果之间是否存在因果关系。在E1道路修建前,T公司大楼及周边区域的雨水、生活污水均通过附近的公共涵洞排至中坝河滩,再自然散排进入金沙江,双方当事人对此均无异议,即在 E1 道路修建前该地块排水通畅。Z 公司修建 E1 道路开发"K 庄园"后,原有公共涵洞埋于淤泥下 5.94 米,但 Z 公司未将新建涵洞与原公共涵洞予以连接,导致该地块排水路径严重受阻,给 T 公司造成了损害,故二者之间具有因果关系。

最后,审查 Z 公司主观方面是否存在过错。Y 市规划和建设局《关于中坝 A1-2-04、A1-2-08 两地块规划设计条件补充说明的函》对该地块的开发建设提出了明确要求。Z 公司作为房地产开发企业,是社会管理对象,应当本着对社会负责的原则确保修建的市政设施发挥正常作用,而 Z 公司却并未按照该函的要求进行施工,仅仅是修建了涵洞,却未将新建涵洞与原有公共涵洞连通,导致其修建的涵洞失去了应有的市政排水功能,这种不负责任的做法表明其主观方面明显具有过错。并且,按照权利义务相一致的原则,Z 公司作为土地使用权的受让者和"K 庄园"的开发者在享有企业经营活动带来的巨大经济效益的同时,也有义务保证当地原有的公共利益不受侵害。况且,保障该地块市政排水通畅也是 Z 公司从事房地产开发的先行行为阻断原有排水设施引起的法定义务。

综上,依照原《侵权责任法》第 6 条第 1 款"行为人因过错侵害他人民事权益,应当承担侵权责任"的规定,Z 公司应当清除掩埋 T 公司所用的原公共涵洞的淤泥,排除原公共涵洞排水不畅的妨害。

关于 T 公司的损失数额问题。2011 年 6 月 22 日、7 月 3 日,天降暴雨,T 大楼负二层排水窨井发生倒灌,所遭受的财产损失已于 2011 年 8 月 30 日经 C 价格评估咨询有限公司 Y 分公司评估,并出具了《价格评估报告》。该报告认为 Y 医院负二层的职工宿舍、库房被水淹造成的各项损失及房屋修复所需费用共计 239,589 元,Y 公证处对此也进行了公证,法院予以确认。对于 T 公司主张的其他损失,Z 公司不予认可,T 公司提供的现有证据材料也无法证明其他损失真实、合法存在,况且 T 公司在遭受两次雨水倒灌后仍不采取相应措施亦有责任,因此对 T 公司主张的其他部分损失,法院不予支持。

关于 T 公司的损失应当如何分担的问题。首先应探究 T 大楼遭受雨水倒灌的原因。T 大楼背面负一层露天地面与大楼地下室负二层通道相连,负一层露天地面排水口直通负二层窨井口然后连接公共涵洞,负一层露天地面雨水通过窨井排泄,并且 T 大楼底楼出水口与公共涵洞底的落差仅 2 米。当天降暴雨时,雨水容易从 T 大楼负一层顺着通道流入负二层,从露天地面排水口进入窨井的雨水也因排水不畅容易从出水口溢出,其底楼出水口与公共涵洞底的落差较低本身就容易形成雨水倒流,故 T 大楼在房屋排水设计方面自身存在缺陷。Z 公司在修建 E1 道路时未将原公共涵洞与新建涵洞连通,造成原公共涵洞排水不畅,天降暴雨时雨水淤积、水平上升,致使涵洞中的部分雨水倒流进入 T 公司底楼地下室,T 公司遭受水灾。因此,T 公司在本案中所受的损失系多因一果。根据本案实际情况,难以确定各自责任的大小,因此由 T 公司与 Z 公司平均承担本案的损失。即 Z 公司赔偿 T 公司的损失 239,589 元 × 50% = 119,794.50 元。

综上,再审法院认为,二审判决认定部分事实有误,处理结果不当,应予纠正。T 公司的再审请求部分成立,予以支持,判决 Z 公司排除排水妨害,赔偿 T 公司财产损失 119,794.50 元。

实务要点

相邻排水纠纷——从解构到化解

相邻排水纠纷是指在相邻土地使用者之间,由于排水行为引发的争议。随着城市化进程的加速,建筑密度和土地使用模式的复杂性也在增加,排水问题成为许多相邻土地使用者之间发生法律纠纷的隐患。相邻排水纠纷涉及民法中的相邻权、侵权责任等概念,其处理不仅关乎当事人之间的权益保护,也涉及公共利益和社会秩序的维护。本部分将围绕相邻排水纠纷的主要情形、法律依据、解决途径进行深入分析。

1. 主要情形

(1)一方排水行为对相邻土地或财产造成损害。

例如,某一建筑物排水系统设计不合理,排放的雨水或污水流入邻居的土地或房屋,导致其地下室被淹、土地受损或屋顶渗水等财产损害。

(2)排水系统未按照规定进行建设或维护。

开发商或物业管理单位未按照规定建设排水系统,或排水管道长期未进行清理维护,导致排水系统功能失常,排水水流无法顺畅排放,给相邻土地或财产造成影响。

(3)排水行为未考虑相邻权人的利益。

一方土地使用者在进行排水时未考虑相邻土地使用者的合法权益,排水过程中过量排放,可能污染了邻近土地或水源。

(4)污水非法排放。

企业或住户未经许可,将污水或废水排放到邻近的土地、河流或公共排水管道中,造成环境污染或生态破坏,进而引发相邻排水纠纷。

2. 法律依据

相邻排水纠纷的解决涉及《民法典》物权编所有权分编第七章"相邻关系"及《民法典》侵权责任编有关"侵权责任"的法律规定,并可能牵涉城市规划、城市排水管理、环境保护等相关法律法规。

(1)《民法典》关于相邻关系的规定。

《民法典》第288条规定了相邻关系的基本原则,即不动产的相邻权利人应当相互尊重,遵从有利生产、方便生活、团结互助、公平合理的基本相邻关系处理原则。第290条第1款针对必要的排水便利进行了内容细化。在相邻排水纠纷中,首先需要判断是否存在影响必要排水便利的妨碍行为。第290条第2款则强调了要尊重自然流水排放的流向。如果一方的不当行为妨碍了相邻土地使用者的正常排水或是导致雨水自然流向变化损害相邻土地使用者的利益,则可以根据这一法律规定,要求停止侵害并赔偿损失。这些生动的条文为解决相邻排水纠纷提供了法律依据。具体来说,法院在审理相邻排水纠纷时,需要综合考虑排水行为是否合理、是否影响了相邻权利人的正常使用、是否存在过错、是否符合自然规律等因素。

(2)《民法典》关于侵权责任的规定。

《民法典》第1165条规定了侵权责任最基本的过错责任原则,在没有特殊规定的情况下,均应适用该原则。在相邻排水纠纷中,如果一方的行为违背相邻土地使用者的合法排水权益,导致其财产或其他利益受到损害,受害方可以依法主张赔偿。此外,侵权责任成立的前提是其构成要件的达成,以本案为例,第一,Z公司的建设项目不符合市政规划、工程质量有缺陷,违反了土地使用权出让合同的义务,其实施了违法行为。第二,暴雨天气下,T公司因原有涵洞排水不畅遭严重损害结果。第三,原本T公司排水通畅,Z公司修建E1道路开发房地产项目后,未将新建涵洞与公共涵洞连接,导致T公司排水受阻,受到巨额损失,违法行为与损害结果之间具有因果关系。第四,Z公司作为房地产开发企业、社会管理对象,其不负责的态度严重影响市政排水功能,有损公共利益,具有主观过错。综合以上原因,Z公司应当承担侵权责任,T公司有权要求其排除妨害,赔偿损失。

在赔偿数额方面,法院通常会结合损失的实际情况,如房屋修复费用、租房费用等,来确认赔偿金额,这些损失都需要有严谨的证据证实。

(3)《城镇排水与污水处理条例》关于排水的规定。

市政排水设施的建设和管理通常涉及政府和开发企业的共同责任,排水活动应当遵循尊重自然、统筹规划、配套建设、保障安全、综合利用的原则。《城镇排水与污水处理条例》要求政府部门在城市建设规划中应合理规划城市排水、设计排水设施,确保排水系统能够承载未来的城市发展需求;开发建设单位有义务按照法律规定和排水设计方案建设与排水系统相关的连接设施,并确保其正常运行;物业公司则应负责排水设施的日常维护和管理。如果市政建设一方未履行排水设施建设的责任,或设计、施工不当,导致排水不畅或设施损坏,也应当承担相应的法律责任。

从细节上来说,在城市建设中,排水管道的管径、流量设计应当符合实际需求,避免在雨季等特殊情况下发生积水和排水不畅的现象。重大的建设项目中,开发企业需要与市政管理部门协作,确保新建项目的排水系统与原有的市政设施兼容,避免引发相邻土地使用者之间的排水纠纷。

(4)《环境保护法》和《水污染防治法》关于排水的规定。

相邻排水纠纷也与生态环境法律法规有关联,尤其是在企业排放废水、污水等情形中。根据《环境保护法》和《水污染防治法》的规定,建设项目中的水污染防治设施,应当与主体工程同时设计、同时施工、同时投产使用,应当符合经批准或者备案的环境影响评价文件的要求。企业不得随意将废水排放到公共排水系统中或直接排入水域,必须经过有效的处理后才能排放。企业如果未履行这一义务,将会承担环境污染责任,并对受损方进行赔偿。此时,违法排水行为不仅会引发民事责任,还可能涉及行政处罚。地方环保部门有权责令未按规定处理排污排废的企业停业整顿,更严重的,还可能移送至公安机关,追究其刑事责任。

3. 解决途径

(1) 协商与调解。

简单的相邻排水纠纷可以通过当事方之间的讨论和协商达成和解,形成一致意见,解决排水问题,避免进一步的法律纠纷。如果协商未果,可以寻求第三方调解。法院、仲裁机构或其他社会调解组织可以根据案件的具体情况,就排水系统的改善、损害赔偿等问题洽谈和沟通。相比其他的纠纷解决方式,调解可能是较为灵活、低成本的一种。

(2) 提起民事诉讼。

如果通过调解等方式无法解决纠纷或是双方剑拔弩张无法调和,受害方可以向法院提起民事诉讼,要求责任方停止侵害、排除妨害、赔偿损失等。法院会依据法律的规定和案件情况,确认损害责任的承担,判决合理的赔偿金额。

(3) 行政诉讼与投诉。

在涉及市政排水设施建设或环境污染的案件中,受害方可以向环境保护部门或其他行政机关投诉,并请求政府介入调查处理。如果有关行政机关未履行其职责,受害方还可以提起行政诉讼,要求行政机关依法履行职能。

法律依据

1.《民法典》(2021年施行)

第二百八十八条 不动产的相邻权利人应当按照有利生产、方便生活、团结互助、公平合理的原则,正确处理相邻关系。

第二百九十条 不动产权利人应当为相邻权利人用水、排水提供必要的便利。

对自然流水的利用,应当在不动产的相邻权利人之间合理分配。对自然流水的排放,应当尊重自然流向。

第一千一百六十五条 行为人因过错侵害他人民事权益造成损害的,应当承担侵权责任。

依照法律规定推定行为人有过错,其不能证明自己没有过错的,应当承担侵权责任。

第一千一百六十七条 侵权行为危及他人人身、财产安全的,被侵权人有权请求侵权人承担停止侵害、排除妨碍、消除危险等侵权责任。

2.《城镇排水与污水处理条例》(2014年施行)

第四条 城镇排水与污水处理应当遵循尊重自然、统筹规划、配套建设、保障安全、综合利用的原则。

第十四条 城镇排水与污水处理规划范围内的城镇排水与污水处理设施建设项目以及需要与城镇排水与污水处理设施相连接的新建、改建、扩建建设工程,城乡规划主管部门在依法核发建设用地规划许可证时,应当征求城镇排水主管部门的意见。城镇排水主管部门应当就排水设计方案是否符合城镇排水与污水处理规划和相关标准提出意见。

建设单位应当按照排水设计方案建设连接管网等设施;未建设连接管网等设施的,不得投入使用。城镇排水主管部门或者其委托的专门机构应当加强指导和监督。

3.《环境保护法》(2014年修订)

第四十一条 建设项目中防治污染的设施,应当与主体工程同时设计、同时施工、同时投产使用。防治污染的设施应当符合经批准的环境影响评价文件的要求,不得擅自拆除或者闲置。

4.《水污染防治法》(2017年修正)

第十九条 新建、改建、扩建直接或者间接向水体排放污染物的建设项目和其他水上设施,应当依法进行环境影响评价。

建设单位在江河、湖泊新建、改建、扩建排污口的,应当取得水行政主管部门或者流域管理机构同意;涉及通航、渔业水域的,环境保护主管部门在审批环境影响评价文件时,应当征求交通、渔业主管部门的意见。

建设项目的水污染防治设施,应当与主体工程同时设计、同时施工、同时投入使用。水污染防治设施应当符合经批准或者备案的环境影响评价文件的要求。

第二节　漂流物返还纠纷

刘某某与张某某漂流物返还纠纷

案情简介[①]

原告:刘某某

被告:张某某

2013年8月,原告购买材料自制铁船一艘,该船停靠在X县703厂附近的河边。2013年12月17日早晨,在自家渔船上休息的张某某,发现从上游河段漂来涉案船只,被告用自家船将其牵引到河岸,并将拾得船只一事告知P村村委会主任＊＊＊生。2013年12月18日,原告在X县公安局N镇派出所报警,该派出所以盗窃案对本案进行立案侦查。2014年3月29日,原告在被告处发现了涉案船只,并要求返还,但因保管船只支出的必要费用未达成一致意见,被告未将船只返还给原告。2014年4月18日,N派出所、P派出所及P村村民委员会对此案进行了调解,再次因保管船只支出的必要费用没有达成一致意见,该案未调解成功,现该船只在被告处保管。2015年1月23日,X县公安局以侦查过程中发现无犯罪事实为由出具了X公(N)撤案字(2015)0001号撤销案件决定书。在保管船只期间,被告使用该船只进行过捕鱼作业。

---

① 参见湖南省新邵县人民法院(2015)新民初字第261号民事判决书。

刘某某于 2015 年 3 月 12 日向法院提起诉讼，请求被告张某某返还铁船并赔偿占有该船造成的损失费 3000 元。

原告刘某某诉称：2013 年 12 月 18 日早晨原告发现其所有的一艘铁船丢失，随即报案。2014 年 3 月 29 日原告在被告处发现了丢失船只，还发现被告对该船部分部位进行了改装，原告要求被告还船，被告提出要 3000 元的报酬费，原告未同意，后经派出所调解，双方均未达成一致意见，被告应当返还原告的丢失的铁船。

被告张某某辩称：同意把船返还给原告，请求人民法院依法判决原告支付被告铁船的保管费。

法院认为：本案系漂流物返还纠纷。所有权人有权要求返还漂流物。拾得人拾得漂流物，应该返还权利人或送交公安等有关机关，拾得人在拾得漂流物返还权利人或者送交相关部门前有妥善保管的义务。本案中原告提交了造船清单等证据，其系涉案船只所有人，且被告同意将拾得的船只返还给原告，故对原告要求被告返还船只的诉讼请求，法院予以支持。原告要求被告赔偿占有该船只造成的损失费 3000 元，需提供证据证明其造成的损失，但原告未提供相应的证据予以证明，且被告仅因保管费而拒绝返还，并非恶意占有，故对原告要求被告赔偿占有船只造成的 3000 元损失费的诉讼请求，法院不予支持。

被告辩称要求法院依法判决原告支付保管费给被告，经查，2014 年 3 月 29 日，原告要求被告返还涉案船只，但因保管费未达成一致意见，被告未将船只返还给原告。根据法律规定，拾得漂流物，应当及时通知权利人领取，权利人在领取漂流物时，应当向拾得人支付保管漂流物等支出的必要费用。本案中被告拾得船只，应该及时通知原告领取，在原告要求被告返还船只时，被告应该及时将该船返还给原告，但被告未及时将船只返还给原告，在 2014 年 3 月 29 日之前，被告对该船的占有系善意保管，可主张必要保管费，但 2014 年 3 月 29 日之后，被告因保管费拒绝返还船只，由此所支出的必要保管费，被告无权再主张费用。被告在保管船只期间，使用保管的船只进行过捕鱼作业，双方均未提供该船只现有船体受损的证明，故可适当减少原告向被告支付保管船只的必要费用。故法院综合认定原告刘某某支付被告张某某保管费 1200 元。

实务要点

漂流物返还请求权与保管费、损失费的认定

在刘某某与张某某之间的漂流物返还纠纷中，双方争议的焦点在于涉案的铁船是否应当返还、被告是否有权要求保管费以及被告是否需要支付原告损失费。《民法典》物权编所有权分编第九章"所有权取得的特别规定"规定了拾得漂流物的，参照适用拾得遗失物的有关规定，为处理相关案件提供了法律指引。

1. 漂流物返还请求权

（1）基本概念。

漂流物返还请求权是指漂流物的所有权人或者其他物权人请求拾得漂流物的人或者其他占有人归还漂流物的权利。因此，处理漂流物返还纠纷的关键是认定漂流物所有权的归属问题，毕竟，所有人对其物品有不可剥夺的返还请求权，即使漂流物因某种原因失去控制或漂流至他处，原所有者依然可以依据物权法要求返还。

（2）认定要素。

①权利人的确认。

根据《民法典》第314条的规定，拾得遗失物时，拾得人应当将遗失物返还权利人。合法的物权是漂流物返还请求权的基础，认定某人是否有漂流物返还请求权，首先需要确认该人是否为漂流物的合法权利人。其中，所有权作为核心的物权，所有权人依法对其不动产享有支配、使用、收益和处分的权利，具备请求返还漂流物的权利。我们应着重研究所有权这一认定要素。

所有权的证明：所有权的确认通常依赖于物的来源证明、物品登记、购买合同、发票、照片、物品标识等相关证据。在漂流物的案件中，所有人需要提供能够证明其拥有该物品所有权的证据。例如，在某人购买、制造或长期占有某物的情况下，提供相应的购买合同、发票或制造该物证据即可证明其所有权。

所有权的连续性：所有权的确认不仅限于当前的所有者，若物品在流转过程中发生漂流、遗失等情况，原所有者依然有权主张对物品的所有权。即使物品暂时被他人占有，只要原所有者能提供有效证据证明所有权的连续性，仍可主张返还。

②漂流物的特征与确认。

漂流物通常是指因自然原因（如洪水、强风等）或人为因素（如船只倾覆、交通事故等）从原所有人失去控制后，漂流至他处的物品。因此，漂流物的确认与物品是否符合这一特征直接相关。

漂流物的发现与确认：认定漂流物的前提是它已经脱离了所有者的控制并漂流到其他地方。如果物品是由于自然原因或事故导致的失控而漂流，那么它符合"漂流物"的定义。

漂流物的归属问题：一旦物品漂流至他人处，并且失去所有者的控制，该物品就成为"漂流物"。所有者对漂流物依然享有所有权，并有权请求拾得人返还。特别需要注意的是，即使漂流物暂时处于他人控制之下，所有者的权利也并未丧失。

③限制条件。

尽管所有人有权要求返还漂流物，但在某些特殊情况下，返还请求权可能会受到一定限制，具体如下。

拾得人的保管费用。根据《民法典》第317条的规定，拾得人在返还物品时，有权要求所有人支付合理的保管费用，即如果物品的保管有费用支出，所有人在领取漂流物时应当支付该费用。很多时候这会成为拾得人同意返还的前提条件。因此，在认定返还请求权时，法院可能会考虑是否存在应支付的保管费用，以及是否需要扣除该费用的问题。

漂流物损毁。漂流物毁损时，所有权人返还漂流物的请求无法实现，仅能够要求对此有责任的拾得人承担民事责任。

其他人享有优先权。例如，在某些情况下，漂流物如果被公安机关或其他部门认定为无主物，可能会先行处置或拍卖，在这种情况下，漂流物返还请求权可能会受到其他法律规定的限制。

2. 保管费的认定

根据《民法典》第 316 条的规定，拾得人对拾得的漂流物应当承担妥善保管义务并在合理时间内通知所有人或者送交公安机关。第 317 条表明，在物品返还时，拾得人有权要求物品所有人支付合理的保管费用。在保管费的问题上，结合本案，虽然被告有权要求保管费用，但由于保管时间过长且被告在保管期间还利用该船从事了捕鱼作业，法院认为被告前期的保管行为仍应被视为善意保管，而其后续的侵占行为，超出了妥善保管的范畴，不予支付保管费。

在处理此类纠纷时，法院往往会将以下因素纳入考量：保管物品的时间长短、保管过程中是否存在恶意或不当使用、物品的损害情况等，拾得人应当提供相应的证据加以证明。例如，保管费用通常包括合理的存储、维修费用等，若没有相应的证据支持，法院会适当减少不必要的费用。在本案中，被告使用船只从事捕鱼作业未对原告造成明确损害，但这种使用行为与保管的性质有所不同，因此，法院在保管费用的判定时适当进行了减免，这是审慎评估后的结论。

3. 损失费的认定

漂流物返还纠纷的损失费通常是指因为漂流物丢失或占有期间所产生的损害或经济损失，而损失费的认定涉及对损害范围、赔偿责任和合理性等方面的审查。一般而言，如果物品在漂流或占有期间遭到损害或丢失，权利人可以根据相关法律规定要求赔偿损失，损失赔偿的范围通常包括物品的实际价值、修复费用、使用价值损失等。法院应综合这些因素判断物品损坏的程度，依法认定损失费赔偿金额。

（1）实际价值损失。如果物品在漂流过程中或者被拾得人保管期间遭到损坏，所有人可以要求赔偿物品的实际价值。实际价值可以根据市场价值、物品的使用年限、损坏程度等因素来确定。

（2）修复费用。如果物品没有完全丧失价值，只是受到部分损害，所有人可以要求赔偿修复损失。在这种情况下，法院会根据物品修复所需的费用来确定赔偿金额。

（3）使用价值损失。如果物品对所有人有特殊用途或者商业价值（如船只、车辆、设备等），且漂流物的丧失或损坏导致所有人遭受了进一步的经济损失（如业务停滞、生产中断等），那么所有人可以要求赔偿使用价值损失。

（4）责任承担认定。在损失赔偿问题上，法院会判断拾得人是否履行了妥善保管的义务，若拾得人存在保管不当，即重大过失致使遗失物损毁、灭失的情形，应当承担民事责任，如果有故意损坏、恶意占有的行为可能会被要求加重赔偿责任。

法律依据

《民法典》（2021年施行）

第三百一十四条　拾得遗失物，应当返还权利人。拾得人应当及时通知权利人领取，或者送交公安等有关部门。

第三百一十六条　拾得人在遗失物送交有关部门前，有关部门在遗失物被领取前，应当妥善保管遗失物。因故意或者重大过失致使遗失物毁损、灭失的，应当承担民事责任。

第三百一十七条　权利人领取遗失物时，应当向拾得人或者有关部门支付保管遗失物等支出的必要费用。

权利人悬赏寻找遗失物的，领取遗失物时应当按照承诺履行义务。

拾得人侵占遗失物的，无权请求保管遗失物等支出的费用，也无权请求权利人按照承诺履行义务。

第三百一十九条　拾得漂流物、发现埋藏物或者隐藏物的，参照适用拾得遗失物的有关规定。法律另有规定的，依照其规定。

第三节 财产损害赔偿纠纷

一、黄某某、林某某等与 NS 水利所等财产损害赔偿纠纷

案情简介[①]

一审原告、二审上诉人：黄某某、林某某、冯某某

一审被告、二审被上诉人：NS 水利所、HH 公司、J 公司

2018 年 2 月 6 日，G 市某生产队（甲方，村民代表李某森、陈某珍、李某恒签字）与梁某祥、黄某某、吴某伟（乙方）签订《耕地承包合同》，后梁某祥退出，林某某、冯某某加入该合同，与黄某某、吴某伟共同作为乙方，约定甲方同意将位于土名"围仔"的耕地承包给乙方用作农作物种植，面积为 38.5 亩。承包期限自"二〇一八年正月初一起至二〇二三年十二月三十日止"。租金为每年 2200元/亩，每年应缴租金为 84,700 元。承包期间一切费用和自然灾害造成的损失及一切事故责任由乙方自行负责。G 市某股份合作经济联合社作为证明单位在该合同上盖章。

该耕地排水通过西南侧相邻小水沟涌连接到飘风内河涌，小水沟涌与飘风内河涌交汇处有出水口，出水口上建有水泵房，水泵房中安装了 3 台水泵强制排水。3 台水泵的运停由黄某某、吴某伟、林某某、冯某某等耕户控制及缴纳电费。

黄某某、吴某伟、林某某、冯某某与 G 市某生产队的《耕地承包合同》于诉讼时仍在存续期间。

NS 水利所在上述小水沟涌与飘风内河涌交汇处建设某水闸工程。具体情况如下：2018 年 11 月 28 日，HH 公司向 NS 水利所提出《关于 G 市某水闸工程

[①] 参见广东省广州市中级人民法院（2020）粤 01 民终 21175 号民事判决书。

开工请示》,内容为"G市某水闸工程"开工前的各项工作已准备就绪,目前已具备开工条件,特申请工程开工。2018年12月10日,NS水利所向HH公司复函《区水利工程管理所关于同意某水闸工程开工的函》,内容为某水闸工程具备开工条件,同意开工。2019年3月18日,NS水利所向NS区水务局提出《区水利工程管理所关于某水闸工程开工备案的请示》,内容为某水闸对现有某旧闸进行拆除重建,该工程开工准备工作齐备,NS水利所已于2018年12月10日同意开工,现上报备案。2019年3月21日,NS区水务局向NS水利所复函《区水务局关于某水闸工程开工备案的复函》,内容为某水闸工程初步设计已经我局批复,工程已按规定确定了监理及承包单位并已签订监理合同及承包合同,项目的建设资金已落实且到位并满足工期需求,已提供建设用地,施工图设计已完成,现场施工准备已完成,工程具备开工条件,同意开工备案等。诉讼期间某工程仍在建设施工中。

2019年7月1日G市气候与农业气象中心发布G市农业气象服务专报2019年第14期,内容为过去一周(2019年6月24日—2019年6月30日)全市平均累计降水量为134.00mm,较常年同期偏多63%,2019年6月24日全市出现大范围的强降水天气,部分地区出现农田涝渍,后期以晴热天气为主,利于荔枝和龙眼等水果的成熟和采摘,总体上农业气象条件较好。

根据黄某某、吴某伟、林某某、冯某某的申请,一审法院于2019年12月5日委托GD评估咨询有限公司(以下简称GD公司)对黄某某、吴某伟、林某某、冯某某所主张的因受水浸致其种植的农作物(甘蔗和香蕉)受损的损失进行价格评估。2020年3月18日,GD公司出具GD评估〔2019〕112号评估报告书,内容为评估黄某某、吴某伟、林某某、冯某某种植的农作物(番石榴)受损的损失价格,确定评估基准日为2019年8月。GD公司于2019年12月23日经现场勘查,查明标的物为番石榴,品种为红心芭乐,死树10棵,2年树龄,现场可见已完全枯死;弱树1700棵,2年树龄,现场可见大部分树叶枯黄,树上挂果已腐烂、掉落。枯死的树苗共10棵,其损失价值为560元;弱树1700棵,受损价值为85,000元。以上总计损失85,560元。

一审庭审中,黄某某、吴某伟、林某某、冯某某表示其于2018年4月13日购买和种植了番石榴苗,每棵10元,每亩种植110棵,总共种植了4300棵左右,一般一年收成两次。无证据证明2019年5月5日,6月25日、26日,8月6日—8月8日该耕地遭水浸;该耕地未安装强制排水设备,仅依靠农田与小水沟涌的水位落差自然排水。

为证明黄某某、吴某伟、林某某、冯某某种植的农田在2019年6月24日暴雨天气后因某工程施工而致暴雨后排水受阻,农田遭遇水浸,黄某某、吴某伟、林某某、冯某某提供了农田附近其他耕户当日报警的回执、出警视频,2020年3月8日的出警视频,2019年6月24日的送货单等。黄某某、吴某伟、林某某、冯某某举证称两次报警均因某工程施工单位从水泵房电线处私自搭驳拉电,致2019年6月24日抽水泵空气漏电开关被烧,3台水泵均无法使用,从晚上6时许修理至7时许才恢复使用。NS水利所质证称2019年6月24日的报警回执、出警视频无法证明黄某某、吴某伟、林某某、冯某某主张的该耕地被水浸的事实,水泵房控制权、管理权均属于黄某某、吴某伟、林某某、冯某某等耕户,其负有维修责任。2020年3月8日的出警视频与黄某某、吴某伟、林某某、冯某某主张的2019年6月、8月的水浸相隔大半年,不能就此认定2019年6月、8月的水泵房状况,公安部门对是否乱拉乱接电线也没有认定。HH公司、J公司质证意见同NS水利所。

J公司提供了"飘风项目微信工作群"中2019年6月24日15时46分、2019年9月26日上午10时10分、2019年10月1日15时48分发送的水泵房外小水沟涌水位,以及2019年6月24日16时10分发送的水泵房外3台水泵排水情况的照片,以证明2019年6月24日暴雨后小水沟涌的水位与2019年9月26日、2019年10月1日的水位高度是一致的,2019年6月24日该3台水泵为正常运转排水状态。黄某某、吴某伟、林某某、冯某某质证意见称从照片可证明J公司称2019年6月24日已另行安装抽水泵是虚假的。NS水利所、HH公司质证确认了J公司提供的证据及证明事实。

另,某工程的建设单位为NS水利所,代建单位为HH公司,施工单位为J公司。

一审原告、二审上诉人诉称:一审法院对证据的要求过于苛刻,原告已经提交了足够的证据证明水浸的发生及其造成的损失,且通过视频、报警记录等资料证实了水浸的事实。

被告在建设某水闸工程时未按规定进行排水设施的规划,特别是未增加必要的水泵,造成排水不畅。水泵房电线的乱接、设施损坏等问题导致水浸发生,且施工方在建设过程中未充分考虑该地块的排水需求。

原审法院未能合理分配举证责任,应由被告提供证据证明其工程建设未对周围环境产生影响。

一审被告、二审被上诉人辩称: 关于水泵房漏电的问题,NS 水利所辩称,上诉人提到的水泵房的漏电保护开关烧坏的时间与实际情况不符,且水泵房在 2019 年 6 月 24 日的水泵运作未受到影响,水泵恢复运行的时间很短,不可能造成长时间的水浸。

关于排水设施是否正常运作的问题,NS 水利所及其他被告公司辩称,2019 年 6 月 24 日的暴雨天气虽较为严重,但排水系统包括原有水泵能正常运作,水位与正常水位一致。原告未能提供有效证据证明水浸是施工问题导致的。

关于上诉人证据是否充足的问题,J 公司和 HH 公司均认为,上诉人提供的证据不足以证明水浸与水闸施工之间存在因果关系,且上诉人没有证据证明损失与水浸之间的直接关联。

一审法院认为: 首先,证据不足。原告提交的证据虽然能够证明发生了水浸,但未能充分证明该水浸与被告施工的水闸工程之间存在直接因果关系。原告提供的证据,包括视频、报警记录等,未能有效地支持原告对水闸工程导致排水不畅及水浸损害的主张。

其次,因果关系无法认定。尽管原告声称水泵房存在故障,导致水闸排水系统运行不畅,进而引发水浸,但没有充分的证据证明该问题是造成水浸的直接原因。且原告未能证明水泵房漏电或水泵故障与水浸事件之间的时间关联,也未能提供充分证据证明水浸损失与被告的施工行为之间存在明确的因果关系。

再次,排水设施处于正常运作状态。法院指出,被告提供的证据显示,水闸施工的排水设施在暴雨期间能够正常运作,水泵能够及时恢复工作,水位没有异常,因此不存在排水不畅导致水浸的情形。

最后,原告未完成举证责任。黄某某等人作为原告应对其主张的事实承担举证责任,但原告未能提供足够的证据证明其损失与水闸施工之间存在因果关系。因此,法院认定原告未能完成举证责任。综上所述,法院认为原告的主张无法成立。

二审法院认为: 黄某某、林某某、冯某某应当举证证明 NS 水利所、HH 公司、J 公司存在过错以及案涉工程的施工与其农作物受损存在因果关系。一审法院对因果关系问题进行了详细论述,经查并无不当,法院对此予以认同,并作补充论述。黄某某、林某某、冯某某所主张的农作物受水浸,其原因不外乎排水量过大以及排水能力不足所致。排水量过大是暴雨所致,案涉工程的建设并不会导致农田所需排水量增大。因此,考虑施工与农作物受损是否存在因果关系的关键在于施工行为有无增加黄某某、林某某、冯某某排水的困难程度。黄某某、林某某、冯某某在诉状中所述案涉工程导致排水的距离增加到约 50 米。对此法院认为,排水距离的增加是否必然导致排水比原来更加困难,黄某某、林某某、冯某某未能举证充分予以说明。

因此,本案证据不足以证明 NS 水利所、HH 公司、J 公司存在过错以及工程施工与农田水浸之间存在因果关系。故而,黄某某、林某某、冯某某认为 NS 水利所、HH 公司、J 公司构成侵权的主张不成立。

实务要点

财产损害赔偿责任中因果关系的认定

在财产损害赔偿责任纠纷中,因果关系的认定是确定侵权责任的核心问题之一。因果关系是指侵权行为与损害后果之间的直接关联。在本案中,黄某某等人主张水闸工程的施工导致其耕地遭受水浸,进而使农作物受损,因此要求施工方承担赔偿责任。然而,法院在审理过程中认为原告未能充分证明其损害与被告的施工行为之间存在直接的因果关系。下面结合本案,分析侵权责任中因果关系的认定问题。

1. 财产损害赔偿责任中因果关系的法律规定

财产损害赔偿责任的构成要求行为人有过错且其行为直接导致他人损害后果。具体而言,侵权行为与损害后果之间的因果关系是判断行为人是否应承担侵权责任的重要依据。该因果关系的认定包括以下两个要素。

事实上的因果关系,即损害后果是否与侵权行为存在实际的联系,其是不是由侵权行为直接引发的。

法律上的因果关系,即是否能够通过法律规则将侵权行为与损害后果之间的联系作为合法、合理的因果链条,是否能归责于侵权行为人。[1]

在本案中,法院对因果关系的认定存在争议,关键问题就在于原告无法充分证明水闸工程施工与耕地被水浸之间存在直接联系。

2. 本案因果关系的认定难点

(1)强降雨天气与水浸之间的关系。

根据案件事实,2019年6月24日,G市气候与农业气象中心发布了强降雨天气预报,部分地区出现农田涝渍。原告主张,某工程的施工导致小水沟涌排水系统受到影响,致使水无法顺畅排出,最终引发水浸。但是,气象报告显示,2019年6月24日大范围的强降雨可能是造成农田积水的直接原因,而非水闸工程的施工。因此,法院认为,强降雨本身可能是导致积水的主要原因,而水闸施工只是在一定程度上对排水系统产生了影响,但并未直接导致水浸。

这一判断是基于天气条件与水浸之间的实际因果关系作出的。在缺乏明确证据表明水闸施工直接导致水浸的情况下,法院认为将责任归咎于施工方并不合理。

(2)水泵房故障与水浸之间的关系。

原告进一步主张,施工方在水泵房电线接入方面存在不当行为,导致2019年6月24日电力故障,造成水泵停运,进而加剧了水浸。虽然原告提供了相关报警记录和出警视频等证据,但法院认为这些证据无法直接证明水泵故障与水

---

[1] 参见范利平:《侵权法上因果关系研究》,载《现代法学》2004年第3期。

浸之间的因果关系。法院指出,虽然2019年6月24日下午水泵发生故障,但修复后水泵能够正常工作,且根据J公司提供的证据,水泵在其他时间段内也能够正常排水。因此,水泵故障虽然可能对排水造成了一定影响,但并非造成水浸的直接原因。

(3)水闸工程施工与农作物损失的因果关系。

原告进一步提出,水闸施工导致耕地排水能力下降,因而引发的水浸导致农作物(如番石榴)受损。然而,法院认为原告未能提供充分证据证明水闸工程施工与农作物损失之间存在直接的因果关系。虽然有评估机构对农作物损失进行了评估,但这份评估报告并未明确指出损失是由于水浸引起的,且没有足够证据表明水闸施工是导致水浸的根本原因。相反,法院认为,原告并未采取足够的排水措施,也未证明水泵房的现有排水设施无法满足排水需求。

3. 因果关系认定的证据要求

在财产损害赔偿案件中,因果关系的认定不仅依赖于事实的推断,还需要证据的支持。法律上要求当事人对其主张提供足够的证据,否则应承担举证不能的法律后果。在本案中,黄某某等人提供了多项证据,如报警记录、出警视频等,但这些证据并不足以明确证明水闸施工与水浸、农作物损失之间的直接因果关系。尤其是在气象条件复杂、排水设施维护和管理责任明确的情况下,法院难以认定水闸施工直接导致水浸及损失。

4. 因果关系认定的法律后果

在财产损害赔偿的案件中,因果关系的认定直接影响到责任的承担。如果无法证明侵权行为与损害后果之间存在直接的因果关系,那么侵权责任就不能成立。本案中,法院认为黄某某等人未能充分证明水闸工程施工与水浸之间的因果关系,因此最终驳回了其侵权赔偿请求。

本案中,因果关系的认定是一个复杂的法律问题,涉及自然灾害、施工行为、排水设施管理等多个因素。在侵权责任案件中,因果关系的认定不仅依赖当事人提供的证据,还需法院对证据的充分性、关联性进行严格审查。只有当侵权行为与损害后果之间存在明确的直接因果关系时,财产损害责任才会成立。

> **法律依据**

1.《民法典》(2021年施行)

第五百零九条 当事人应当按照约定全面履行自己的义务。

当事人应当遵循诚信原则,根据合同的性质、目的和交易习惯履行通知、协助、保密等义务。

当事人在履行合同过程中,应当避免浪费资源、污染环境和破坏生态。

第五百七十七条 当事人一方不履行合同义务或者履行合同义务不符合约定的,应当承担继续履行、采取补救措施或者赔偿损失等违约责任。

第一千一百六十五条 行为人因过错侵害他人民事权益造成损害的,应当承担侵权责任。

依照法律规定推定行为人有过错,其不能证明自己没有过错的,应当承担侵权责任。

第一千二百五十二条第二款 因所有人、管理人、使用人或者第三人的原因,建筑物、构筑物或者其他设施倒塌、塌陷造成他人损害的,由所有人、管理人、使用人或者第三人承担侵权责任。

2.《建设工程质量管理条例》(2019年修订)

第三条 建设单位、勘察单位、设计单位、施工单位、工程监理单位依法对建设工程质量负责。

3.《建筑法》(2019年修正)

第十二条 从事建筑活动的建筑施工企业、勘察单位、设计单位和工程监理单位,应当具备下列条件:

(一)有符合国家规定的注册资本;

(二)有与其从事的建筑活动相适应的具有法定执业资格的专业技术人员;

(三)有从事相关建筑活动所应有的技术装备;

(四)法律、行政法规规定的其他条件。

4.《建设工程安全生产管理条例》(2004年施行)

第二十三条 施工单位应当设立安全生产管理机构,配备专职安全生产管理人员。

专职安全生产管理人员负责对安全生产进行现场监督检查。发现安全事故隐患,应当及时向项目负责人和安全生产管理机构报告;对违章指挥、违章操作的,应当立即制止。

专职安全生产管理人员的配备办法由国务院建设行政主管部门会同国务院其他有关部门制定。

二、Q 水电公司与 H 工程公司、F 发电公司财产损害赔偿纠纷

案情简介[①]

一审被告、二审上诉人、再审申请人:Q 水电公司

一审原告、二审被上诉人、再审被申请人:H 工程公司

一审被告、二审被上诉人、再审被申请人:F 发电公司

2015 年 8 月 18 日,H 工程公司承建了 F 发电公司的 F 水电站左岸土石方副坝工程。同年 10 月 28 日 16 时 30 分左右,Q 水电公司所属的 K 电站泄水时,冲毁了下游在建的 F 水电站的部分围堰,造成 H 工程公司作业基坑内施工物资损失与施工车辆损坏。事故发生后,由 F 县委常委、县人民政府、县安监局、县消防大队、B 乡人民政府成立事故调查组。同年 12 月 1 日,事故调查组召集 D 项目部、F 水电站、施工方(H 工程公司)协商并签订协议书,后 Q 水电公司依协议约定实际垫付 20 万元。同年 12 月 29 日,F 县安监局、F 发电公司委托青海天健资产价格评估有限公司(以下简称天健鉴定所)对 F 水电站的水毁实物资产价值进行价格评估(以下简称《天健评估报告》),经评估,工程物资评估值为 4,352,422 元,在建工程评估值为 3,995,693 元,该评估费 83,000 元由 H 工程公司支付。

2016 年 1 月 12 日,事故调查组出具《F 县 B 乡 K 电站 10.28 泄水事故调查

---

① 参见最高人民法院(2019)最高法民申 2855 号民事裁定书。

报告》(以下简称《事故调查报告》),报告中对事故原因进行了分析:"K电站本次泄水未上报当地政府防汛部门;未通知下游的F水电站;突然开闸大流量泄水,是导致此次事故发生的直接原因。K电站安全管理不到位;未与下游F水电站签订安全生产协议;未建立健全会同联动机制;未制定本次泄水可能造成事故的安全防范措施;尤其是对下游施工人员的两次求援不予理睬,任其事故损失扩大,是本次事故的间接原因。"2016年1月13日,F县政府在F政〔2016〕5号批复中同意了调查组对事故原因、责任、性质的分析和认定。同年7月4日,H工程公司以向Q水电公司主张水毁损失为由,向一审法院提起诉讼。该院受理后,Q水电公司申请将F发电公司追加为共同被告。

2017年2月,F县检察院委托青海大正司法会计鉴定所对F水电站水毁造成的机械工具材料损失、工程量直接损失、机械车辆误工台班费、人工误工费、冬季施工费等进行鉴定(以下简称《大正鉴定报告》)。鉴定意见认为水毁损失5,651,719.3元,包括:机械工具材料损失费335,558.67元、工程量直接损失费1,624,037.2元、机械车辆误工台班费999,651元、人工误工费627,706.8元、冬季施工费470,691.63元、水毁车辆托运处理机械费60,350元、卡特320D挖掘机修理费36,101元、被淹车辆损失1,497,623元。

2017年9月29日,青海省人民检察院商请青海省水利厅对"10.28"事故进行补充技术分析,出具了《补充分析报告》,认为此次事故发生的主要原因是"F水电站施工导流围堰设防标准低",但也同时在报告中声明"2.本单位为行政单位,无司法鉴定资质,所出具的报告不具备司法鉴定(或相当)效力。3.事故发生至今已近两年,事故现场已发生根本性改变,无法复原,本报告均不涉及现场勘测资料。事故分析报告建议由第一时间到达现场的单位作出。4.F水电站参建各方(业主、设计、监理、质检)资料严重缺失,包含但不限于监理日志、单项工程验收报告等,会影响报告精度。"

再审申请人认为:(1)青海省F县"10.28"事故调查组作出的《事故调查报告》不能作为认定本案民事责任的依据。(2)青海省高级人民法院(2018)青民终168号民事判决认定Q水电公司应承担侵权赔偿责任,认定错误。(3)《大正鉴定报告》不应作为认定本案事故损失数额的证据,该鉴定所不具备资产评估资质,鉴定人员不具备高级专业技术职称,鉴定方式不专业,并且未对鉴定材料的真实性进行核实。(4)本案案情复杂,《事故调查报告》对本次事故的原因及责任认定并不准确,《补充分析报告》的认定结论与《事故调查报告》的认定结论相反。

再审被申请人认为: 原审法院判决认定的事实正确,其认定Q水电公司是事故责任主体,认定正确。《大正鉴定报告》是Q水电公司作为证据提交的,一审法院对该份证据采信,但Q水电公司却不认可该证据,仍作为上诉理由进行阐述。被申请人认为鉴定意见与评估报告鉴定和评估的受损物资范围不一致,缺少库存材料,故结果不一致。刑事诉讼的证明标准要求较高,须达到证据确定、充分的高度盖然性标准,要求排除合理怀疑,而民事诉讼的证明标准要求相对低得多,实行的是优势证据原则。

再审法院认为: 本案的主要争议焦点是:(1)Q水电公司申请再审提交的相关材料是否属于新证据,是否足以推翻一审、二审法院关于本案案涉事故民事赔偿责任的认定;(2)一审、二审法院依据《大正鉴定报告》认定本次事故造成的财产损失数额是否不当;(3)一审、二审法院未准许Q水电公司提出的对本次事故的原因、责任以及损失数额再次进行鉴定的申请,是否不当。

关于Q水电公司申请再审提交的相关材料是否属于新证据,是否足以推翻一审、二审法院关于本案案涉事故民事赔偿责任的认定的问题。首先,青海省高级人民法院(2018)青行申16号行政裁定书和青海省F县人民法院(2017)青0223刑初121号刑事判决书,Q水电公司在二审期间曾向青海省高级人民法院提交过,不属于新证据。其次,Q水电公司提交的多份作为证据的裁判文书中,均不含有对《事故调查报告》进行否定性评价的内容。最后,Q水电公司在本次提闸放水前未通知下游的F水电站,违反操作规范,具有过错,与F水电站遭受水损之间存在因果关系,应当承担侵权责任。故本次水损事故发生的根本原因是Q水电公司的过错行为,F水电站施工导流围堰设防标准是否符合相关规定以及是否违法发包工程、H工程公司是否无资质施工、施工是否符合规范,与本次事故的发生并不具有必然的联系。因此,Q水电公司关于F发电公司和H工程公司应当承担本次事故的主要责任的主张,不能成立。

关于一审、二审法院依据《大正鉴定报告》认定本次事故造成的财产损失数额是否不当的问题。本案中，H工程公司财产遭受损失是客观存在的，鉴于该评估报告是依据委托方和资产占有方提供的原始凭证资料确定评估资产的数量的，H工程公司提交的误工费、冬季施工误工费、保温措施费用、模板租赁等费用清单及机械租赁合同均为该公司的单方证据，Q水电公司未予认可且没有其他证据予以佐证，而《大正鉴定报告》采用的工程量则是依据青海省F县人民检察院提供的由施工单位、工程监理双方确认的水毁施工工具材料、水毁部分已完混凝土工程的工程量、误工人员工日、机械车辆误工台班、冬季施工费计算的，误工人工费依据2016年青海省F县人工费单价计算，混凝土工程单价依据H工程公司与F发电公司签订的施工合同价进行工程项目的鉴定。一审法院经综合对比，认为《大正鉴定报告》更能客观反映水毁材料实际受损的情况，最终采信Q水电公司所提供的《大正鉴定报告》作为认定H工程公司水毁财产损失的依据，二审法院对此予以维持，并无不当。

关于一审、二审法院未准许Q水电公司提出的对本次事故的原因、责任以及损失数额再次进行鉴定的申请，是否不当的问题。《天健评估报告》指出，资产占有方的实物资产已在水灾中损坏、冲失，注册价格鉴证师现场勘查时已无法见到全部实物。《大正鉴定报告》指出，该场地已被水冲毁，无法还原水冲毁前的现场。《补充分析报告》亦指出，事故发生至补充分析时已近两年，事故现场已发生根本性改变，无法复原。因此，在原审法院根据查明的事实已对事故原因和责任进行认定，且《大正鉴定报告》已能较为客观地反映损失数额的情况下，对Q水电公司提出的对本次事故的原因、责任以及损失数额再次进行鉴定的申请未予准许，并无不当。

实务要点

水利事故中的责任认定

水利事故的责任认定是法律实践中的复杂问题，涉及多个因素，包括操作规范、设备管理、施工质量以及事故发生的具体原因。在水利工程中，尤其是水电站等大型水利设施,因其设施复杂且涉及上下游水流的调度、设备的正常运行等问题,一旦发生事故,责任认定常常涉及多个主体的行为和不同层次的责任。因此,如何通过证据链条明确责任、合理划分责任,是水利事故司法处理中的一个关键环节。

本案涉及Q水电公司、H工程公司和F发电公司之间的财产损害赔偿纠纷,围绕水利事故的责任认定展开。事故的发生不仅涉及操作管理、设备管理问题,还涉及施工质量、施工单位的资质等多个方面,责任认定的复杂性在本案中表现得尤为突出。

1. 水利事故中的责任主体

水利事故的责任主体通常包括多个方面,常见的责任主体包括:水电站管理方、施工方、设备供应方或维护方、相关政府部门及监管机构等。

2. 本案中的责任认定

在本案中,Q水电公司作为水电站的管理方,因其未按照操作规范提前通知下游的F水电站而发生了泄水事故。H工程公司与F发电公司分别因施工质量和资质问题被涉及,但最终法院判定Q水电公司应承担主要责任。以下为本案中的责任认定分析。

Q水电公司作为上游水电站的管理单位,未按照操作规范在放水前及时通知下游的F水电站,违反了《黄河中型公司大通河电站管理部电站防洪手册》中的操作要求。该手册规定,当水电站泄洪时,必须通知下游电站以便其作出相应的防范措施。法院认为,Q水电公司未履行这一通知义务,与F水电站遭受水损之间存在因果关系,因此Q水电公司应当承担主要责任。根据《民法典》及相关法律规定,损害行为与损害结果之间需要具有直接的因果关系。在本案中,法院认为Q水电公司未通知下游水电站的行为直接导致了水损,因此构成侵权行为,应当承担相应的责任。

F发电公司作为下游水电站的运营单位,虽然受到上游泄水的影响,但其本身的施工质量和设计问题也对事故的后果产生了影响。Q水电公司在审理中提出,F发电公司施工中的围堰防护标准偏低,导致水电站在遭遇泄水时的防护能力不足。然而,法院认为这一因素与事故的直接发生并无直接因果关系。根据《水利水电工程建设管理条例》(已失效),施工单位应对工程的质量负有责任,但本案中,F发电公司施工不当与事故的发生并无必然联系。因此,法院未将F发电公司的责任列为主要责任。

3. 责任认定中的证据问题

在水利事故的责任认定中,证据起着决定性作用。水利事故通常发生在复杂的技术性背景下,涉及设备、设计、施工等多个层面的因素。证据的收集和评价,对于责任划分至关重要。

本案中的《事故调查报告》和《补充分析报告》对事故原因提供了不同的视角。前者认为责任主要在于Q水电公司未通知下游电站,后者则指出F发电公司围堰防护标准不符合要求。法院在分析证据时,更多地依赖经过司法程序确认的证据,如《大正鉴定报告》,并未简单依赖行政调查报告。这体现了法院对证据独立性的重视。

关于鉴定报告的可信度,《大正鉴定报告》被法院认为较为客观,能较好地反映事故损失的实际情况,因此被采纳为主要证据。法院对证据的审慎评估,避免了单纯依赖单一证据而作出责任认定,体现了对证据真实性和客观性的综合审查。

本案中的责任认定充分体现了水利事故中的复杂性。法院在审理时,不仅依据《事故调查报告》和《补充分析报告》,还通过对各方责任的详细分析,结合实际操作规范、设备管理和施工质量等方面,最终明确了Q水电公司应承担主要责任。这一判决不仅展示了水利事故中责任认定的严格性,还体现了法院在处理复杂技术性案件时的审慎与公正。

法律依据

1.《民法典》(2021年施行)

第五百零九条 当事人应当按照约定全面履行自己的义务。

当事人应当遵循诚信原则,根据合同的性质、目的和交易习惯履行通知、协助、保密等义务。

当事人在履行合同过程中,应当避免浪费资源、污染环境和破坏生态。

第一千一百六十五条 行为人因过错侵害他人民事权益造成损害的,应当承担侵权责任。

依照法律规定推定行为人有过错,其不能证明自己没有过错的,应当承担侵权责任。

第一千一百六十六条 行为人造成他人民事权益损害,不论行为人有无过错,法律规定应当承担侵权责任的,依照其规定。

第一千一百八十四条 侵害他人财产的,财产损失按照损失发生时的市场价格或者其他合理方式计算。

2.《水利工程质量管理规定》(2023 年施行)

第三十九条 水利工程在保修范围和保修期限内发生质量问题的,施工单位应当履行保修义务,并对造成的损失承担赔偿责任。

水利工程的保修范围、期限,应当在施工合同中约定。

第四节 取水权纠纷

一、C 公司与谢某某取水权纠纷

案情简介[①]

一审被告、二审上诉人:C 公司

一审原告、二审被上诉人:谢某某

谢某某系 P 村(原 C 村二组)村民。C 公司于 2014 年前后拟在谢某某所在村利用当地水资源从事商业饮用水开发并与当地村民讨论协商土地流转、修

---

① 参见重庆市第四中级人民法院(2020)渝 04 民终 1484 号民事判决书。

路、安置、灌溉等事宜,并口头承诺优先满足村民的蓄饮用水。2014年7月22日,C公司向Q乡C村村民委员会作出承诺,其承诺书载明:"我司新建的《T集团高端饮用天然水项目》拟在你村二组两叉河神仙洞取水,开发雪莲牌太极饮用天然水,充分利用当地资源,带动当地经济发展和村民致富。为不影响第三方权益,保证村民正常生产生活,我司承诺:优先保证村民饮用水需求,为保证村民用水,必要时为村民新建饮用水设施。"后C公司为保护水源于2015年与谢某某签订《农村土地流转合同》,约定C公司以租赁方式流转谢某某部分土地的承包经营权,流转磅田面积1.654亩,土地及林地荒地面积16.257亩,流转期限从2014年10月8日起至2020年6月30日止,流转后的土地用途为:苗木、果蔬、中药材种植、畜牧养殖及有关科研,服务和农业观光旅游,办公,休闲娱乐等辅助设施建设。P县水务局于2015年7月22日作出的《关于T集团高端饮用天然水项目水资源论证报告》(P水务〔2015〕170号)的审查意见中写明:"业主承诺在天气严重干旱,村民饮用水水源不足的情况下,优先保证村民用水需求,项目取水不会对周边居民的取水权益造成影响。"C公司于2014年前后在谢某某所在组神仙洞取水点取水从事商业开发,并取得了相应的取水许可。2020年7月2日,谢某某以C公司未兑现优先满足村民生活、灌溉用水的承诺及C公司封闭取水后致谢某某取水困难为由,诉至法院。

谢某某自述,C公司取水点高于谢某某取水点,谢某某的长期取水点现仍然存在,C公司取水点未占用谢某某取水点,谢某某取水点与C公司取水点不在同一地点,而是分别位于河的两边,且谢某某取水点的水源为地表水,在天干和冬季时没有水。2020年3月5日,谢某某申请P县疾病预防控制中心对其取水点的水质进行抽样检测,检测报告显示该取水点的水总大肠菌群等指标超过了相应限值。C公司称其针对原来在C公司取水点处取水的村民均保留了原有的取水设备设施,并且取水位低于C公司取水点[①],C公司之前的承诺是针对取水点的村民作出的,并且都作了相应的补偿。

---

① 现状为村民取水点低于C公司取水点,可能影响水质,故原告要求在高于原取水点的地方留出水龙头。

一审被告、二审上诉人 C 公司诉称：（1）一审法院认定谢某某的取水点水质总大肠菌群等指标超标缺乏合法证据证明。（2）不管是 C 公司在 2014 年 7 月 22 日向 C 村村民委员会所作的承诺，还是其在 2015 年 7 月 22 日办理取水许可证时向水行政部门的承诺，均是对原来就在 C 公司取水点处取水的农户所作出，不包括谢某某及作出承诺时未在 C 公司取水点取水的居民或农户，一审法院认为是对全组全体村民的承诺属于无限扩大解释。（3）C 公司取水依法取得了取水许可证，未占用谢某某的取水点并影响其取水，而且谢某某的水田已全部流转给了 C 公司，流转期间内不需要取水灌溉，因此一审法院判决 C 公司在高于谢某某的农田及住宅的取水点留出水龙头并优先满足谢某某的农田灌溉及生活用水没有事实和法律依据。（4）C 公司没有违背当初的承诺，一审法院判决给谢某某留水龙头没有合同依据。

一审原告、二审被上诉人谢某某辩称：（1）C 公司开发水资源前已承诺满足村民的农田灌溉和生活用水。（2）谢某某只流转了部分土地给 C 公司，而且原承包期满后再延长 30 年，因此 C 公司的流转合同年限不能作为限制谢某某取水的依据。（3）C 公司在水源处封闭式取水，如不留出取水的水龙头，遇上干旱时，势必影响周围村民的合法权益。（4）谢某某取水点水质不达标是经过 P 县疾病预防控制中心检测的，一审认定谢某某取水点的水质总大肠菌群等指标超标证据充分。

一审法院认为：C 公司在谢某某所在地区开发利用水资源之前对优先满足村民蓄饮水的口头承诺、C 公司向谢某某所在村委作出的"为不影响第三方权益，保证村民正常生产生活，我司承诺：优先保证村民饮用水需求，为保证村民用水，必要时为村民新建饮用水设施"的书面承诺，以及其在涉案项目水资源论证报告中"业主承诺在天气严重干旱，村民饮用水水源不足的情况下，优先保证村民用水需求，项目取水不会对周边居民的取水权益造成影响"的承诺，表明了 C 公司在案涉地从事水资源商业开发时，应当首先满足当地村民的生活用水。但是 C 公司在其取水点采取封闭式取水，致使谢某某在其原有取水点遭遇严重天干等情况不能正常取水的情况下，无法从 C 公司占用的该取水点正常取水，C 公司未能履行优先保证村民生活用水的承诺，且谢某某自有的取水点水质经

P县疾病预防控制中心对其取水点水质进行的抽样检测,显示该取水点水总大肠菌群等指标超过了相应限值,故C公司应当采取相应措施在其取水点留出相应取水处或取水设施供谢某某生活取水。同时为保证C公司取水点处相应的取水环境安全,若由谢某某在该取水点任意取水,可能会影响C公司该取水点的水质安全。虽然C公司在前述承诺时未作出在取水点留出水龙头这一具体承诺,但留出水龙头确是保证C公司取水点取水环境安全和满足谢某某生活用水需求的切实可行措施,故谢某某要求C公司在高于谢某某农田及住宅的取水点留出水龙头以满足谢某某农田灌溉及生活用水的诉讼请求,一审法院依法予以支持。现有证据不能证明C公司在作出前述承诺时承诺从取水点安装自来水管至每户住宅内,故谢某某该项诉讼请求,一审法院依法不予支持。关于C公司辩称其取水合法,没有给谢某某生产生活造成任何影响的问题,因C公司封闭式取水,让谢某某丧失从该取水点取水的机会,且从事水资源开发应优先满足城乡居民生活用水并兼顾农业等需要系法律的明确规定,同时C公司亦在从案涉地取水之前就作出过优先满足居民用水的承诺,此处承诺应视为其对谢某某所在组全体村民的承诺,故C公司的该辩称理由一审法院依法不予采纳。

二审法院认为: 首先,《水法》第21条规定:"开发、利用水资源,应当首先满足城乡居民生活用水,并兼顾农业、工业、生态环境用水以及航运等需要。在干旱和半干旱地区开发、利用水资源,应当充分考虑生态环境用水需要。"第28条规定:"任何单位和个人引水、截(蓄)水、排水,不得损害公共利益和他人的合法权益。"本案中,C公司在谢某某所在村组开发、利用水资源,应当按照上述规定做到首先满足当地居民的生活用水,兼顾农业、工业、生态环境用水以及航运等需要,并不得损害公共利益和他人的合法权益。谢某某原有取水点的水源为地表水,在遭遇天干时无水可用,而C公司在其取水点采取封闭式取水,致使谢某某在此情况下,无法利用C公司占用的取水点正常取水,其生活用水及农田灌溉需求无法得到满足。而且,即使谢某某原有取水点能够正常取水,经P县疾病预防控制中心检测,该取水点水质不达标,亦无法满足谢某某的用水需求。因此,C公司有义务采取措施满足谢某某的用水需求。其次,根据C公司向P县Q乡C村村民委员会所作的书面承诺以及C公司在案涉项目论证报告里的承诺,因 C 公司在 C 村二组取水进行开发、利用,C 公司应优先保证村民用水需求,必要时还应当为村民新建饮用水设施。上述承诺应视为 C 公司向 C 村二组全体村民所作出。谢某某作为该村组村民,在其用水需求无法得到满足的情况下,C 公司应当履行承诺,采取措施保障谢某某的生活用水及农田灌溉需求。因此一审判决要求 C 公司在高于谢某某农田及住宅的取水点留出水龙头并优先满足其农田灌溉及生活用水并无不当。

实务要点

水资源开发应优先保障居民生活用水与农业灌溉

根据《水法》第 21 条的规定,水资源的开发应首先满足城乡居民的生活用水需求,并兼顾农业、工业、生态环境等的用水需求。法院在本案中明确指出,C 公司在进行水资源开发时,应当优先保证当地居民的基本生活用水需求和农业灌溉用水。特别是在干旱天气等特殊情况下,水资源开发企业必须确保周围居民不受水源紧张的影响,合理调配水资源,确保各类用水需求之间的平衡。在此基础上,水资源的使用权分配不仅仅基于经济效益,更要考虑到社会公正与民生需求。此外,《水法》第 28 条规定:"任何单位和个人引水、截(蓄)水、排水,不得损害公共利益和他人的合法权益。"该条法律进一步强调,水资源的开发和利用,不能以牺牲周边居民的基本用水权利为代价。

居民生活用水是最基本的水资源需求,它关系到每个公民的生存与生活质量。生活用水不仅包括日常饮用水,还包括家务用水、洗浴用水、卫生用水等。在许多地方,尤其是干旱和半干旱地区,水资源紧张,确保居民的生活用水需求,成为水资源管理中的首要任务。

水资源开发者,尤其是那些从事商业化水资源开发的企业,通常会在当地开发水源用于生产、销售或其他经济活动。在这种情况下,如果企业没有履行保障居民生活用水的责任,则可能会造成当地居民无法正常获取饮用水,进而影响居民的健康与生活质量。水资源的这种私有化和商业化开发,很可能会给无力与之抗衡的当地居民带来严重的生存困境。

农业灌溉是水资源利用的另一大重要领域。在中国,农业是用水大户,尤其是在水资源紧张的地区,农业灌溉用水与居民生活用水往往处于竞争关系。因此,在水资源开发过程中,如何平衡这两者之间的需求,避免因开发水源而影响农业生产,成为一个极为重要的问题。

农业灌溉用水关系到粮食生产和国家的粮食安全。农业是社会的基础,尤其是在广大的农村地区,农民的生计主要依赖农业生产。水资源的缺乏不仅会导致农作物的减产,甚至可能造成旱灾和农田的荒废,给农民带来严重的经济损失。

尤其是在干旱和半干旱地区,水资源的短缺可能直接影响农田灌溉,进而威胁到粮食安全。因此,在水资源开发的过程中,必须优先考虑到农业灌溉的需求,特别是在农村水利设施不足的情况下,水资源开发者应当采取措施保障农田的灌溉用水。这既是对农业生产的支持,也是保障国家经济和社会稳定的需要。

在上述案件中,谢某某要求 C 公司保障其农田灌溉水源的请求,正是出于这一背景。C 公司作为开发水资源的企业,应该按照其承诺,保障周围村民的灌溉用水,特别是在天气干旱时,应确保农业生产不受水源短缺的影响。

开发企业的承诺具有法律效力

在本案中,C 公司在与当地村民的协商中作出了口头承诺,并通过书面文件保证优先满足村民的饮用水需求。法院认为这些承诺具有法律效力,C 公司应依法履行其对村民的承诺。这一观点表明,在水资源开发项目中,企业所作的承诺不仅具有社会责任,还具备法律约束力,必须得到遵守和执行。

承诺的法律性质。根据《民法典》的相关规定,承诺属于一种具有法律约束力的行为,尤其是当承诺涉及合同、协议或其他法律文件时,其法律效力更加明确。具体到水资源开发企业的承诺,通常情况下,企业的承诺是以书面形式作出的,并且经相关政府部门的审查和批准,会成为企业的行为规范和法律责任。

以本案为例,C 公司在水源开发前,向当地村民委员会作出了承诺,确保优先保障村民的饮用水和灌溉用水需求。这一承诺不仅是在商业开发中获得的认可,也涉及当地居民的生存权和生产权。因此,C公司作为水资源开发者,有义务履行这一承诺,并保证承诺内容的落实。

承诺的约束力。水资源开发企业作出的承诺,一旦公开并且得到了相关监管机构的认可,便具备法律效力。企业的承诺不只是口头上的约定,更是在一定法律框架下的正式表态。特别是在水资源开发领域,许多企业的承诺是经过政府相关部门审核和备案的,这意味着其承诺已经成了社会契约的一部分,企业必须依法履行。此外,企业的承诺通常与地方政府的审批、项目的实施等密切相关,承诺内容也往往会反映在项目的环评报告、合同协议等正式文件中,成为项目推进的法律依据。因此,承诺一旦作出,其履行的法律义务就变得不可忽视。企业若不履行承诺,则可能会面临法律诉讼、赔偿责任或行政处罚等法律后果。

承诺与法律责任。企业在作出优先保障居民生活用水或农业灌溉水源等承诺时,承诺内容本质上形成了对承诺对象的法律义务。这种义务要求企业在开发过程中采取切实措施,保障相关权益的实现。在本案中,C公司承诺优先保证村民的饮用水需求并为村民提供必要的饮用水设施,这一承诺应当被视为一种具有法律效力的合同义务。

承诺在水资源管理中的作用。在水资源管理中,企业的承诺具有重要的法律意义。随着水资源日益稀缺,开发企业的承诺不仅是商业行为的一部分,更应在一定程度上承担起社会责任,保障公众的基本用水需求。水资源开发涉及大量的利益相关者,尤其是周边居民和农业用水者,因此,企业在项目开始前的承诺,能够有效防范和解决因水源争夺而引发的社会矛盾。

法律依据

1.《水法》(2016年修正)

第二十一条 开发、利用水资源,应当首先满足城乡居民生活用水,并兼顾农业、工业、生态环境用水以及航运等需要。

在干旱和半干旱地区开发、利用水资源,应当充分考虑生态环境用水需要。

第二十八条 任何单位和个人引水、截(蓄)水、排水,不得损害公共利益和他人的合法权益。

2.《民法典》(2021年施行)

第一百七十六条 民事主体依照法律规定或者按照当事人约定,履行民事义务,承担民事责任。

第五百零九条 当事人应当按照约定全面履行自己的义务。

当事人应当遵循诚信原则,根据合同的性质、目的和交易习惯履行通知、协助、保密等义务。

当事人在履行合同过程中,应当避免浪费资源、污染环境和破坏生态。

二、钟某某、W县水电站、W县政府取水权纠纷

案情简介[①]

一审原告、二审上诉人:W县水电站

一审被告、二审上诉人:W县政府

一审被告、二审被上诉人:钟某某

W县水电站为普通合伙企业,于2000年3月29日成立,经营范围为水电开发,所发电量通过电网销售给W县供电公司。W县水电站经水资源主管部门许可取得了取水许可证,许可其在W县X乡X村X河取水发电,取水方式为蓄水,取水量为226.00万 m^3/年,水源类型为地表水。2006年至2013年的发电量分别为1,090,628千瓦时、973,036千瓦时、756,540千瓦时、457,200千瓦时、949,860千瓦时、539,994千瓦时、1,058,676千瓦时、875,100千瓦时,平均每年的发电量为837,629.25千瓦时。

2004年7月1日,W县政府与被告钟某某签订一份《X乡自来水厂承包合同》,决定将自来水厂发包给钟某某经营管理,合同约定:(1)承包经营期限为

[①] 参见福建省龙岩市中级人民法院(2018)闽08民终1791号民事判决书。

50年,自2004年7月1日起至2054年6月30日止。(2)承包金额为39万元,其中13万元为中止2000年11月30日签订的未到期承包合同的补偿金,剩余26万元的承包金额于签订合同时一次性交清。W县政府于2000年11月30日与冯某某同志签订的承包合同的中止事宜由钟某某负责处理。(3)权利和义务:①承包经营管理的对象为从B取水口至入户管道的自来水厂的成套设备,以自主经营、自负盈亏的模式经营管理。②在承包期间,钟某某必须结合本地实际,按物价部门核定的收费项目和收费标准收费,所收费用W县政府不参与分成。③为便于加强自来水厂的管理,W县政府赋予钟某某50年的H水库管理权,但在具体实施管理中,必须接受乡水管站和上级水利部门的指导,符合防洪抗旱要求,确保水库安全和水质安全。④钟某某对乡政府院内及原财政所(现计生办)的用水量实行限额控制,每月分别核定为200吨和20吨,超出部分按市场价收缴。⑤其他权利义务和违约责任条款。

2012年1月5日,W县水利局、W县发展和改革局向龙岩市水利局、发展和改革委员会作出W水〔2012〕水利5号《关于请求审查W县T镇等9个乡镇2012—2015年度农村饮水安全项目实施方案报告的请示》。2012年5月7日,福建省龙岩市水利局、发展和改革委员会下发岩水审批〔2012〕81号《关于W县T镇等9个乡镇2012—2015年度农村饮水安全项目实施方案的批复》,同意在W县X河乌凹田处建设集镇农村饮水安全工程的饮用水源取水点。该集镇农村饮水安全工程于2013年间开工建设,建成后交付使用,于2015年12月20日通过完工验收。W县政府在W县X河乌凹田处建设集镇农村饮水安全工程的饮用水源取水点,未取得水资源主管部门颁发的取水许可证。因该集镇农村饮水安全工程的饮用水源取水点W县X河乌凹田处在原告W县水电站上游的一支流,取水可能会对下游的水力发电造成影响,被告W县政府于2013年12月5日向原告出具《承诺书》,承诺书载明:为确保X乡集镇农村饮水安全工程项目饮用水水源的安全,根据X乡可饮用水源的实际情况,经市、县、乡多方认证,决定在X村W县水电站上游乌凹田处建设集镇农村饮水安全工程的饮用水源取水点。考虑建设取水后,可能会对下游水电站造成影响的实际情况,乡政府承诺,在水电站正常运营情况下,因项目取水造成电站发电损失的,乡政府将参照该电站近10年发电量的平均值,对损失部分给予适当经济补偿,并由经营者予以支付。W县X河乌凹田处集镇农村饮水安全工程建成交付使用后,W县水电站于2014年至2017年的发电量分别为598,788千瓦时、602,994千瓦时、863,262千瓦时、391,734千瓦时。2014年至2017年的电价分别为0.293元/千瓦时、0.293元/千瓦时、0.313元/千瓦时、0.313元/千瓦时。

一审原告、二审上诉人W县水电站诉称:(1)本案属民事纠纷,W县水电站要求钟某某、W县政府连带赔偿2014年度发电量损失的诉讼请求未超过诉讼时效。(2)一审判决以W县水电站的上游有3条支流,而取水点蓄水只是其中一条支流并结合每年发电量与当年的降雨量、机械设备等因素的关联性为由减轻钟某某、W县政府的赔偿责任没有事实依据。(3)钟某某作为自来水厂的承包人,以W县政府建设的取水点取水用于经营,其行为侵害了W县水电站的合法权益,应当与W县政府承担连带赔偿责任。

一审被告、二审上诉人W县政府诉称:(1)一审认定本案属民事诉讼是错误的。(2)一审依据W县水电站的取水许可证认定W县政府的取水行为确有造成下游发电站取水的减少是错误的。(3)W县政府建设蓄水坝是履行政府责任,并没有侵犯W县水电站的利益。一审判决依据《承诺书》来计算其损失,但又未按10年的平均值来认定,属适用证据不当。(4)诉讼时效应当从W县政府出具《承诺书》的2013年12月5日起计算,2015年10月1日前W县水电站的起诉超过了诉讼时效。(5)W县水电站并未举证证明其符合《承诺书》中约定的条件,故要求赔偿损失依据不足。一审全部支持W县水电站2015年度整年的损失不符合法律规定。

一审被告、二审被上诉人钟某某辩称:(1)W县政府的承诺属行政承诺,不能通过民事诉讼来解决。(2)W县水电站2014年度、2015年度的经济赔偿超过了诉讼时效。

一审法院认为:(1)关于该案属于民事诉讼还是行政诉讼的问题。根据《水法》第57条第1款"单位之间、个人之间、单位与个人之间发生的水事纠纷,应当协商解决;当事人不愿协商或者协商不成的,可以申请县级以上地方人民政府或者其授权的部门调解,也可以直接向人民法院提起民事诉讼。县级以上地方人民政府或者其授权的部门调解不成的,当事人可以向人民法院提起民事诉讼"的规定,原告与两被告间的取水权纠纷,系平等主体之间的民事纠纷,原告可以选择向县级以上地方人民政府或者其授权的部门调解纠纷,也可以选择向人民法院提起民事诉讼。故两被告认为原告应进行行政诉讼的辩解理由不予采纳。

(2)关于该案原告的起诉是否超过诉讼时效期间的问题。《承诺书》中"乡政府将参照该电站近十年发电量的平均值,对损失部分给予适当经济补偿"的约定,经济补偿按年计算,前一段期间可能已经超过诉讼时效期间,但不影响后一段期间的计算。故原告于2018年6月5日向该院提起诉讼,在原《民法总则》施行(2017年10月1日)前未超过2年的或施行后未超过3年的,应认定为未超过诉讼时效期间。由此,该案原告起诉要求被告赔偿的2014年度的发电量损失,原告未提供证据证明有诉讼时效中止、中断情形存在,对该部分的起诉已超过诉讼时效,但其起诉要求被告赔偿的2015年度、2017年度的发电量损失尚未超过诉讼时效期间,故对两被告主张原告的起诉超过诉讼时效期间的抗辩理由,予以部分采纳。对原告超过诉讼时效期间的诉讼请求,不再予以保护。

(3)关于被告的取水行为是否造成原告发电损失,原告的发电损失该如何计算的问题。W县政府所有的自来水厂的取水行为确有造成下游水电站发电取水的减少,且W县政府也因此作出承诺,应给予适当的经济补偿。

二审法院认为:(1)关于本案属于民事诉讼还是行政诉讼的问题。《行政诉讼法》第2条第1款规定,公民、法人或者其他组织认为行政机关和行政机关工作人员的行政行为侵犯其合法权益,有权依照该法向人民法院提起诉讼,其主要特征在于针对行政行为。本案中W县政府进行饮用水源取水点的建设系经营自来水厂的需要,不具有履行行政管理职责的目的特征,其承诺也仅是针对自来水厂饮用水取水点的使用可能造成对W县水电站的影响而予以的适当补偿,该补偿实质是对W县水电站损失的弥补。故《承诺书》签订的目的、内容具有明显的民事法律关系性质,应当定性为民事行为。W县政府及钟某某认为本案纠纷属于行政诉讼的上诉理由不能成立,不予采信。

(2)W县水电站的诉讼请求能否支持?取水点工程于2015年12月20日

通过完工验收,W县政府认为取水点工程在完工验收后并未实际投入使用,但对此未提供证据证明,不予采信,故应认定取水点工程在2015年12月20日完工验收后已投入使用,此后因取水造成W县水电站发电损失的,依《承诺书》关于"该电站近十年的发电量的平均值"的约定对损失予以适当补偿。故"该电站近十年的发电量的平均值"应当计算的期间为2006年至2015年。2014年度因尚未开始使用取水点进行取水,W县水电站主张该年度的发电损失不符合《承诺书》的约定,其要求支付2014年的损失没有合同依据,不予支持。一审判决以2006年至2013年的发电量平均值作为依据不符合《承诺书》的约定,予以纠正。根据W县供电公司提供的W县水电站2006—2015年历年上网电量汇总表,其2006年至2015年的电量平均值为790,281.6千瓦时,2015年、2017年W县水电站的发电量分别为602,994千瓦时、391,734千瓦时,较平均值减少187,287.6千瓦时、398,547.6千瓦时。W县水电站请求赔偿上述两年的损失有事实依据,亦不存在超过诉讼时效的情形。W县政府认为2015年10月1日之前的损失不应予以赔偿的上诉理由不能成立,不予支持。

实务要点

取水权纠纷法律性质分析

取水权纠纷在实践中常涉及政府与企业、个人之间的利益冲突,尤其是在水资源有限的地区,取水行为可能会对下游住户产生影响。根据《水法》及相关法律法规,取水权不仅关乎公共利益,还涉及单位或个人的合法权益。因此,取水权纠纷的性质常常成为法律实践中的一个重要问题。在许多情况下,取水权纠纷涉及的主体是水电站、地方政府或水利部门与使用水资源的其他单位或个人。如何确定这种纠纷是否属于民事诉讼或行政诉讼,是法院审理的关键。

1. 取水权的法律属性

(1)取水权的性质。

根据《水法》第28条的规定,单位和个人有权使用水资源,但不能损害他人的合法权益。因此,取水权不仅是单纯的水资源使用问题,它涉及对水资源的合理分配问题。这种权利的使用需要符合国家的水资源管理政策,并尊重下游使用者的合法权益。

具体到本案,原告W县水电站取得了取水许可证,并在法律许可范围内行使其取水权,从事水力发电。被告W县政府与钟某某的取水行为,涉及的是自来水厂建设和运营的水源取水,这直接影响到W县水电站的取水量及发电量。因此,取水权争议本质上是一种物权纠纷,即某一方使用水资源影响到了另一方的合法利益,需要通过民事途径进行调整。

(2)取水权的冲突焦点。

取水权的冲突往往发生在上游与下游之间,尤其是在水资源较为紧张或水利设施布局密集的地区。此类争议通常涉及两个方面:一方面,水资源的取水行为是否符合合理使用原则;另一方面,水资源的使用是否侵害了其他水资源利用者的合法权益。

在本案中,W县政府建设的饮用水源取水点影响了W县水电站的水量,导致该电站的发电量减少。因此,原告提起诉讼,要求W县政府和钟某某进行赔偿,这实际上是对取水权利用与水资源分配冲突的一种民事调解。法院必须考虑各方的利益,权衡水资源的合理利用与保护。

2. 取水权纠纷属于民事纠纷还是行政纠纷

(1)行政行为与民事行为的区分。

在讨论取水权纠纷的性质时,首先要厘清"行政行为"与"民事行为"。根据《行政诉讼法》第2条的规定,行政行为指的是行政机关及其工作人员行使行政职权,实施行政管理、监管、处罚等行为。通常,行政行为是基于法律的规定或行政命令,具有行政管理性质。

然而,本案中的争议源于W县政府作为地方政府单位,在履行其公共服务职能过程中,与W县水电站产生了对水资源使用的利益冲突。虽然W县政府在一定程度上代表政府职能,但其建设饮用水源取水点的行为更多的是为了满足地方的自来水供应需求,而非直接进行行政管理或执法活动。这种行为具有明确的经济性质,属于民事法律行为,即政府与W县水电站之间的权利义务关系应当通过民事诉讼途径解决。

(2)民事诉讼的适用。

根据《民事诉讼法》第3条的规定,民事诉讼是指公民、法人或其他组织之间的民事权利和义务争议的解决程序。在本案中,原告与被告之间的纠纷是由于W县政府建设取水点所导致的水资源利用冲突。此纠纷直接关系到水资源的使用与管理,涉及W县水电站的经济利益和合法权益的保障。因此,法院判定此纠纷为民事纠纷,并非行政纠纷。

此外,《水法》明确规定,单位和个人发生的取水纠纷,首先应当通过协商解决,协商不成可以申请调解或提起民事诉讼。因此,即便取水行为涉及政府的行为,但由于双方在取水问题上存在经济利益冲突及合法权益保护问题,法院认为该纠纷属于民事纠纷,并予以受理。

3. 取水权纠纷的民事处理

(1)《水法》与《民法典》的适用。

取水权纠纷涉及的是物权的行使问题。《水法》明确规定,在取水、用水的过程中,不能损害公共利益和他人的合法权益。因此,本案的处理不仅需要考虑对公共利益的保护,也需要充分考虑水电站作为水资源合法使用者的权益。

民事法院在处理类似案件时,会根据《民法典》以及《水法》的相关规定,综合评估损害后果、损失的赔偿标准等因素,从而作出适当的裁决。本案法院在判定W县政府承担部分赔偿责任时,充分考虑了水资源的合理利用与保护,确定了其赔偿的责任比例。

(2)水资源管理与民事赔偿的平衡。

本案还体现了法院在水资源管理中的平衡考虑。取水行为的实施是为了满足公众的基本需求(如饮用水供应),但也应当遵循不损害下游使用者权益的原则。在这类纠纷的判决中,法院需要在保障公共利益的同时,确保下游水资源使用者的合法权益不被侵犯。

综上,尽管取水权的行使涉及政府职能,但争议是基于双方的民事权利和义务产生的,该纠纷仍为民事纠纷。取水行为产生的经济利益冲突应通过民事诉讼途径进行解决。

诉讼时效应当如何认定

被上诉人提出诉讼时效抗辩,认为上诉人已超过法定的时效期限。根据《民法典》的规定,侵权行为的诉讼时效为3年,通常自权利人知道或应当知道其权利受到侵害之日起计算。对于行政行为造成的损失,诉讼时效的起算时间可能会有所不同。在本案中,诉讼时效的认定涉及上诉人提出民事赔偿请求的时间是否符合法定的诉讼时效规定的问题。诉讼时效是法律赋予当事人行使诉权的期限,超过该期限后,法院一般不再受理当事人的诉讼请求,除非发生了符合法定的中止、延长或中断的情形。因此,如何准确把握诉讼时效的起算点、时效期间及其法律后果,对于案件的最终裁判至关重要。

1. 诉讼时效的起算点

诉讼时效的起算点通常是从当事人知道或应当知道其权益受到侵害的时刻开始。在本案中,若上诉人认为其权益受到了行政行为的侵害,则需要判断"知道或应当知道"这一时间节点。对于行政行为的民事赔偿请求,通常情况下,诉讼时效从行政行为实施的时刻或上诉人知晓该行为的时刻开始计算。例如,假设上诉人因为行政机关的错误决定造成了经济损失,诉讼时效通常从上诉人知晓该决定的具体内容,并意识到该决定对自己造成了损害的那一刻起算。如果行政机关的决定被公告或正式送达,那么上诉人通常会在公告或送达的时间点得知该行政行为的内容和可能的法律后果,这一时间点即为诉讼时效的起算点。

2. 诉讼时效的期间

根据《民法典》的相关规定,通常的诉讼时效为3年。然而,在行政行为的赔偿案件中,特别是涉及政府部门的行政行为时,诉讼时效的计算也可能受到特殊规定的影响。具体的诉讼时效期间可能会依据不同的法律关系有所不同。例如,某些情况下,损害赔偿的诉讼时效可以从损害后果的发生时起算,而不是行政行为实施的时间。

在本案中,若上诉人认为行政机关的错误决定是在一定时间内导致了损害,并且上诉人可以证明损害发生的时间点,那么诉讼时效的起算可能从该损害发生的时间点开始。例如,假如上诉人未能立即感知到损害,且行政行为的实际影响是在未来的某一时刻才显现出来,那么法院可能会根据实际损害发生的时刻来确定诉讼时效的起算点。

3. 诉讼时效的中断与延长

诉讼时效虽然有严格的期限,但在某些情况下可以中断或延长。例如,如果当事人在诉讼时效期间提出了诉讼,或者在法律上存在一定的障碍(如行政机关未能履行公告义务等),那么诉讼时效可能会中断或延长。对于上诉人来说,如果能够证明由于特殊原因未能及时提起诉讼,则法院可能会考虑中止诉讼时效的计算。在本案中,如果上诉人因为某些客观原因未能及时提起诉讼(如无法及时得知行政行为的具体影响,或者行政机关未能履行公开通知义务等),可能存在诉讼时效中断或延长的情形。这时,法院将评估相关证据,决定是否延长诉讼时效的期限。

4. 特殊情况的适用

在某些特殊情况下,诉讼时效可以被暂停或延长。例如,如果上诉人因不可抗力无法提起诉讼,或因其他法律程序的延误导致无法及时提出索赔请求,那么诉讼时效期限可能会受到特殊规定的影响。此外,如果行政机关对行政行为进行了隐瞒或未及时告知相关信息,法院也可能认定诉讼时效的起算点应当延后,直到上诉人能够合理地知晓该行为及其后果。例如,假设本案中行政机关未按时向上诉人送达决定或未能公开其行政行为,这可能导致上诉人无法知晓其权利被侵犯。法院可考虑根据这种情况调整诉讼时效的起算点,延长诉讼时效的期限,以保障上诉人获得公正的审判。

5. 诉讼时效的法律后果

如果上诉人未能在法定诉讼时效内提起诉讼,法院通常会驳回其请求,并认为其丧失了通过法院维护自己权益的机会。为了避免这一后果,上诉人在提起诉讼时应当尽早评估诉讼时效的起算点,确保其诉讼请求在法定期限内提出。

> **法律依据**

1.《水法》(2016年修正)

第二十一条第一款 开发、利用水资源,应当首先满足城乡居民生活用水,并兼顾农业、工业、生态环境用水以及航运等需要。

第二十八条 任何单位和个人引水、截(蓄)水、排水,不得损害公共利益和他人的合法权益。

第五十七条 单位之间、个人之间、单位与个人之间发生的水事纠纷,应当协商解决;当事人不愿协商或者协商不成的,可以申请县级以上地方人民政府或者其授权的部门调解,也可以直接向人民法院提起民事诉讼。县级以上地方人民政府或者其授权的部门调解不成的,当事人可以向人民法院提起民事诉讼。

在水事纠纷解决前,当事人不得单方面改变现状。

第七十六条 引水、截(蓄)水、排水,损害公共利益或者他人合法权益的,依法承担民事责任。

2.《行政诉讼法》(2017年修正)

第二条 公民、法人或者其他组织认为行政机关和行政机关工作人员的行政行为侵犯其合法权益,有权依照本法向人民法院提起诉讼。

前款所称行政行为,包括法律、法规、规章授权的组织作出的行政行为。

第五节 采矿权纠纷

一、Y市村委会与F市工程公司采矿权纠纷

案情简介[①]

一审被告、二审上诉人:Y市村委会

---

① 参见广东省阳江市中级人民法院(2017)粤17民终720号民事判决书。

一审原告、二审被上诉人：F市工程公司

2013年1月28日，Y市村委会（甲方）将X河段及位于X河段的所有沙洲承包给F市工程公司（乙方）开挖河砂，双方签订一份《承包合同》，合同约定：甲方将本村辖区内河段以及所有沙洲承包给乙方开挖河砂，乙方对河砂资源自由使用，合理开挖，自负盈亏；辖区内河段用红线图标明东西南北界线，具体为东至大朗垌洲为界，西至桐塘洲为界，南至漠江河中为界，北至X村三仙官对出300米为界，从旧洲仔尾至人命洲，洲地河边对出30米范围内的河道洲为协商承包开采河砂范围；承包合同年限为6年（从2013年1月28日起至2019年1月28日止）；总承包款为6,000,000元，在本合同签订生效之日起3日内，乙方向甲方支付保证金600,000元，余下5,400,000元，于乙方办齐全部开采河砂许可证照后7日内一次性支付全部租金，因乙方无法办理开采河砂证照的，甲方视乙方自行解除合同，保证金由乙方自行处理；甲方提供该村民委员会辖区管理河段范围内的河砂使用红线图并加盖村民委员会公章确认；村民委员会出具村民同意《承包合同》内容的同意表决书（村民同意表决书）；在承包期间，甲方依合同办事，不得以任何理由阻止或有碍乙方的正常经营生产运作，不得随意终止合同，甲方要为乙方提供全方位便利，如开具相关证明，提供相关资料，积极协助办理开采河砂业务手续；在承包期间不允许其他任何单位或个人对已经承包给乙方的该村辖区河段开挖河砂，如出现纠纷，村委会全体村民要负责全面制止及处理，不得影响乙方正常生产，等等。《承包合同》签订后，F市工程公司于2013年2月1日支付保证金60万元给Y市村委会。之后，F市工程公司认为Y市村委会收到保证金至今仍未按合同约定向其提供加盖村委会公章确认的该村委会辖区管理河段范围内的河砂使用红线图以及出具村民同意《承包合同》内容的表决书，遂向一审法院提起本案的诉讼。诉讼中，Y市村委会主张F市工程公司的实际投资人是叶某华和龙某祥，且龙某祥多次以办理河道采砂许可证为由已向Y市村委会取回合同款合计45万元，对此，Y市村委会未能提供证据。Y市村委会在2015年行政区域变更前是Y县H镇X村民委员会。F市工程公司的经营范围为河道疏浚工程、土方工程，F市工程公司明确表示公司目前尚未具备经营河砂开采的条件。

一审被告、二审上诉人 Y 市村委会诉称:(1)一审认定《承包合同》无效,并判令退还保证金 60 万元及利息,是认定事实及适用法律错误,应予改判。《承包合同》第 4、5 条明确约定,F 市工程公司需要办理河砂开采许可证及缴纳一切需要缴纳的国家资源税费。由此可见,Y 市村委会及 F 市工程公司都清楚河砂属于国家矿产资源,不能擅自处置,故在合同中特别约定需经管理部门批准后方能开采,否则可解除合同,因此,《承包合同》并非关于河砂的处置。《承包合同》第 5 条约定 Y 市村委会的义务是协助 F 市工程公司处理纠纷、保证道路畅通及解决堆砂场地,故 Y 市村委会并非将河砂开采权发包给 F 市工程公司。据此,《承包合同》不涉及将河砂采矿权发包给 F 市工程公司,本案合同仍在有效期限内,而办理河砂开采证属于 F 市工程公司的义务,一审认定合同无效没有事实与法律依据。

(2)F 市工程公司已在 Y 市村委会共取回合同款项 45 万元,一审不予认定是错误的。虽然《承包合同》是以 F 市工程公司的名义签订的,但实际的经营者是叶某华(F 市工程公司法定代表人周某娟的丈夫)与龙某祥,叶某华负责出资,龙某祥负责办证,叶某华与龙某祥是合伙关系。鉴于河砂开采不能以自然人的名义进行,叶某华、龙某祥遂以 F 市工程公司的名义与 Y 市村委会签订合同。合同签订后,叶某华、龙某祥多次以办理河道采砂许可证为由在 Y 市村委会处取回款项,其中于 2013 年 2 月 20 日取回 19 万元、2013 年 2 月 21 日取回 15 万元、2013 年 2 月 27 日取回 11 万元,合计 45 万元,对该事实,有 Y 市村委会申请出庭作证的证人可证实。在一审庭审过程中,F 市工程公司主张叶某华不认识龙某祥,但叶某华为办理河道采砂许可证多次汇款给龙某祥。因此,叶某华与龙某祥是合伙关系,其以办理河道采砂许可证为由多次在 Y 市村委会领走合同款,Y 市村委会在一审中已向法院申请追加与该案处理结果有利害关系的龙某祥为第三人参加诉讼,但一审未予采纳,据此,一审认定 F 市工程公司通过龙某祥多次以办理河道采砂许可证为由向 Y 市村委会取回合同款 45 万元缺乏理据,是错误的,应予纠正。

一审原告、二审被上诉人 F 市工程公司辩称:(1)一审认定事实清楚,适用法律正确,《承包合同》属于违法的合同,违反了法律强制性规定,因此无效,故

Y市村委会收取F市工程公司的60万元款项应予返还。(2)Y市村委会称F市工程公司已取回45万元没有事实依据,Y市村委会没有提供证据予以证明,且其陈述的龙某祥也与F市工程公司没有任何关系,Y市村委会与龙某祥之间的关系应由Y市村委会与龙某祥自行解决,与本案没有任何关系。故对Y市村委会的上诉请求,二审应予驳回。

一审法院认为:本案中,F市工程公司与Y市村委会所签订的《承包合同》的内容明确表明,Y市村委会将其辖区内河段以及所有沙洲的河砂采矿权出租给F市工程公司开挖河砂,由F市工程公司取得对河砂的所有权,而不是Y市村委会所主张的并未将河砂采矿权承包给F市工程公司。2009年《矿产资源法》第3条①规定,"矿产资源属于国家所有,由国务院行使国家对矿产资源的所有权。地表或者地下的矿产资源的国家所有权,不因其所依附的土地的所有权或者使用权的不同而改变……禁止任何组织或者个人用任何手段侵占或者破坏矿产资源……"原《民法通则》第81条第4款规定,"国家所有的矿藏、水流,国家所有的和法律规定属于集体所有的林地、山岭、草原、荒地、滩涂不得买卖、出租、抵押或者以其他形式非法转让"。因此,本案Y市村委会和F市工程公司约定将Y市村委会辖区内河段以及所有沙洲的河砂采矿权出租给F市工程公司开挖河砂,违反了上述法律的强制性规定。根据原《合同法》第52条(已失效)的规定,"有下列情形之一的,合同无效:……(五)违反法律、行政法规的强制性规定",故F市工程公司与Y市村委会所签订的《承包合同》无效。

根据原《合同法》第58条"合同无效或者被撤销后,因该合同取得的财产,应当予以返还……"的规定,故Y市村委会已收取F市工程公司的保证金60万元,依法应予返还并支付该款的利息。对于Y市村委会主张的F市工程公司已通过龙某祥多次以办理河道采砂许可证为由向Y市村委会取回合同款合计45万元,缺乏理据,应不予采纳。

二审法院认为:Y市村委会与F市工程公司签订《承包合同》,约定Y市村委会将该村辖区内河段以及所有沙洲发包给F市工程公司开采河砂,故本案属

---

① 现对应2024年修订《矿产资源法》第4条。

于采矿权纠纷。本案争议的焦点问题是 Y 市村委会与 F 市工程公司签订的《承包合同》的效力应如何认定。河砂属于国家所有,河道采砂许可只能由有许可权的水行政主管部门通过招标等公平竞争的方式作出决定,由有许可权的水行政主管部门与中标人订立河砂开采权出让合同,任何组织和个人不得非法采砂。Y 市村委会并非涉案河砂的所有权人,亦无权决定河砂开采事项;F 市工程公司在签订合同前后均不具备经营河砂开采的权限。Y 市村委会主张双方在《承包合同》中约定 F 市工程公司需要办理河砂开采许可证及缴纳一切需要缴纳的国家资源税费,故合同不涉及将河砂开采权发包给 F 市工程公司。但双方签订的《承包合同》清楚载明 Y 市村委会将其辖区内河段以及所有沙洲发包给 F 市工程公司开采河砂;双方签订合同的目的明确,即由 F 市工程公司对 Y 市村委会辖区内的河段及沙洲进行河砂开采。合同条款不足以否定 Y 市村委会将属于国家所有的河砂发包给 F 市工程公司开采的目的,一审认定 Y 市村委会与 F 市工程公司签订的《承包合同》违反了法律禁止性规定正确,该合同无效,因合同无效取得的财产,应当予以返还。

实务要点

采矿权的法律属性问题分析

本案涉及的是采矿权纠纷,具体是关于 Y 市村委会与 F 市工程公司签订的《承包合同》是否有效的争议。合同的核心内容是将 Y 市村委会辖区内的河段及沙洲的河砂采矿权出租给 F 市工程公司进行开采。法院最终判定该合同无效,并要求 Y 市村委会返还 F 市工程公司已支付的保证金及利息。这一判决深刻体现了采矿权作为国家资源的法律属性,以及相关法律对采矿权转让、出租的严格限制。

1. 采矿权的法律性质

采矿权是指国家对矿产资源进行管理、开发、利用的一项权利。根据我国的法律制度,矿产资源属于国家所有,任何单位或个人不得擅自转让、买卖或出租采矿权。采矿权的设立和转让必须严格遵循国家的相关法律规定。

（1）矿产资源的国家所有权。根据《矿产资源法》第4条的规定，矿产资源属于国家所有，任何单位和个人不得非法侵占、转让、买卖或处置矿产资源。矿产资源的所有权归国家所有，而地表或地下的矿产资源所有权与土地的所有权或使用权是分离的。这意味着，尽管某一地区的土地或沙洲属于集体或个人所有，但该地区的矿产资源（包括河砂）依然属于国家所有，不能私自处置或转让。

（2）采矿权的转让限制。采矿权并非绝对自由的权利。根据《矿产资源法》及相关行政法规，采矿权的转让必须经过国家相关部门的审批，且转让的过程必须合法、公正。具体到本案，河砂作为矿产资源，其开采和转让需要由有许可权的主管部门进行审批。法律禁止任何单位或个人以非正当方式转让采矿权，防止资源的滥用和非法开发。

（3）矿产资源的开发与许可制度。采矿权的获得通常伴随有合法的行政审批程序。在我国，矿产资源的开采须经过相关部门的审批，并依法发放采矿许可证。对于河砂这种特殊的矿产资源，还需要符合水利、环境等多方面的法律要求。任何未经过合法程序、未取得相关许可证的开采活动，都属于非法采矿行为。

2. 本案合同无效的法律依据

（1）合同内容违反法律强制性规定。本案中，F市工程公司与Y市村委会签订的《承包合同》约定，村委会将其辖区内河段及沙洲的河砂采矿权出租给F市工程公司进行开采。这一合同明显违反了《矿产资源法》和原《民法通则》中的禁止性规定。河砂作为矿产资源，其所有权归国家所有，任何单位或个人不得擅自转让采矿权。因此，合同内容中的"出租采矿权"部分违反了国家对矿产资源所有权的法律规定，构成了合同无效的原因。

（2）非法转让矿产资源采矿权的法律后果。根据原《合同法》第52条，合同无效的情形包括"违反法律、行政法规的强制性规定"。在本案中，Y市村委会虽然是该村辖区内的集体经济组织，但其并不拥有对河砂的采矿权。合同中约定的"出租河砂采矿权"并不具备合法性，因此，法院依法判定该《承包合同》无效，并要求Y市村委会返还已收取的60万元保证金。

（3）矿产资源的合同无效后财产返还问题。根据原《合同法》第58条的规定,合同无效或被撤销后,因该合同取得的财产应当返还。在本案中,Y市村委会已收取了F市工程公司支付的60万元保证金,且因合同无效,这笔款项需要返还。法院的判决符合合同无效后的法律要求,即返还因合同无效而产生的财产,并支付相应的利息。

3. 对采矿权转让和承包的法律审查

(1)合同的性质及约定的非法性。本案的《承包合同》明确约定Y市村委会将其辖区内的河段及沙洲的河砂采矿权承包给F市工程公司,但合同中的相关条款并未考虑到采矿权的法律性质。尽管该合同中提到,F市工程公司须办理开采许可证和缴纳资源税等,但这并未改变合同本身的非法性质。即便双方当事人明确表示合同的履行依赖取得合法采矿许可证这一条件,但合同的根本内容——将采矿权出租给他人——依然违反了矿产资源的管理规定。因此,该合同被法院认定为无效。

(2)不具备采矿权的单位或个人签订的合同无效。本案中,合同的另一问题是签订合同的单位——Y市村委会,事实上并不具备合法的采矿权。村委会仅是土地的使用者或管理者,而矿产资源的开采权归国家所有,需要由国家授权的单位来管理和监督。在没有经过相关主管部门审批的情况下,任何单位或个人都不能直接对矿产资源(如河砂)进行转让或出租。因此,合同签订方如果没有合法的采矿权,其签订的合同在法律上应当被视为无效。

(3)合法采矿权的管理与转让。根据我国的矿产资源管理制度,合法的采矿权转让必须经过相关主管部门的审批,且必须遵循公开、公正、公平的原则。在实际操作中,采矿权的转让涉及多个环节,包括环境影响评估、资源储量确认、开采计划审批等,而这些环节往往被纳入政府监管范围。因此,任何超越法律规定的合同转让行为都会面临无效的风险。

本案反映出了采矿权的特殊法律属性,即采矿权的拥有者必须是国家或由国家授权的单位,且采矿权的转让必须依法进行。任何违反这一法律规定的合同都将被认定为无效。法院在本案中严格按照《矿产资源法》和原《合同法》的规定,认定Y市村委会与F市工程公司签订的《承包合同》无效,并要求返还款项。这一判决不仅强化了矿产资源管理的法治观念,也为合同签订方提供了警示,尤其是在涉及国家资源的转让或利用时,必须严格遵守相关法律规定。

法律依据

1.《矿产资源法》(2024年修订)

第四条 矿产资源属于国家所有,由国务院代表国家行使矿产资源的所有权。地表或者地下的矿产资源的国家所有权,不因其所依附的土地的所有权或者使用权的不同而改变。

各级人民政府应当加强矿产资源保护工作。禁止任何单位和个人以任何手段侵占或者破坏矿产资源。

第五条 勘查、开采矿产资源应当依法分别取得探矿权、采矿权,本法另有规定的除外。

国家保护依法取得的探矿权、采矿权不受侵犯,维护矿产资源勘查、开采区域的生产秩序、工作秩序。

2.《民法典》(2021年施行)

第一百四十四条 无民事行为能力人实施的民事法律行为无效。

第一百四十五条 限制民事行为能力人实施的纯获利益的民事法律行为或者与其年龄、智力、精神健康状况相适应的民事法律行为有效;实施的其他民事法律行为经法定代理人同意或者追认后有效。

相对人可以催告法定代理人自收到通知之日起三十日内予以追认。法定代理人未作表示的,视为拒绝追认。民事法律行为被追认前,善意相对人有撤销的权利。撤销应当以通知的方式作出。

第一百四十六条 行为人与相对人以虚假的意思表示实施的民事法律行为无效。

以虚假的意思表示隐藏的民事法律行为的效力,依照有关法律规定处理。

第二百五十条 森林、山岭、草原、荒地、滩涂等自然资源,属于国家所有,但是法律规定属于集体所有的除外。

3.《最高人民法院关于适用〈中华人民共和国民法典〉合同编通则若干问题的解释》(法释〔2023〕13号)

第二十四条 合同不成立、无效、被撤销或者确定不发生效力,当事人请求返还财产,经审查财产能够返还的,人民法院应当根据案件具体情况,单独或者合并适用返还占有的标的物、更正登记簿册记载等方式;经审查财产不能返还或者没有必要返还的,人民法院应当以认定合同不成立、无效、被撤销或者确定不发生效力之日该财产的市场价值或者以其他合理方式计算的价值为基准判决折价补偿。

除前款规定的情形外,当事人还请求赔偿损失的,人民法院应当结合财产返还或者折价补偿的情况,综合考虑财产增值收益和贬值损失、交易成本的支出等事实,按照双方当事人的过错程度及原因力大小,根据诚信原则和公平原则,合理确定损失赔偿额。

合同不成立、无效、被撤销或者确定不发生效力,当事人的行为涉嫌违法且未经处理,可能导致一方或者双方通过违法行为获得不当利益的,人民法院应当向有关行政管理部门提出司法建议。当事人的行为涉嫌犯罪的,应当将案件线索移送刑事侦查机关;属于刑事自诉案件的,应当告知当事人可以向有管辖权的人民法院另行提起诉讼。

二、Y县政府、Y县采砂办与P公司采矿权纠纷

案情简介[①]

一审被告、二审被上诉人、再审申请人:Y县政府

一审被告、二审被上诉人、再审申请人:Y县采砂办

一审原告、二审上诉人、再审被申请人:P公司

2006年,Y县政府决定以拍卖的方式出让Y县水域5、6、7、8号4个采区的

---

① 参见最高人民法院(2011)民再字第2号民事判决书。

采砂权。Y县采砂办制作并在"中国投资在线"网站上登载了《Y县砂石开发招商引资推介书（鄱阳湖采砂开发项目）》（以下简称《推介书》）。为配合招商引资，采砂办工作人员编写了《JY采区2006年采砂可行性报告》（以下简称《可行性报告》），对采砂权的投资前景，包括运作营利方式、设备投入、人员配置、效益等方面作了详细的分析预算。该《可行性报告》在投资风险一栏中指出，采砂存在政策风险、市场风险和自然风险。自然风险为如果遇上枯水年，会对开采期造成较大影响。

2006年4月17日，J水利厅作出赣水政法字（2006）24号批复，主要内容为："原则同意2006年Y县部分水域河道采砂开采权拍卖方案。拍卖可采期限为2006年5月1日至2006年12月31日，控制采砂船为38条，年控制开采总量为2320万吨。"该批复附件载明，Y县6、7、8号采区年控制采量1740万吨。

采砂办委托S拍卖有限公司负责本次采砂权出让事宜，双方作出的《拍卖会标的清单》和《拍卖会特别约定》，约定起拍价为4068万元、买受人承担的采区工作费用为25.2万元、按核定采砂船1000元/月/艘收取；税费为3550万元，包括应缴的国家税收、河道采砂管理费和矿产资源补偿费。2006年4月26日，P公司以4678万元竞得采砂权。随后，P公司陆续向Y县非税收入管理局缴纳了8228万元。2006年5月10日，采砂办与P公司签订《Y县6、7、8号采区采砂权出让合同》（以下简称《采砂权出让合同》）。

自2006年7月以后，J持续高温干旱天气，降雨偏少，长江江西段出现同期罕见的枯水位，鄱阳湖水大量流入长江，水位急剧下降，出现自20世纪70年代初期以来罕见的低水位。2006年8月18日，因鄱阳湖水位过低造成运砂船难以进入采区，P公司被迫停止采砂。

2007年8月，P公司向J高级人民法院提起诉讼，请求解除其与采砂办签订的《采砂权出让合同》，并要求采砂办、Y县政府依照合同约定补足135天的采期并提供全部税费发票，如采砂办、Y县政府不能补足采期，则应退还P公司多支付的拍卖成交款4727万元（含税费），诉讼费用由采砂办、Y县政府负担。一审庭审中，P公司撤回了补足135天采期的诉讼请求。

再审申请人认为：（1）原审判决认定事实错误。①原审判决以《推介书》

《可行性报告》为依据认为《采砂权出让合同》约定的年控制采量为1740万吨并非合同双方当事人真实意思表示，认定本案讼争合同为限时不限量合同，没有事实依据，且违反法律规定和基本法律原理。②根据P公司提供的J水文局《湖口水道星子站1970—2006年逐日平均水位表》的记载，2006年出现的13.05米水位既不是36年来的最低，也不是"罕见"的低水位，更不构成所谓"自然灾害"，而且P公司采砂的100天属于正常的采砂天数，并未由于遭遇"自然灾害"而使其采砂天数不合理地少于其他年份。原审判决关于"2006年鄱阳湖遭受36年未遇的自然灾害"的认定，依据不足。③原审判决关于P公司采砂量为2306.7015万吨的认定并非该公司的实际采砂数量，其实际采砂量将远高于上述数额。P公司不但未亏损，还有数额较大的盈利。P公司主张该公司遭受"巨额亏损"，对此负有举证责任。原审在P公司未完成举证责任的情况下认定"P公司形成巨额亏损"，缺乏依据。

(2)原审判决适用公平原则和情势变更原则判令Y县政府、采砂办退还采砂权出让款，适用法律错误。①本案中P公司根本不存在亏损，公平原则没有适用的前提。而且，原审判决不考虑P公司的实际采砂量，仅根据合同的约定计算P公司的收益，判决Y县政府、采砂办退还合同款，使P公司一方面获得远超过合同约定的非法收益，另一方面获得政府退还的合同价款，适用公平原则的结果是造成了实质上的不公平，并造成国家矿产资源被非法开采、国有资产严重流失的恶果。②本案不具备适用情势变更原则的条件。第一，如前文所述，2006年鄱阳湖的水文情况基本正常，所谓低水位并非不能预见。第二，所谓"鄱阳湖罕见低水位"这一"情势变更"发生于2006年8月18日，此时合同已经履行完毕。"罕见低水位"并未发生于合同成立之后，履行完毕之前，因此也不存在履行合同对当事人不公平的情形。

再审被申请人认为：(1)原审判决认定事实清楚，证据充分，申请再审人主张"原审判决认定《采砂权出让合同》系限时不限量合同是错误"的观点依法不能成立。①按照《推介书》和《可行性报告》的计算方法，采砂1740万吨的收入只有4176万元，这与采砂权拍卖款显然不成比例，意味着只要中标就会遭受巨额亏损。另外，在实施采砂权出让制度后，Y县政府对采砂量从未进行过任何限制,对超过限量部分的采砂行为也未曾予以制止。因此,原审认定1740万吨的年控制采量不是双方当事人的真实意思表示,《采砂权出让合同》系限时不限量合同正确。②根据J水文局档案资料的记载,2006年8月18日湖口水道星子站日平均水位为13.05米,该水位自1970年以来一般出现在10月下旬以后,而且水位一直未回升到可供开采水位,而其他年份低水位持续时间短,很快又回升到可供开采水位。因此,2006年低水位持续的时间是36年以来从未发生的,是当事人在订立合同时无法预见的。③在本案一审、二审以及再审中双方当事人对P公司采砂亏损的事实没有异议,J市、Y县相关领导与P公司法定代表人张某签署的《关于Y县与P公司采砂权出让合同纠纷一案的座谈会议纪要》,对此予以认可。实际上P公司的损失至少5961.17万元。

（2）原审判决适用法律正确。2006年鄱阳湖遭受36年未遇的罕见低水位导致P公司提前结束采砂,该客观情况与P公司的亏损具有直接的因果关系,且该客观情况是P公司在订立合同时无法预见的,不属于商业风险,在此情况下仍按原合同履行,对P公司极不公平,也不符合合同法的公平原则。而且,如上文所述,P公司所取得的是不限量采砂权,出现罕见低水位的2006年8月18日,仍在合同履行期内。因此,原审适用情势变更原则判决Y县政府、采砂办退还P公司部分采砂权出让款符合民法基本原则,是对双方当事人均比较公平的一种选择。综上,请求维持原审判决。

一审法院认为：根据《采砂权出让合同》第1条有关年控制采量以及第10条有关实际可采期限的约定,P公司的采砂权要受到采量和采期的双重限制,即在Y水域水位可供采砂作业的情况下,P公司的采量上限为1740万吨,一旦达到该采量P公司就应停止开采,合同履行完毕;在Y水域水位因季节、气候变化自然下降导致采砂泵船、运砂船无法作业时,即使P公司的采量尚未达到1740万吨,P公司也只能停止开采,合同权利义务终止。关于P公司提出该条款表明其取得的采砂权只受采期限制、不受采量限制的诉讼主张,不予采信。

截至2006年8月18日停止采砂作业时,P公司的采砂量为2306.7015万吨,已经超出了《采砂权出让合同》约定的1740万吨年控制采量。故《采砂权出让合同》在2006年8月18日之前即因采量达到合同约定而履行完毕,在合同履行完毕以后发生的无水供采现象,不论是否属于不可抗力均不能构成解除合同的理由,故 P 公司提出的因不可抗力致使部分采砂权益没有实现,要求解除《采砂权出让合同》的诉讼请求,不予支持。况且,即使如 P 公司所称,本案 1740 万吨砂石开采权的收益与 8228 万元的合同价款不构成合理对价,因其投标竞拍是期望取得一定期限的采砂权,那么 P 公司取得采砂权后,为获取经济利益其必然会违反 J 水利厅批复文件的限制进行超量开采,P 公司的该合同目的具有不法性。根据民法的不法原因给付理论,P 公司在不法合同目的无法实现的情况下诉求返还已经支付的部分合同价款,法律不应给予保护。关于 P 公司诉求提供税票的问题,因《采砂权出让合同》未作约定,故不属于本案审理范畴。

二审法院认为: Y 县采砂办通过公开拍卖的方式与 P 公司签订的《采砂权出让合同》系当事人的真实意思表示,合同内容不违反法律、行政法规的禁止性规定,应认定为合法有效。

P 公司关于 1740 万吨的采砂限制并不是 P 公司和采砂办的真实意思表示,《采砂权出让合同》系限时不限量合同的主张,法院予以支持。在实际履行合同过程中,作为采砂的监管部门,采砂办并未对 P 公司的采量加以监管和限制,在本案一审、二审过程中也未能提供 P 公司采砂的具体数字、采量到达 1740 万吨的具体时间及此后采取了何种管理措施的证据,表明其对 1740 万吨的采砂限量并不真正关心,该行为可以间接证明《采砂权出让合同》并非真实的限量合同。

公平原则是当事人订立、履行民事合同所应遵循的基本原则,《最高人民法院关于适用〈中华人民共和国合同法〉若干问题的解释(二)》第 26 条的规定中就有所体现。本案中,P 公司所享有的 Y 段采砂权虽然是通过竞拍方式取得的,但竞拍只是 P 公司与采砂办为订立《采砂权出让合同》所采取的具体方式,双方之间的合同行为仍应受原《合同法》的调整。P 公司在履行本案《采砂权出让合同》过程中遭遇鄱阳湖 36 年未遇的罕见低水位,导致采砂船不能在采砂区域作业,采砂提前结束,未能达到《采砂权出让合同》约定的合同目的,形成巨额亏损。这一客观情况是 P 公司和采砂办在签订合同时不可能预见到的,P 公司的损失也非商业风险所致。在此情况下,仍旧依照合同的约定履行,必然导致采砂办取得全部合同收益,而 P 公司承担全部投资损失,对 P 公司而言是不公平的,有悖于原《合同法》的基本原则。P 公司要求采砂办退还其部分合同价款实际是要求对《采砂权出让合同》的部分条款进行变更,实际上符合原《合同法》和上述司法解释的规定。

再审法院认为:《采砂权出让合同》虽然约定年控制采砂量为 1740 万吨,但这是不是双方当事人的真实意思表示,P 公司竞拍取得的采砂权是不是受年控制采量的限制,是双方当事人所争执的关键问题。从本案以下基本事实分析,原审判决认为合同关于年控制采砂量为 1740 万吨的约定并非双方当事人的真实意思表示,《采砂权出让合同》系限时不限量合同,并无不当。

P 公司是因为遇到罕见的低水位被迫停止采砂作业,并因而遭受巨额亏损。本案纠纷发生后,J 市、Y 县两级政府也曾承认因为受鄱阳湖水位的影响 P 公司出现严重亏损。如上文所述,本案双方当事人虽然按照行政主管机关的批复约定了年控制采砂量,但所约定的采砂量与合同价款不能形成合理对价,合同双方具有超量采砂的合意。对双方当事人规避行政许可的行为应由相关行政机关予以相应行政处理,而对于 P 公司因履行该合同所遭受的损失,由 P 公司单方承担也不尽公平。

实务要点

合同条款的解释及公平原则的理解适用

在民事合同纠纷中,合同条款的解释是判定争议核心的关键步骤。特别是在像本案这样的情况下,涉及合同的实际履行与合同双方的预期不符,法院需要依照法律规定,合理解释合同条款,并依据公平原则进行裁决。本案中,Y 县政府、采砂办与 P 公司之间的采矿权合同纠纷,涉及的核心问题正是合同条款的解释及公平原则的适用。

1. 合同条款的解释

合同条款的解释是判断合同是否有效及其如何履行的重要依据。本案中,

P公司与采砂办签订的《采砂权出让合同》在执行过程中,因受鄱阳湖罕见低水位的影响,实际采砂时间及采砂量未能达到合同约定的目标,导致P公司要求解除合同并退还部分拍卖款。

合同条款的表述与实际履行。《采砂权出让合同》在条款中明确约定了年控制采量为1740万吨,且约定采砂权的使用期限依水位情况而定,"实际可采期以当年水位不能供采砂船只作业时为准"。从字面上看,这一条款体现了合同双方对采砂期和采量的共识。然而,P公司在合同履行过程中提出,该条款未能真正反映其实际的投资预期,认为合同约定的1740万吨采砂量限制并非双方真实的意思表示,而是为了应对上级政府部门的检查而设立的条款。

对于这一争议,法院首先指出,《推介书》与《可行性报告》显示了双方对合同的预期,即实际采砂量不限,而是以实际情况为依据。P公司基于此进行了投标,期望获得不受采量限制的合同。法院认为,《推介书》和《可行性报告》可以作为合同解释的辅助证据,尤其是《采砂权出让合同》与这些资料之间存在矛盾时。

合同解释中的"真实意思"。根据最高人民法院的审理思路,法院注重从合同背景、双方的交易习惯以及合同订立时的实际情况来分析双方的真实意思。在本案中,P公司虽然在合同中明确同意了采砂量的限制,但从合同履行的实际情况来看,采砂办并未严格监督采量,且《推介书》与《可行性报告》中的投资回报计算假设并未设置采量上限。因此,法院认定,双方在签订合同时对采量并没有形成严格的限制,这一理解符合合同解释的公平原则。

2. 公平原则的适用

公平原则作为民法中的基本原则,强调合同双方应当以公平、诚信为基础进行交易。

公平原则的体现。在本案中,法院充分考虑了双方的公平利益。首先,法院在审理过程中确认,P公司因低水位提前结束采砂,并且未能获得预期的投资回报。这一自然灾害属于不可抗力事件,是P公司在合同签订时无法预见的。因此,继续履行合同对P公司而言显然是不公平的。

其次,法院通过推算实际的采砂时间与收入,发现即便P公司开采了2306

万吨砂石,实际收入仍然无法抵销其支付的全部费用。依照公平原则,法院酌情调整合同,认为采砂办应当退还部分采砂权出让价款,以补偿 P 公司因水位影响而未能完成采砂任务所产生的损失。

3. 法院判决的合适性

法院最终判定,采砂办应当退还 P 公司部分采砂权出让价款,并根据实际采砂期补偿其损失。法院在这一判决中,充分体现了合同条款的解释与公平原则的适用。

合理的合同解释。法院明确了合同条款的含义,结合双方的实际履行情况,认定《采砂权出让合同》并非严格限量合同,而是一个以水位为条件的限时合同,且未能达到合同预期的采砂条件不应由 P 公司单方面承担责任。

公平原则的补偿。在遭遇自然灾害的情况下,法院根据实际损失和公平原则调整了合同履行的结果,要求采砂办退还部分费用,保障了 P 公司的基本利益,避免其因不可预见的自然灾害而承担全部投资损失。

本案通过合同条款的解释和公平原则的适用,体现了法院在民事合同纠纷中的公正审理。合同条款的解释应当依据当事人真实意思、合同背景以及合同履行的实际情况进行,而公平原则的适用则能在遭遇不可预见的自然灾害等特殊情况时,保障双方利益的平衡,避免不公平的后果。最终,法院通过灵活适用合同解释规则与公平原则,为当事人提供了合理的法律救济,体现了我国民事法律体系中的灵活性和公正性。

法律依据

《民法典》(2021 年施行)

第六条　民事主体从事民事活动,应当遵循公平原则,合理确定各方的权利和义务。

第一百一十九条　依法成立的合同,对当事人具有法律约束力。

第一百四十二条　有相对人的意思表示的解释,应当按照所使用的词句,结合相关条款、行为的性质和目的、习惯以及诚信原则,确定意思表示的含义。

无相对人的意思表示的解释,不能完全拘泥于所使用的词句,而应当结合相关条款、行为的性质和目的、习惯以及诚信原则,确定行为人的真实意思。

第四百六十六条 当事人对合同条款的理解有争议的,应当依据本法第一百四十二条第一款的规定,确定争议条款的含义。

合同文本采用两种以上文字订立并约定具有同等效力的,对各文本使用的词句推定具有相同含义。各文本使用的词句不一致的,应当根据合同的相关条款、性质、目的以及诚信原则等予以解释。

第五百三十三条 合同成立后,合同的基础条件发生了当事人在订立合同时无法预见的、不属于商业风险的重大变化,继续履行合同对于当事人一方明显不公平的,受不利影响的当事人可以与对方重新协商;在合理期限内协商不成的,当事人可以请求人民法院或者仲裁机构变更或者解除合同。

人民法院或者仲裁机构应当结合案件的实际情况,根据公平原则变更或者解除合同。

第三章　涉水侵权纠纷

第一节　生命权、健康权、身体权纠纷

一、麦某1、文某某诉G市H区住建局、H区水务工程设施养护所、Z江堤防管理中心、G市水务局、H区水务局生命权、健康权、身体权纠纷

案情简介[①]

一审原告、二审被上诉人：麦某1、文某某

一审被告、二审上诉人：G市Z江堤防管理中心、G市水务局

一审被告：G市H区住建局、G市H区水务工程设施养护所、G市H区水务局

2018年8月20日上午10时许，麦某1、文某某之子麦某2以及另外3个小孩擅自进入D工业园来到园区后方，翻越园区与临水设施之间的一米多隔离围墙，并通过钓鱼者搭建在围墙上的临时爬梯，到N路D工业区筑波搅拌站对面Z江河道游水，4人下水游泳约20分钟，后被一中年男子赶上岸，才离开涉案地回家吃饭。当日13时许，其中一个孩子又叫其他3人去涉案地游水，伍某先下水，其余3人也跟着下水，后麦某2和伍某因溺水死亡。

[①] 参见广东省广州市中级人民法院(2020)粤01民终1565号民事判决书。

上述事故的事发地点位于G市H区N路D工业区筑波搅拌站对面Z江河道。涉案D工业园是围蔽经营,与临水设施之间也设置了一米多高的隔离围墙,外人须横穿工业园,并且翻越围墙才可能到临水设施,该围墙为有效围蔽隔离措施。同时,工业园在围墙边也竖立"此河段水流湍急危险,禁止游泳钓鱼,后果自负"的警示牌。涉案河道沿岸多处均已设立禁游泳的警示牌。原告麦某1、文某某认为,尽管事发地存在警示标志,但堤防周围的围栏存在缺陷,且亲水平台的设置和管理存在重大疏漏,未能有效地防止儿童进入危险区域,故Z江堤防管理中心及G市水务局应对事故负有主要责任。首先,他们指出,事发地点的围栏存在破损、缺口等问题,应该由管理单位定期检查并修复,以确保安全。其次,虽然堤防区域设置了"禁止游泳"的警示标志,但这些警示标志并未起到实际的警示效果,未能有效阻止儿童进入水域,堤防管理单位在设施管理上存在明显疏漏,未能确保公众尤其是未成年人在该区域内的安全。最后,麦某1和文某某认为,Z江堤防管理中心和G市水务局作为管理单位,应当具备更高的安全标准和防护措施,尤其是对可能有儿童进入该区域的潜在风险应该有明确的防范手段。他们认为,虽然该堤防区域可以作为公众休闲区域,但应当明确划定危险区域并提供有效的隔离保护。遂就此事故提起诉讼,诉请被告G市水务局、H区住建局、H区养护所、Z江堤防管理中心要求承担赔偿责任。

一审被告、二审上诉人诉称:水行政管理部门的行政职责是河道水资源管理及防洪,对涉案天然河道不具有对不特定公众的安全保障义务和民事责任,涉案栏杆也不是被告所建,被告未实施侵权行为,对本案后果无任何过错,上诉人的行政管理职能与损害后果没有任何关联,不应承担侵权责任,更不应因上级主管部门身份承担"连带责任"。事实上,本案溺亡事故,是被上诉人监护责任的严重缺失和受害人自身过错造成。法律除了要保障受害者及其家属的合法权利,同时也应保障无过错者的合法权益,不能因同情被上诉人而罔顾事实和法律,从而盲目扩大安全保障责任和连带责任适用范围。

一审原告、二审被上诉人辩称:Z江堤防管理中心、G市水务局作为事发河道的维护管理人,未尽到合理限度的安全保障义务。尽管事发区域有作为围蔽隔离措施的低矮围墙,但其破损程度以及缺口处台阶足以引诱受害人到达亲水平台戏水,有发生溺水事故的可能性,而Z江堤防管理中心、G市水务局缺乏管理未作出起码的警示和防护,即未尽到合理限度的安全保障义务,间接导致事故发生。针对事发河域,Z江堤防管理中心、G市水务局负有安全保障义务。事发河域属于一个危险区域,日人流量大,而此处的围栏破损、没有任何警示标志,Z江堤防管理中心、G市水务局作为职能管理部门,对此负有不可推卸的责任。同时,针对未成年人这一对水域危险性认识不足或控制力差、溺水事件多发的受害群体,在所辖河段存在安全隐患的区域设立清晰、完整的警示标志系其应尽合理限度内的安全保障义务,该防范措施具有合理性及现实性。

一审法院认为: 法院调取的公安笔录等证据证实,事发地点在G市H区N路D工业区筑波搅拌站对面Z江河,在此游泳具有很大的危险性,而死者作为限制民事行为能力的未成年人,对在江边玩水的危险性虽具有一定的认知能力,但仍然属于不能完全正确了解在事发地点玩水会造成的危险性,因此,麦某1、文某某作为监护人,怠于履行监护职责,是致使死者麦某2死亡的主要原因。Z江堤防管理中心提交的G市水务局所属事业单位分类改革方案证实Z江堤防管理中心负责Z江堤防建设和维护工作。虽然Z江堤防管理中心主张其一直依法履行堤防管养的管理职能,而且事发现场已设置有醒目的警示标志与合理的防范措施,但一审法院调取的公安案卷材料中没有证据显示事发前事发现场已设置有醒目的警示标志且护栏完整,Z江堤防管理中心及G市水务局提交的证据也不足以证实事发前事发现场已设置有醒目的警示标志且护栏完整,并且麦某1、文某某提交的新闻报道中也有记者留意到的在岸边护栏的尽头处有一个缺口,连着台阶可以直接走到一个亲水的大石块上的记载及有街坊反映的警示牌是事发之后才挂上的记录。故认定Z江堤防管理中心未尽到必要的安全保障义务,其对麦某2的死亡应负有次要责任。G市水务局是Z江堤防管理中心的上级主管部门,对Z江堤防管理中心未尽到必要的安全保障义务的行为未尽到监管责任,故G市水务局对Z江堤防管理中心应承担的责任应承担连带赔偿责任。目前没有充分的证据证实H区住建局、H区养护所及H区水务局是事发地点的管理人,故麦某1、文某某要求H区住建局、H区养护所、H区水务局承担责任的依据不足,不予支持。根据上述责任分配原则,酌情认定Z江堤防管理中心承担本次事件10%的责任,G市水务局对Z江堤防管理中心应承担的责任应承担连带赔偿责任,麦某1、文某某自行承担90%的责任。

二审法院认为:本案的争议焦点是Z江堤防管理中心、G市水务局对麦某2的死亡应否承担赔偿责任。原《侵权责任法》第37条第1款规定,宾馆、商场、银行、车站、娱乐场所等公共场所的管理人或者群众性活动的组织者,未尽到安全保障义务,造成他人损害的,应当承担侵权责任。Z江堤防管理中心的主要职责是负责Z江堤防建设和维护等,麦某2溺亡的Z江河道系天然河道,河道的现实危险性是众所周知的基本生活常识,本案事发地点并非上列法条规定的公共场所,Z江堤防管理中心亦非群众性活动的组织者,因此其并无法定的安全保障义务,要求其对这种天然风险予以管控并保障自行下水人员的安全,显然不具有合理性,而且Z江堤防管理中心在事发前已在事发现场设置"危险水域,请勿游泳"等警示标志,已尽到安全警示义务。综上,Z江堤防管理中心对麦某2的死亡没有过错,不应承担赔偿责任。G市水务局作为Z江堤防管理中心的上级主管单位,亦不应对麦某2的死亡承担赔偿责任。

事故发生时,麦某2已年满8岁,属于限制民事行为能力人,对于在事发地点玩水的危险性有一定的认识,但对行为后果缺乏充分的认知和预见能力,麦某1、文某某作为麦某2的法定监护人,应切实履行对未成年子女的教育、看管等监护职责,麦某1、文某某监管责任的缺失,致使麦某2溺水死亡,麦某1、文某某应对麦某2的死亡承担全部责任。

实务要点

安全保障义务人在侵权责任中的因果关系问题分析

在本案中,对于安全保障义务人的侵权责任的认定,关键在于判断因果关系链条是否成立,特别是在不作为的情形下,如何认定不作为与损害结果之间的因果关系。

假设存在未尽安全保障义务的行为,即安全保障义务人未采取必要的措施,但该不作为与损害结果的发生之间却没有直接的因果联系,那么相关义务人就不应当承担侵权责任。这种情况下,责任的承担与否依赖是否能够证明该不作为直接导致了损害结果的发生。

一般来说,判断因果关系成立的标准为:如果安全保障义务人已尽到合理的注意义务,且采取了适当的安全保障措施,则损害结果本应不发生。如果没有履行该项作为义务,且该不作为行为与损害结果之间存在因果关系,则行为人需要承担相应的侵权责任。然而,在实际生活中,尽管安全保障义务人已采取了一些措施,但并非所有风险都能被杜绝。以湖边设立安全警示标志为例,这种措施可能有助于提醒公众注意安全,但也很难完全避免如溺水事故之类的意外发生。因此,在判断因果关系时,需要对两个层次的因素进行分析,一方面,要判断该不作为是否必然导致损害的发生。如果安全保障义务人未采取某项措施,该措施的缺失是否构成了损害发生的必要条件。另一方面,还需判断该不作为对损害发生可能性的影响有多大,即不作为是否极大地增加了损害结果发生的概率。

如果不作为是导致损害发生的必要条件,且该不作为显著提高了损害结果发生的可能性,那么行为人应当承担直接责任。根据可预见性规则,如果损害后果是合理可预见的,那么义务人就应当为其可预见的损害后果承担赔偿责任,并且赔偿范围也应当限定于可预见的范围。①

就本案而言,事发地点位于天然河道,并非公共场所,Z江堤防管理中心并不承担法定的安全保障义务,要求其对这种天然风险进行管控并保障自愿下水人员的安全,在合理性上显然存在问题。此外,Z江堤防管理中心在事发前已在现场设置了"危险水域,请勿游泳"等警示标志,表明其已尽到必要的安全警示义务。这些措施表明,Z江堤防管理中心并没有严重失职,因此不应当为此次溺水事故承担赔偿责任。

综上所述,Z江堤防管理中心及其上级机关G市水务局在本案中并未存在过错,对本次死亡事故不应承担赔偿责任。安全保障义务是法律赋予特定主体的、要求其在特定情况下承担的一种保障社会活动参加者人身和财产免遭侵害

---

① 参见王磊:《安全保障义务的解释论展开》,载《现代法学》2024年第3期。

的义务。安全保障义务是一种有限义务,具体为承担义务内容有限和履行义务的措施有限,即义务人只需要在合理限度范围内采取必要的安全保障措施。侵权构成要件应当满足四个条件,即安全保障义务人未尽安全保障义务,他人受损害发生,且两者之间存在因果关系,安全保障义务人对于他人损害发生存在过错。只有以上四个条件同时具备的情况下,安全保障义务人才应当承担侵权责任。

法律依据

《民法典》(2021年施行)

第一千一百六十五条 行为人因过错侵害他人民事权益造成损害的,应当承担侵权责任。

依照法律规定推定行为人有过错,其不能证明自己没有过错的,应当承担侵权责任。

第一千一百七十条 二人以上实施危及他人人身、财产安全的行为,其中一人或者数人的行为造成他人损害,能够确定具体侵权人的,由侵权人承担责任;不能确定具体侵权人的,行为人承担连带责任。

第一千一百九十八条 宾馆、商场、银行、车站、机场、体育场馆、娱乐场所等经营场所、公共场所的经营者、管理者或者群众性活动的组织者,未尽到安全保障义务,造成他人损害的,应当承担侵权责任。

因第三人的行为造成他人损害的,由第三人承担侵权责任;经营者、管理者或者组织者未尽到安全保障义务的,承担相应的补充责任。经营者、管理者或者组织者承担补充责任后,可以向第三人追偿。

第一千二百五十八条 在公共场所或者道路上挖掘、修缮安装地下设施等造成他人损害,施工人不能证明已经设置明显标志和采取安全措施的,应当承担侵权责任。

窨井等地下设施造成他人损害,管理人不能证明尽到管理职责的,应当承担侵权责任。

二、支某1等诉B市Y河管理处等生命权、健康权、身体权纠纷

案情简介[①]

一审原告、二审上诉人:支某1、马某某、支某2、李某某

一审被告、二审被上诉人:B市F区水务局、B市F区Y河管理所、B市水务局、B市Y河管理处

2017年1月16日,B市公安局F分局L派出所接到李某某的110报警,称支某3外出遛狗未归,怀疑支某3掉到冰里了。接警后该所民警赶到现场,在自西向东第二闸门前消力池内发现一男子死亡,经家属确认为支某3。发现死者时Y河拦河闸南侧消力池内池水表面结冰,冰面高度与消力池池壁边缘基本持平,消力池外河道无水。B市公安局F分局于2017年1月20日出具关于支某3死亡的调查结论,主要内容为,经过(现场勘察、法医鉴定、走访群众等)工作,根据所获证据,得出如下结论:(1)该人符合溺亡;(2)该人死亡不属于刑事案件。支某3家属对死因无异议。支某3遗体被发现的地点为Y河拦河闸下游方向闸西侧消力池,消力池系L分洪枢纽水利工程(拦河闸)的组成部分。Y河L分洪枢纽工程的日常管理、维护和运行由B市Y河管理处负责。B市水务局称事发地点周边安装了防护栏杆,在多处醒目位置设置了多个警示标牌,标牌注明管理单位为"B市Y河管理处"。支某3的父母支某1、马某某,妻子李某某和女儿支某2向法院起诉,请求B市Y河管理处承担损害赔偿责任。B市F区人民法院于2019年1月28日作出民事判决:驳回支某1等4人的全部诉讼请求。宣判后,支某1等4人提出上诉。

一审原告、二审上诉人诉称:被上诉人对大坝下的存水疏于采取安全措施,事发河道无人监管,且无明显警示标志,大坝下的存水对周围民众生命安全构成巨大威胁,被上诉人未尽合理限度范围内的安全保障义务,致使支某3溺水

[①] 参见广东省广州市中级人民法院(2020)粤01民终1565号民事判决书。

而亡。现消力池周边进行全封闭管理,而被上诉人未能证明之前也是如此。一审判决认为"安全保障义务系针对经营性公共场所管理人的法定义务"是把责任范围大大缩小,削弱了非经营场所管理人应负的安全保障义务责任,致使责任人侵权而无须承担法律责任和后果,不利于责任人认真履行安全保障义务,更不利于保护受侵害者的合法权益。

一审被告、二审被上诉人辩称:B市F区水务局辩称,支某3的遗体在Y河南侧消力池内被发现,该地点不属于F区水务局和Y河管理所的管辖范围,F区水务局不是本案的适格主体,支某2等4人主张F区水务局承担连带责任没有事实及法律依据。

B市F区Y河管理所辩称,支某3的溺亡地点不是Y河管理所的管理范围,Y河管理所不是适格主体,不同意支某2等4人的上诉请求。

B市水务局辩称,B市水务局只负有行政领导职责,不直接管理河湖,不是本案的适格主体,不同意支某2等4人的上诉请求。

B市Y河管理处辩称,(1)支某3系完全民事行为能力人,应当具备分辨是非、保护自身安全的意识和能力,其死亡系自身过错造成,与Y河管理处无关;(2)事发地点并非公共场所,Y河管理处已经尽到相关的提示、告知和管理义务,其对支某3的死亡不存在过错,不应承担任何责任。

法院认为:本案的主要争议焦点在于支某3溺亡事故发生地点的查实、相应管理机关的确定,以及该管理机关是否应承担侵权责任。

第一,支某3的溺亡地点为Y河拦河闸南侧的消力池内,经查明,B市Y河管理处为Y河拦河闸的管理机关,B市Y河管理处对此亦予以认可,并明确确认消力池属于其管辖范围,据此可认定B市Y河管理处系支某3溺亡地点的管理责任方。鉴于B市Y河管理处系依法成立的事业单位,依法可独立承担相应民事责任,故B市水务局、B市F区水务局、B市F区Y河管理所均非本案的适格被告,支某1等4人要求该三被告承担连带赔偿责任的主张无事实及法律依据,不予支持。

第二,安全保障义务所保护的人与义务人之间常常存在较为紧密的关系,包括缔约磋商关系、合同法律关系等,违反安全保障义务的侵权行为是负有安全保障义务的人由于没有履行合理范围内的安全保障义务而实施的侵权行为。根据查明的事实,支某3溺亡的消力池是拦河闸的一部分,属于水利工程设施的范畴。但无论是Y河拦河闸,还是消力池,均不是具有经营性质的公共场所,Y河管理处也不是群众性活动的组织者,故支某2等4人上诉主张4被上诉人未尽安全保障义务,与法相悖,不予支持。支某2等4人虽主张4被上诉人在通往支某3落水的道路上未设置安全警示标志,事发河道无人监管,但未提交有力证据予以证明,且支某3的溺亡地点并非行人正常通行路面,综合考虑消力池的性质、所处位置、抵达路径认定Y河管理处不负有安全保障义务并无不当。

实务要点

《民法典》中的"公共场所"应当如何界定

《民法典》第1198条规定:"宾馆、商场、银行、车站、机场、体育场馆、娱乐场所等经营场所、公共场所的经营者、管理者或者群众性活动的组织者,未尽到安全保障义务,造成他人损害的,应当承担侵权责任。因第三人的行为造成他人损害的,由第三人承担侵权责任;经营者、管理者或者组织者未尽到安全保障义务的,承担相应的补充责任。经营者、管理者或者组织者承担补充责任后,可以向第三人追偿。"上述法条在规定"公共场所"管理者的责任时,列举了"公共场所"的部分外延,如商场、车站、娱乐场所等。从上述法律条款列举的情况中不难发现,对"公共场所"的立论在于其能增强人际间的沟通交流,其是为人们作为群居性动物提供社会交往、供大众使用或服务民众的场所和设施。公共场所是积极对外开放、容许民众自由进出并欢迎其参与到该场地活动中来的区域确定的场所。公众是流动的人群,并不固定。公共场所主要具有以下特征。[1]

一是对外开放性。公共场所对外实行积极开放,有一定自由程度的许可公众出入。开放性是公共场所最基本的特征,那些只容许特殊人群出入的呈现封

---

[1] 参见雷丽琪:《河道溺亡事件中河道管理部门民事责任承担问题研究》,西北大学2017年硕士学位论文。

闭或半封闭的地域,都不是公共场所,如行政事业单位办公楼、还在修建中的工地等。

二是有人管理性。公共场所处于确定机构的组织和管理之下,包括营利性的管理和公益性的服务。如果无管理员,也就无从谈起管理者的责任,如荒郊野外,尽管任何人都不被禁止进入,但不能定义为公共场所。

三是有限的区域性。任何一个公共场所都应有明确的区域界线和边界划分,超出这个地域,管理者就不负有安全保障义务。如商场管理者只对在商场领域内的人负有安全保障义务,对于在商场领域外的人则不负此义务。

四是人员的聚集性。公共场所一定是人流量较大的地方,位处偏僻、人迹稀少的地方,如深山密林区即使可以随意进出,也不应当认定为公共场所。

回到本案,首先,本案并不适用《民法典》中的安全保障义务条款。根据查明的事实,支某3的溺亡地点位于Y河拦河闸侧面消力池。从性质上看,消力池系Y河拦河闸的一部分,属于水利工程设施的范畴,并非对外开放的冰场;从位置上看,消力池位于拦河闸下方的Y河河道的中间处;从抵达路径来看,抵达消力池的正常路径,需要从Y河的沿河河堤下楼梯到达河道,再从Y河河道步行至拦河闸下方,因此无论是就消力池的性质、消力池的所处位置还是抵达消力池的路径而言,均难以认定消力池属于公共场所。B市Y河管理处也不是群众性活动的组织者,故支某1等4人上诉主张4被上诉人未尽安全保障义务,与法相悖。其次,从侵权责任的构成上看,一方主张承担侵权责任,应就另一方存在违法行为、主观过错、损害后果且违法行为与损害后果之间具有因果关系等侵权责任构成要件承担举证责任。Y河道并非正常的活动、通行场所,依据一般常识即可知无论是进入河道还是进入冰面的行为,均容易发生危及人身的危险,此类对危险后果的预见性,不需要专业知识就可知晓。支某3在明知进入河道、冰面行走存在风险的情况下,仍进入该区域并导致自身溺亡,其主观上符合过于自信的过失,应自行承担相应的损害后果。成年人应当是自身安危的第一责任人,不能把自己的安危寄托在国家相关机构无时无刻的提醒之下。在户外活动时应趋利避害,不随意进入非群众活动场所是每一个公民应自觉遵守的行为规范。综上,B市Y河管理处对支某3的死亡发生无过错,不应承担赔偿责任。

法律依据

《民法典》(2021 年施行)

第一千一百九十八条 宾馆、商场、银行、车站、机场、体育场馆、娱乐场所等经营场所、公共场所的经营者、管理者或者群众性活动的组织者,未尽到安全保障义务,造成他人损害的,应当承担侵权责任。

因第三人的行为造成他人损害的,由第三人承担侵权责任;经营者、管理者或者组织者未尽到安全保障义务的,承担相应的补充责任。经营者、管理者或者组织者承担补充责任后,可以向第三人追偿。

第二节 违反安全保障义务责任纠纷

蓝某某、张某某诉 G 市 Z 区 Y 业余体育学校等违反安全保障义务责任纠纷

案情简介[①]

一审原告、二审被上诉人:张某某、蓝某某

一审被告、二审上诉人:G 市 Z 区水务局

一审被告:G 市 Z 区 Y 业余体育学校、G 市 Z 区交通运输局、G 市 Z 区城乡建设管理局

2014 年,张某某与蓝某某的子女在 Z 大桥桥墩附近溺水身亡。溺水发生在距 Z 区水务局管理的阶梯 100 多米的地方,但事发地点并非涉案阶梯所在地。溺水事故发生后,张某某与蓝某某将 Z 区水务局、Z 区交通运输局、Z 区城乡建

[①] 参见广东省广州市中级人民法院(2015)穗中法民一终字第 6493 号民事判决书。

设管理局等单位诉至法院,要求赔偿医疗费、死亡赔偿金、丧葬费等损失。张某某与蓝某某提出诉请的事实和理由为涉案阶梯的建设和管理存在缺陷,其认为该阶梯未设置必要的安全防护设施,如护栏或警示标识,导致孩子能够在没有任何警示的情况下进入危险水域,最终发生了溺水事件。原告认为,Z区水务局作为水利行政主管部门,应当对该区域的水域安全进行监督与管理,但其未能履行监督检查职责,从而加剧了事故发生的风险。

Z区水务局在一审中被认定未履行其安全保障义务,未能充分监督和检查其所辖区域内的公共安全设施,特别是对通往水域的阶梯设施管理不善,未能及时采取安全防护措施。涉案阶梯通往的水域存在较大的溺水风险,而该地区的安全措施明显不完善,导致张某某与蓝某某的孩子在无任何安全提示的情况下进入危险水域,从而发生溺水事故。原审法院在审理过程中认定,Z区水务局作为水行政主管部门,未能尽到安全保障义务,导致了该事故的发生,因此应当对原告的损失承担部分责任。法院判决G市Z区水务局对张某某与蓝某某的损失承担10%的赔偿责任。Z区水务局不服,上诉请求撤销原判,驳回张某某和蓝某某的诉讼请求。

一审被告、二审上诉人诉称: Z区水务局不负责涉案阶梯的管理,其认为涉案阶梯并非由Z区水务局负责管理和维护。涉案阶梯的建设和管理应当由其他主管部门或单位负责,而Z区水务局作为水利行政主管部门,并没有义务对阶梯进行直接管理和维护。因此,Z区水务局主张其不应为事故承担责任。

溺水事故发生地点与涉案阶梯相距较远,溺水事故的发生地点距离涉案阶梯100多米,且涉案阶梯并非直接导致溺水事故的原因。事故发生在Z大桥桥墩附近,而阶梯通向的水域并不直接与事故发生地相连接,因此Z区水务局认为其与溺水事故的发生没有直接的因果关系。

溺水事故的原因不在于Z区水务局的管理疏忽,与涉案阶梯及其安全管理无关,事故的发生无法归咎于Z区水务局未履行安全保障义务。Z区水务局认为事故发生的真正原因在于溺水地点的其他隐患,而非管理单位的失职。

赔偿责任比例过高,原审法院认定Z区水务局应承担10%的赔偿责任的判决不合理。上诉人主张,基于其与事故发生的直接关联性较低,法院应当降低其赔偿责任,甚至请求法院对原审判决进行撤销,完全免除其赔偿责任。

一审原告、二审被上诉人辩称:Z区水务局未尽安全保障义务,其作为水利行政主管部门,应当对该区域的水域及其周边环境进行安全管理。尽管涉案阶梯与溺水地点存在一定的距离,但该阶梯通向的水域具有潜在的安全隐患,而Z区水务局未能对该区域的安全状况进行足够的监督和管理,未能及时发现安全隐患,导致事故发生。

阶梯缺乏必要的安全设施和警示。涉案阶梯通向的水域存在危险,且该阶梯没有设置足够的安全设施,如护栏和警示标志,导致孩子能够在没有任何警示的情况下进入危险水域。Z区水务局未能履行必要的安全保障义务,最终导致了事故的发生。

Z区水务局应承担部分责任。虽然事故发生在溺水地点,但由于Z区水务局未履行对阶梯及周边水域的安全管理职责,其管理上的疏忽加剧了事故发生的风险。因此,Z区水务局应当承担事故发生的部分责任。被上诉人认为,法院在原审判决中认定Z区水务局应当承担10%的责任是合理的,且符合法律规定,Z区水务局应赔偿其相关损失。

溺水事故与Z区水务局的管理失职有关。尽管涉案阶梯与溺水地点有一定距离,但阶梯本身就是通向危险水域的通道,Z区水务局未对该区域的水域安全进行有效监管,直接导致了事故的发生。被上诉人认为,Z区水务局应当对该区域的公共安全负责,因此应对溺水事件负有责任。

一审法院认为:关于Z区水务局的管理责任。Z区水务局作为水利行政主管部门,虽然没有对涉案阶梯进行直接管理,但其依然承担着监督和检查的职责。根据原《侵权责任法》和相关法律规定,Z区水务局应当履行对水域周围环境的安全保障义务,特别是涉及公共安全的区域。法院认定,Z区水务局未尽到其在安全保障方面的监督职责,存在一定过错。因此,Z区水务局应当对其未履行管理和监督职责所导致的溺水事故承担相应的赔偿责任。

关于溺水事故的因果关系。尽管溺水事故发生地点位于Z大桥桥墩,与涉案阶梯存在一定的距离,但根据案情,溺水的原因与涉案阶梯的管理存在一定的关联。涉案阶梯通向危险水域,而该区域没有足够的安全防护措施。因此溺水事件的发生与涉案阶梯的管理存在一定因果关系,Z区水务局应当为此承担部分赔偿责任。

关于赔偿责任的认定。Z区水务局未履行其安全保障义务,且溺水事故的发生与该阶梯的管理疏忽有关。根据事故发生的具体情况和责任划分,法院认为Z区水务局应对张某某和蓝某某的损失承担10%的赔偿责任并判决Z区水务局支付医疗费、死亡赔偿金、丧葬费和精神损害抚慰金合计78,225.6元。

二审法院认为: 上诉人Z区水务局虽上诉称其对涉案码头阶梯没有管理义务,其在本案中不应承担赔偿责任,但在法院审理期间,Z区水务局既未有新的事实与理由,也未提交新的证据予以佐证自己的主张,故法院认可原审法院对事实的分析认定,即对Z区水务局的上诉请求,不予支持。原审法院根据本案各方当事人的诉辩、提交的证据对本案事实进行了认定,并在此基础上依法作出了原审判决,合法合理,且理由阐述充分,法院予以确认。综上所述,原审认定事实清楚,判决并无不当,法院予以维持。

实务要点

安全义务管理人的责任

本案涉及的安全保障义务管理人责任问题,关键在于明确"安全义务管理人"是指谁,以及其未尽安全保障义务造成损害时应承担的法律责任。根据案件的事实,基于未履行相应的安全监督和管理职责法院判定Z区水务局(作为行政主管机关)承担一定比例的责任。在分析本案时,可以从以下几个方面探讨"安全义务管理人"的法律责任。[1]

1. 安全义务管理人的定义与责任范围

在《民法典》中,安全义务管理人通常是指对公共场所、设施或公共活动中

---

[1] 参见杨立新:《论违反安全保障义务侵权行为及其责任》,载《河南省政法管理干部学院学报》2006年第1期。

可能存在的安全风险负有安全保障责任的人或单位。这种责任不仅包括对事发场所的物理管理，还包括对可能发生事故的预见、预防和应急响应。具体来说，管理人应当采取合理措施，防止可能发生的安全事故，并在事故发生时及时采取救助措施。

根据《民法典》第1198条的规定，宾馆、商场、银行、车站等经营场所、公共场所的经营者、管理者，或者群众性活动的组织者，如果未尽到合理的安全保障义务，造成他人损害，应当承担侵权责任。在本案中，Z区水务局虽然不是涉案阶梯的直接管理者，但作为行政主管机关，依然对河道和相关设施负有一定的监督检查义务，因此需要承担部分责任。

2. 本案中安全管理人未履行的责任

在本案中，Z区水务局被认定为未尽到其对涉案阶梯的安全保障义务。法院认为，尽管Z区水务局不是阶梯的直接管理人，但其作为水行政主管部门，仍然负有监督、检查和保障该区域安全的职责，特别是在河道等具有潜在安全风险的区域。

未尽监督责任。Z区水务局作为主管水利的行政机关，其本应承担对该阶梯的安全检查、评估和监督责任。法院认为，Z区水务局在这一过程中存在疏忽，没有及时发现该阶梯存在的安全隐患，尤其是在河道附近的设施管理方面。涉案阶梯的存在本身就有一定的安全风险，未采取必要的安全措施和警示标识，最终导致事故发生。

未尽管理责任。法院特别指出，Z区水务局在知悉河道区域安全风险的情况下，未能采取必要的安全管理措施，如设置护栏、防护网等，也未能设置充分的安全提示或警示标识，增加了事发区域的危险性，潜在引起了溺水事故的发生。

3. 因果关系与管理人的责任

法律上的"因果关系"是判断管理人是否应承担侵权责任的关键。本案中，法院认为Z区水务局未履行其应有的安全保障义务与张某某、蓝某某的损失之间存在一定的因果关系。尽管溺水地点距离涉案阶梯较远，但由于阶梯通向河道,且存在一定的安全隐患,法院认定 Z 区水务局未履行安全检查和保障义务,与溺水事故之间有一定的联系。

安全隐患的预见性。法院认为,Z 区水务局作为相关管理部门,应当预见到河道及其周边设施存在安全隐患,特别是对于儿童的安全风险。虽然 Z 区水务局主张涉案阶梯并非其直接管理对象,但法院认为其依然应当履行对该区域的监督职责。

管理不当的后果。从因果关系的角度,法院认为,涉案阶梯的位置、缺乏安全防护以及水域的危险性等因素,表明 Z 区水务局未履行合理的管理义务,导致了儿童在该区域发生溺水事故。即便涉案阶梯的直接管理人尚未明确,Z 区水务局的安全监督责任也不容忽视。

4. 公共设施管理中的安全保障义务

本案集中展示了公共设施管理中,管理人履行安全保障责任的重要性。即使在管理者未明确的情况下,有关管理机关依然需要负有一定的监管责任。公共设施或区域如果存在潜在的安全隐患,管理者应当采取有效措施消除隐患,或者通过警示等方式提醒公众注意安全。在类似案件中,法院会综合考虑以下几个方面来评估管理人的责任:(1)设施的危险性。如果设施或场所存在较大安全隐患(如临水阶梯、危险路段等),管理者有义务进行适当的防护或设置警示。(2)事故发生后的应急措施。一旦事故发生,管理人应当迅速采取措施,包括及时救援、报警等。如果事故发生后管理人未尽到应急响应义务,也可能被认定为未履行安全保障义务。(3)过失程度与赔偿责任。管理人未履行安全保障义务,导致事故发生的,应当承担相应的民事责任。法院会根据管理人的过失程度、事故的严重性以及其在事发前后的处理情况来确定赔偿责任的比例。[1]

本案对 Z 区水务局的责任认定,说明了在安全保障义务方面,管理人既要对场所的物理管理进行控制,更要对潜在的安全风险进行预见和防范。管理人在履行安全保障义务时,不仅需要关注设施的建设和管理,还需要采取必要的安全措施和警示措施,特别是在危险场所(如临水区域)应当加强安全防护。在

---

[1] 参见徐苑效、胡小琴:《安全保障义务合理限度范围的一般认定》,载《人民司法》2024 年第 8 期。

发生事故时,如果管理人未尽到合理的安全保障义务,导致损害结果发生,则应承担相应的民事责任。

法律依据

《民法典》(2021年施行)

第一千一百六十五条 行为人因过错侵害他人民事权益造成损害的,应当承担侵权责任。

依照法律规定推定行为人有过错,其不能证明自己没有过错的,应当承担侵权责任。

第一千一百九十八条 宾馆、商场、银行、车站、机场、体育场馆、娱乐场所等经营场所、公共场所的经营者、管理者或者群众性活动的组织者,未尽到安全保障义务,造成他人损害的,应当承担侵权责任。

因第三人的行为造成他人损害的,由第三人承担侵权责任;经营者、管理者或者组织者未尽到安全保障义务的,承担相应的补充责任。经营者、管理者或者组织者承担补充责任后,可以向第三人追偿。

第三节　水污染责任纠纷

韩某某与Z公司J油田分公司水污染责任纠纷

案情简介[①]

一审原告、二审上诉人、再审申请人:韩某某

一审被告、二审被上诉人、再审申请人:Z公司J油田分公司

---

① 参见最高人民法院(2018)最高法民再415号民事判决书。

1997年2月1日,韩某某与B村委会签订《承包草沟子合同书》。合同签订后,韩某某取得案涉鱼塘的承包经营权,并实际从事渔业养殖。2009年12月30日,D市人民政府下发《关于加强N江T河滩地管理有关事宜的通知》,明确N江、T河滩涂的管理、开发及利用的权利由水利局行使。2009年,韩某某获得渔业捕捞许可证和船舶登记。2011年,韩某某取得D市人民政府颁发的养殖许可证。2010年9月9日,Z公司J油田分公司距离韩某某鱼塘大约一公里的大-119号油井发生泄漏,泄漏的部分原油在N江涨水下泄时被洪水带入韩某某的鱼塘。Z公司J油田分公司于2010年9月10日在巡查中发现原油泄漏污染,于同年9月14日至9月19日在污染现场进行了清理油污作业。

韩某某要求Z公司J油田分公司赔偿遭拒后,遂起诉,请求J省B市中级人民法院判令Z公司J油田分公司赔偿韩某某的经济损失3,015,040.36元,被驳回。韩某某不服一审判决,上诉请求撤销一审判决,二审法院支持了韩某某的部分上诉请求,改判Z公司J油田分公司赔偿韩某某经济损失共计人民币1,058,796.25元。韩某某和Z公司J油田分公司不服J省高级人民法院的判决,遂申请再审。

一审原告、二审上诉人、再审申请人韩某某诉称:(1)有新的证据足以证明2011年鱼塘水面和鱼池内土质仍存在污染,2011年Z公司J油田分公司仍在打捞清理原油,包括电话录音、经公证的《证言》、村民委员会出具的《证明》。(2)韩某某2011年未养鱼与Z公司J油田分公司的油井泄漏之间存在因果关系,鱼塘围坝修复及注水排污均系清理油污而实施的必要行为,相关费用系因鱼塘受污染而产生的合理费用,二审判决没有支持这两部分损失属于认定事实错误。

Z公司J油田分公司辩称:韩某某的再审请求违法,不应得到支持。(1)韩某某鱼塘围坝的损毁与Z公司J油田分公司无关,一审、二审法院均已认定围坝系被洪水冲毁。B市价格认证中心受法院委托出具的价格鉴定结论书中关于鱼塘围坝修复及注水排污的部分内容与实际情况不符。(2)韩某某在泄洪区内养殖系违法行为,相应违法所得不应支持,且价格鉴定结论书对其2011年未养鱼损失的评估结果仅是理论数值,韩某某并无实际损失。

一审被告、二审被上诉人、再审申请人 Z 公司 J 油田分公司诉称：对二审判决未予支持韩某某 2011 年未养鱼损失、鱼塘围坝修复及注水排污费用的部分无异议，但二审判决认定由 Z 公司 J 油田分公司赔偿韩某某 2010 年的养鱼损失错误。(1)Z 公司 J 油田分公司的大－119 号油井系在 N 江涨水后被人为破坏从而发生原油泄漏，Z 公司 J 油田分公司本身没有实施污染和破坏环境的行为，不符合环境污染侵权的构成要件。(2)韩某某的损失不是原油泄漏所造成，而是由于 N 江涨水超过鱼塘堤坝而致鱼流失。(3)大－119 号油井是产量极低的封闭井，泄漏的原油基本都被洪水冲入下游河道，经过 Z 公司 J 油田分公司长达 7 天的认真清理，极少量流进韩某某鱼塘的原油也已全部清理完毕。韩某某参加了清理且未对清理结果提出异议，说明鱼塘不存在污染，没有挖坝放水清理油污的必要。韩某某应对扩大损失自行承担责任。(4)韩某某提交的水质监测报告不具有证据效力。一是围坝被洪水冲毁，鱼塘内的水基本全部流失，水质样品并非取自原有现场；二是该监测不是依法进行的司法鉴定，Z 公司 J 油田分公司没有参与，时间上也不能保证没有发生其他污染事实。(5)二审判决根据价格鉴定结论书认定赔偿数额错误。价格鉴定结论书是按照正常情况计算养殖损失，忽视了洪水因素。关于鱼塘面积的认定，二审法院以 Z 公司 J 油田分公司提交的《示意图》系单方委托为由不予认定存在错误。韩某某的渔业捕捞许可证所确认的 103 公顷养鱼面积中，经实地测量，有 90 多公顷在连续不涨水的年度都是田地，只有被堤坝围起来的 10 公顷才是鱼塘。(6)韩某某在泄洪区内筑坝养鱼属于违法行为，其养鱼损失不应得到保护。

韩某某辩称：(1)本案系水污染责任纠纷案件，第三人原因导致污染不能作为 Z 公司 J 油田分公司的免责事由。(2)韩某某鱼塘内的鱼并非被洪水冲走导致的自然流失。(3)本案不存在人为扩大损失的情形。(4)韩某某提交的水质监测报告是由 D 市渔政渔港监督管理站依职责作出的，不受韩某某控制，Z 公司 J 油田分公司关于其未参与监测因而程序违法的主张不能成立。(5)鉴定人在一审、二审中均出庭接受质询，价格鉴定结论书不存在任何瑕疵。

一审法院认为：本案在审理过程中，韩某某自认鱼塘内鱼的流失系因排水并决堤造成，在其没有充分证据证明系 Z 公司 J 油田分公司造成水污染导致其鱼的死亡或相应损失的情况下,本案并不适用特殊侵权归责原则,应适用一般侵权归责原则,而一般侵权事实的成立须由原告方举证证明,并且要进一步证明所受损害的具体数额。韩某某主张Z公司J油田分公司存在侵权行为,因不能证明损害事实的存在,亦不能证明其所主张的损失数额与Z公司J油田分公司的加害行为之间具有因果关系,应承担举证不能的后果。

二审法院认为:本案系因污染环境发生的纠纷,依据原《侵权责任法》第66条"因污染环境发生纠纷,污染者应当就法律规定的不承担责任或者减轻责任的情形及其行为与损害之间不存在因果关系承担举证责任"之规定,韩某某无须承担因果关系的举证责任,但仍然需要证明有损害事实。韩某某主张的损失3,015,040.36元中包括鱼塘围坝修复及注水排污费用、2010年养鱼损失、2011年未养鱼损失。其中,鱼塘围坝修复费用与Z公司J油田分公司的水污染侵权行为没有直接因果关系;三次注水排污事实的发生,韩某某只有证人证言予以证明;2011年未养鱼的原因,韩某某未能提供渔政部门出具的任何公文,且其用于证明2011年鱼塘污染的(2011-62)号监测报告系韩某某单方委托,水质样品为韩某某单方提供,上述费用均不予支持。关于2010年的养鱼损失问题。根据捞油清单、鱼塘照片、(2010-177)号监测报告、回收原油记录等证据,可以认定鱼塘被原油污染的事实。Z公司J油田分公司认为韩某某的损失不是原油泄漏所造成,而是N江涨水冲毁堤坝导致的鱼流失,但对于该主张没有提供充分证据予以证明。因此,认定Z公司J油田分公司应当对韩某某2010年的养鱼损失予以赔偿。

再审法院认为:本案的争议焦点为:第一,本案是否构成环境污染侵权责任纠纷;第二,2010年养鱼损失的责任承担及数额认定问题;第三,2011年未养鱼损失责任的承担及数额认定问题;第四,是否产生了鱼塘围坝修复、注水排污费用及责任承担问题。

(1)关于本案是否构成环境污染侵权责任纠纷的问题。根据原《侵权责任法》第65、66条及《最高人民法院关于审理环境侵权责任纠纷案件适用法律若干问题的解释》(以下简称《环境侵权司法解释》)第6条的规定,韩某某主张环境侵权污染责任纠纷,应就Z公司J油田分公司存在污染行为、自己遭受了损害承担举证责任,此外还应举出初步证据证明污染物或者其次生污染物与损害之间具有关联性。Z公司J油田分公司应就其行为与损害之间不存在因果关系承担举证责任。

（2）关于2010年养鱼损失的责任承担及数额认定问题。根据原《侵权责任法》第66条的规定,因污染环境发生纠纷的,污染者应当就法律规定的不承担责任或者减轻责任的情形承担举证责任。对于韩某某主张的2010年的养鱼损失,Z公司J油田分公司提出若干抗辩事由,但这些理由不能成为其免责事由,仅洪水的作用力可作为减轻其责任的考量因素。

（3）关于2011年未养鱼损失的责任承担及数额认定问题。关于2011年未养鱼的原因,韩某某主张系渔政监督管理部门因鱼塘水质不合格不允许其养鱼。Z公司J油田分公司称油污已经清理完毕,但并未提交充分证据证明。法院询问时,Z公司J油田分公司工作人员陈述系乘船打捞漂浮泄漏原油,对沉底石油类物质基本没有进行清理,且其清理完毕的标准是"肉眼基本看不到（油污）"。D市渔政渔港监督管理站执法检查员闫某某出庭作证证实,其与时任站长纪某某于2011年4月到现场调查时发现韩某某的鱼塘依然不具备养殖条件。结合一审期间郑某某、高某某、吴某某、于某某等证人证言,可以确认2011年4月韩某某鱼塘水面和池内水质仍有污染。Z公司J油田分公司一审提供的S石油技术有限公司于2010年10月9日出具的沾油杂草等混合物311袋、处理后的净化油约102公斤的回收原油记录等证据,仅能证明其曾进行过油污清理工作,不能证明其已将所泄漏原油彻底清理干净,也不能证明清理后的鱼塘水质符合养鱼条件。退一步讲,即使漂浮水面或者附着植物上的油污已经清理干净,但沉降至塘底的油污是否已经清理干净,以及鱼塘水质是否达到适宜养殖的标准,Z公司J油田分公司均未提供证据证明。因此,Z公司J油田分公司关于油污已全部清理完毕的主张难以令人信服,法院不予支持。

法院认为,2011年虽无新的原油泄漏,但考虑到原油不易被降解、油污影响时间长等特点,结合双方当事人所认可的当地江河封冻期自当年10月下旬至次年4月中旬的水文特征,依常理可以推断2011年韩某某鱼塘的污染处于持续状态,客观上导致韩某某2011年无法正常养鱼。综上,韩某某2011年未养鱼损失的原因明确，Z 公司 J 油田分公司未能就韩某某 2011 年未养鱼损失与其污染行为不存在因果关系提供充分证据证明，亦未举证证明法律规定的不承担责任或者减轻责任的情形，Z 公司 J 油田分公司应承担韩某某 2011 年未养鱼损失。因此，法院酌情判令 Z 公司 J 油田分公司参照 2010 年养鱼损失，赔偿韩某某 2011 年未养鱼损失 1,058,796.25 元。

（4）关于是否产生了鱼塘围坝修复、注水排污费用及责任承担问题。Z 公司 J 油田分公司主张其已清理完毕所有流进韩某某鱼塘的原油，没有进一步挖坝注水清理油污的必要，其不应承担相应费用。但如前文所述，Z 公司 J 油田分公司未能提供充分证据证明其已将油污全部清理完毕，渔政监督管理部门亦认为 2011 年尚不具备养鱼条件。在法院询问时，Z 公司 J 油田分公司工作人员对于为何分别在 2010 年、2011 年向韩某某支付清理油污费用未能给出合理解释，结合其他相关证据，足以推定韩某某在 2011 年为清理鱼塘油污，挖坝注水清理油污事实的存在。韩某某一审期间提交了 4 份证人证言及 B 村委会出具的证明材料，其中李某、王某某、任某某以及 B 村委会委员吴某某出庭作证。结合 D 市渔政渔港监督管理站渔政执法检查员闫某某的证言，可以认定韩某某挖坝注水清理油污系消除污染、排除妨害、修复鱼塘生态环境的必要措施，依据《环境侵权司法解释》第 15 条的规定，由此产生的合理费用应予支持。价格鉴定结论书测算出鱼塘围坝修复费用为 33,135 元，注水排污费用为 57,060 元，法院予以支持。故判决 Z 公司 J 油田分公司于判决生效之日 10 日内起赔偿韩某某经济损失共计 1,678,391.25 元。驳回韩某某的其他诉讼请求。

实务要点

水污染责任纠纷中主张法定免责情形的注意事项

《民法典》侵权责任编规定的环境污染责任是无过错责任，只要满足损害行为、损害事实和因果关系三个构成要件，侵权责任即可成立。在举证责任分配上，被侵权人只需证明污染者排放了污染物、有损害后果、污染者排放的污染物或者其次生污染物与损害之间具有关联性，即可完成举证责任。污染者应就法律规定的免责事由及其行为与损害结果之间不存在因果关系承担举证责任。因此,若企业主张减轻或免除责任,可能的途径有:第一,举证证明存在法律规定的不承担责任或者减轻责任的情形;第二,其行为与损害之间不存在因果关系。侵权责任法规定的污染者减轻或免责的情形主要是不可抗力、受害人以及第三人过错。结合相关法律法规、司法判例,企业据此主张免责时,需注意以下几个方面。

(1)自然灾害引发的环境污染不当然构成不可抗力免责事由。

在环境侵权案件中,有些污染事件的起因是暴雨洪灾等自然灾害事件,企业没有主动实施污染行为。对此的理解,首先,自然灾害不当然等于不可抗力,不得对不可抗力范围作扩大解释;其次,若自然灾害可以预见或可以避免的,同样不能作为免责条件;再次,即便自然灾害不可预见或避免,也需要企业自行举证在采取了合理措施仍不能避免造成环境损害的情况下,才可以构成不可抗力免责;最后,只有损害完全是由于不可抗拒的自然灾害引起的,才可免除加害人的责任,如果自然灾害只是引起损害发生的部分原因,同样不能免除加害人的责任。如《海洋环境保护法》第116条规定:"完全属于下列情形之一,经过及时采取合理措施,仍然不能避免对海洋环境造成污染损害的,造成污染损害的有关责任者免予承担责任:(一)战争;(二)不可抗拒的自然灾害;(三)负责灯塔或者其他助航设备的主管部门,在执行职责时的疏忽,或者其他过失行为。"《水污染防治法》第96条第2款规定:"由于不可抗力造成水污染损害的,排污方不承担赔偿责任;法律另有规定的除外。"

本案中,污染者Z公司J油田分公司虽然主张不可抗力免责,但没有获得最高人民法院的支持,原因是"废弃油井是油气勘探开发作业中的必然产物,由于技术、自然风险或者人为因素,可能发生井喷、溢油、爆炸燃烧以及缓慢外泄、污染地下水层等情形,可能造成他人的人身损害、财产损失、环境损害风险或实质损害。Z公司J油田分公司是污染源废弃油井的所有者,虽然污染确因自然灾害引起,但Z公司J油田分公司不能举证证明已经采取措施对污染源进行有效的控制和风险防范,因此,对因污染行为造成他人的人身损害、财产损失及环境损害,应当予以赔偿"。即Z公司J油田分公司需要对自身已经采取的合理措施进行举证,在已对污染源进行有效控制和风险防范的情况下仍然不能避免损害结果,此时方可构成不可抗力免责事由。

(2)因第三人过错造成损害,企业仍应承担赔偿责任。

实践中,有些污染环境行为是污染者与被侵权人之外的第三人的过错导致的。如果按照一般侵权的过错责任原则,被侵权人需自行确定第三人并举证证明第三人行为和污染损害的因果关系,但环境侵权事故具有复杂性,此种设计不利于被侵权人维权,无助于环境生态公平。因此,根据《最高人民法院关于审理生态环境侵权责任纠纷案件适用法律若干问题的解释》(法释〔2023〕5号)第19条之规定,因第三人过错造成环境污染,被侵权人可以选择起诉企业,企业不得以第三人过错主张免责。但企业在承担赔偿责任后,可以向第三人追偿。

(3)企业合法排污行为不足以构成免责事由。

《最高人民法院关于审理生态环境侵权责任纠纷案件适用法律若干问题的解释》第4条第1款规定,污染环境、破坏生态造成他人损害,行为人不论有无过错,都应当承担侵权责任。相关案例如最高人民法院民事审判参考性案例之邓某某诉广西永凯糖纸有限责任公司等六企业通海水域污染损害责任纠纷案,被告以合规排放污水为由进行抗辩,法院对其抗辩主张不予采纳。

(4)排放未纳入环境标准的物质致污染,污染者不能因此主张免责。

最高人民法院民事审判参考性案例之吕某某等79人诉山海关船舶重工有限责任公司(以下简称山船重工公司)海上污染损害责任纠纷案[①]中,法院审理查明:山海关老龙头海域污染系山船重工公司在修造大型船舶过程中泄漏含铁量较高的刨锈污水导致,山船重工公司实施了向海水中泄漏含铁量较高污水的污染行为。山船重工公司提出的抗辩理由为:铁物质不属于评价海水水质的标准,其行为不属于环境污染侵权行为。本案审理难点在于在未被纳入环境标准的情况下,致害物质是否属于环境污染责任中的"污染物"以及是否构成环境污染侵权。本案判决山船重工公司侵权成立,确立了环境污染责任中"污染物"应界定为一切能够造成环境损害的物质,排放未纳入环境标准的物质致损亦构成

---

① 参见天津市高级人民法院(2014)津高民四终字第22号民事判决书。

环境污染侵权的裁判规则。

（5）损害后果已减弱或消失，污染者不能因此主张免责。

泰州市环保联合会与泰兴锦汇化工有限公司等环境污染侵权赔偿纠纷案[1]，确定了不能以部分水域的水质得到恢复为由免除污染者应当承担的环境修复责任的裁判规则。法院认为，"环境污染案件中，危险化学品和化工产品生产企业对其主营产品及副产品必须具有较高的注意义务，必须全面了解其主营产品和主营产品生产过程中产生的副产品是否具有高度危险性，是否会造成环境污染；必须使其主营产品的生产、出售、运输、储存和处置符合相关法律规定，并使其副产品的生产、出售、运输、储存和处置符合相关法律规定，避免对生态环境造成损害或者产生造成生态环境损害的重大风险。虽然河流具有一定的自净能力，但是环境容量是有限的。向河流中大量倾倒副产酸，必然对河流的水质、水体动植物、河床、河岸以及河流下游的生态环境造成严重破坏，如不及时修复，污染的累积必然会超出环境承载能力，最终造成不可逆转的环境损害。因此，不能以部分水域的水质得到恢复为由免除污染者应当承担的环境修复责任"。[2]

法律依据

《最高人民法院关于审理生态环境侵权责任纠纷案件适用法律若干问题的解释》（法释〔2023〕5号）

第四条 污染环境、破坏生态造成他人损害，行为人不论有无过错，都应当承担侵权责任。

行为人以外的其他责任人对损害发生有过错的，应当承担侵权责任。

第十九条 因第三人的过错污染环境、破坏生态造成他人损害，被侵权人同时起诉侵权人和第三人承担责任，侵权人对损害的发生没有过错的，人民法

---

[1] 参见最高人民法院（2015）民申字第1366号民事判决书。
[2] 徐以祥：《〈民法典〉中生态环境损害责任的规范解释》，载《法学评论》2021年第2期。

院应当判令侵权人、第三人就全部损害承担责任。侵权人承担责任后有权向第三人追偿。

侵权人对损害的发生有过错的,人民法院应当判令侵权人就全部损害承担责任,第三人承担与其过错相适应的责任。侵权人承担责任后有权就第三人应当承担的责任份额向其追偿。

第二十二条 被侵权人请求侵权人赔偿因污染环境、破坏生态造成的人身、财产损害,以及为防止损害发生和扩大而采取必要措施所支出的合理费用的,人民法院应予支持。

被侵权人同时请求侵权人根据民法典第一千二百三十五条的规定承担生态环境损害赔偿责任的,人民法院不予支持。

第四节 水上运输人身损害责任纠纷

蒋某某与N海运公司、N市X货物中转代办处、柳某某、施某某水上运输人身损害责任纠纷

案情简介[①]

原告:蒋某某

被告:N海运公司、N市X货物中转代办处、柳某某、施某某

2010年9月25日,N市港口管理局向被告N海运公司颁发涉案码头港口经营许可证(有效期至2013年9月20日),经营范围为码头及其他港口设施服务,港口设施、设备的租赁服务。2012年3月14日,N海运公司物业分公司与Z服务部签订租赁合同及码头租赁安全责任书,约定将涉案码头租赁给Z服务部使用,租赁期限为2012年8月1日至2014年12月31日,年租赁费为3万

---

① 参见宁波海事法院(2013)甬海法事初字第84号民事判决书。

元。Z服务部要对安全设备经常性维护、保养、定期检测,落实必要的生产安全保障设备和措施,严格按照操作规程安排装卸作业。被告N海运公司有权随时进行安全检查,对不安全隐患有权指出并要求责任方整改。2012年12月28日,N市港口局就涉案码头向Z服务部颁发了港口经营许可证,经营范围为码头及其他港口设施服务,在港区内从事货物装卸服务。

2013年2月2日,Z服务部与被告N市X货物中转代办处、柳某某签订终止租赁协议,双方因市政拆迁,就涉案码头租用后续搬迁事宜进行了约定。N市港口局就N-Z港Y江港区码头1#泊位、2#泊位向被告N市X货物中转代办处颁发港口经营许可证,但就涉案码头并未向被告N市X货物中转代办处颁发港口经营许可证。被告N市X货物中转代办处工商登记显示其企业性质为非公司企业法人,法定代表人为被告柳某某,其营业执照已于2010年11月19日被吊销。

蒋某某系"Z嵊97198"船的水手。2013年1月9日16时20分,"Z嵊97198"船停靠在N市江北区Z路222号N-Z港Y江港区码头1#泊位装卸货物,码头上的吊机钢缆脱落,吊杆滑落砸向正在甲板上的原告,原告见状后避让,在避让过程中头部撞到船左侧船舷,致使原告受伤。涉案事故吊机操作员为张某某。原告遂被送往N医院抢救,后转至Y医院、L医院、N市康复医院进行治疗。2013年9月13日,经N1司法鉴定所鉴定,原告残疾程度为3级,并完全丧失劳动能力,3级护理依赖。法院根据被告N市X货物中转代办处的申请,依法委托N2司法鉴定所对原告蒋某某的伤残等级、劳动能力、护理依赖程度、护理、营养、误工期限进行重新鉴定,N2司法鉴定所作出的司法鉴定意见书,载明原告蒋某某的损伤构成3级伤残,完全丧失劳动能力,3级护理依赖,护理期限、误工期限至上次鉴定之前一日止,营养期限为180日。原告因本次事故所遭受的损失为:医疗费343,537.54元,住院伙食补助费7200元,护理费293,354元,误工费29,485元,交通费及住宿费6000元,营养费5000元,残疾赔偿金629,720元,残疾辅助器具费1243元,精神损害抚慰金30,000元,司法鉴定费2400元,共计1,347,939.54元。事故发生后,被告N市X货物中转代办处支付原告医疗费165,299.54元,现金30,000元。原告以四方对事故发生均有过错为由,要求四方对原告的损失承担共同赔偿责任,遂纠纷成讼。

原告诉称:其所遭受的伤害系码头吊机故障所致。被告N海运公司为涉案码头所有人,被告施某某为涉案码头的承租人,将码头交由已被吊销营业执照的被告N市X货物中转代办处经营,对码头的实际经营疏于管理,对码头的设施疏于检测、管理,存在过错。被告柳某某在被告N市X货物中转代办处被吊销营业执照后继续经营码头,作为实际经营人对装卸作业设备、装卸现场疏于管理,对原告的伤害亦有过错。因此,四被告对原告的损失应当承担共同赔偿责任。

被告N海运公司辩称:(1)N海运公司将码头租赁给施某某符合法律规定,N海运公司持有的港口经营许可证上载明N海运公司可从事港口设施设备的租赁服务,N海运公司与被告施某某之间签订了租赁合同、码头安全生产协议书,N海运公司在从事出租经营业务过程中已尽了谨慎注意义务,不存在主观上的过错。(2)本案吊机不属于N海运公司所有,在出租码头过程当中,租赁范围是码头以及房屋,不包括设备以及设施,该吊机既不属于N海运公司所有,也不归N海运公司管理和使用,因此N海运公司对事故发生不存在故意或者过失。请求驳回原告对N海运公司的诉讼请求。

被告N市X货物中转代办处、柳某某辩称:(1)本案属于意外事故,事故的责任应当由原告自行负责,与N市X货物中转代办处、柳某某无关。(2)原告作为船员在从事工作过程中未佩戴安全帽,在指挥卸货的过程当中穿拖鞋,站立在不应站立的吊机的活动范围内,对自己受伤存有过错,应承担主要法律责任。(3)吊机驾驶员并非N市X货物中转代办处的员工,码头及吊机实际上是由张某某承包经营,本案原告放弃对张某某的起诉,张某某应该承担的法律责任,本案各被告均不应该承担。(4)原告主张的损失过高。(5)施某某与N市X货物中转代办处之间是内部承包经营合同关系,而不是租赁合同关系。(6)被告N市X货物中转代办处作为企业的主体依然存在,本案被告柳某某并不是企业的股东,仅是企业负责人,原告起诉被告柳某某没有法律依据。综上,请求驳回原告对被告N市X货物中转代办处、柳某某的诉讼请求。

被告施某某辩称：(1)码头的所有权人是 N 海运公司，N 海运公司将码头租给施某某，施某某又将码头租给了 N 市 X 货物中转代办处，施某某与 N 市 X 货物中转代办处系租赁关系。(2)事故的根本原因是码头的吊机发生故障，而吊机的所有权人并非施某某，而是 N 市 X 货物中转代办处和柳某某，施某某无权对设备进行管理。(3)关于责任问题，施某某虽将码头出租给 N 市 X 货物中转代办处，但对 N 市 X 货物中转代办处已经被吊销营业执照并不知情。原告受伤系因吊机发生事故导致，而与施某某将码头出租给 N 市 X 货物中转代办处以及 N 市 X 货物中转代办处有无营业执照无关。所以，原告主张各被告共同侵权不成立，请求驳回原告对施某某的诉讼请求。

法院认为：本案系通海水域人身损害责任纠纷，争议焦点是被侵权人因码头吊机坠落造成伤害，码头相关产权人、承租人、实际管理人对于事故责任是否承担以及承担范围参数的争议。被侵权人在船上卸货时，被码头吊机砸伤头部，经诊断为三级伤残，被侵权人向本案码头的各相关人要求赔偿其损伤费用。码头各个相关人对此次事故无主观上的故意，且每个侵权行为不能对行为人造成全部伤害，因此，应按其侵权行为与损害结果之间的关联度而承担相应的责任。码头实际经营人对于码头设施未做到定期检查、排除安全隐患，对此次事故的产生具有直接因果关系，因此需承担主要责任。码头承租人和产权人未履行安全义务，应对事故承担次要责任。由于被侵权人自身在操作过程中未遵守安全规则，其自身也应对损伤结果承担责任。最终判决被告 N 海运公司支付原告蒋某某人身损害赔偿款 135,127 元；被告施某某支付原告蒋某某人身损害赔偿款 270,255 元；被告 N 市 X 货物中转代办处、柳某某共同支付原告蒋某某人身损害赔偿款 547,900 元；驳回原告其他请求。

实务要点

多人侵权造成受害人损伤的，应视其与损害结果间的关联度承担相应责任

二人以上分别实施侵权行为造成同一损害，能够确定责任大小的，各自承担相应的责任；难以确定责任大小的，平均承担赔偿责任。由此可知，对于负有

一般安全保障义务的数人,其未履行义务对他人造成损伤的,应当依法承担侵权责任,而对于数人共同侵权责任的承担方式,法律中并没有明确规定,应当按照以下原则进行处理:第一,数个侵权人分别实施了侵权,且数个行为中的每一个行为都可对被侵权人造成全部伤害,或者数个行为人的侵权行为对被侵权人造成了同一伤害,且损害结果是不可分的,则数个行为人的共同侵权行为对于被侵权人造成的全部伤害应承担连带责任。第二,被侵权人的损害结果是由数人的数个侵权行为造成的,每一独立行为并不是构成损害结果的直接原因,因此应当根据造成事故所需承担的主要责任和次要责任,对被侵权人的损伤承担责任。第三,若存在第三人侵权时,第三人应当承担侵权责任。在第三人不能确定或者第三人没有足够的清偿能力时,由负有安全保障义务人承担相应的责任,即相应的补充责任。综上所述,数人侵权责任认定中,数人共同侵权行为对被侵权人造成同一伤害,在损害结果不可分时,数人承担连带责任;在侵权结果可分时,根据主要和次要责任对事故进行责任承担。

本案中,被侵权人因为码头吊机故障造成其伤残,失去了劳动能力,以该码头所有权人、承租人和实际经营者对于码头设备疏于管理对其造成伤害为由提起诉讼。码头所有权人、承租人和实际经营者对于事故的形成并没有主观上的故意,但其对码头设备负有安全保障义务,因其未履行义务而造成被侵权人损伤,其应当承担侵权责任。码头的实际经营者因其未履行安全保障义务而应对本次事故承担主要责任,即应对本起事故承担55%的责任;租赁人因其将码头租给已吊销营业执照的经营人,应对本次事故承担次要责任,即应对本次事故承担20%的责任;码头所有权人应对本次事故承担10%的责任;被侵权人因其自身对事故的发生疏于注意,应自行对事故承担15%的责任。

法律依据

《民法典》(2021年施行)

第一千一百六十八条 二人以上共同实施侵权行为,造成他人损害的,应当承担连带责任。

第一千一百六十九条 教唆、帮助他人实施侵权行为的,应当与行为人承担连带责任。

教唆、帮助无民事行为能力人、限制民事行为能力人实施侵权行为的,应当承担侵权责任;该无民事行为能力人、限制民事行为能力人的监护人未尽到监护职责的,应当承担相应的责任。

第一千一百七十条 二人以上实施危及他人人身、财产安全的行为,其中一人或者数人的行为造成他人损害,能够确定具体侵权人的,由侵权人承担责任;不能确定具体侵权人的,行为人承担连带责任。

第一千一百七十一条 二人以上分别实施侵权行为造成同一损害,每个人的侵权行为都足以造成全部损害的,行为人承担连带责任。

第一千一百七十二条 二人以上分别实施侵权行为造成同一损害,能够确定责任大小的,各自承担相应的责任;难以确定责任大小的,平均承担责任。

第一千一百七十三条 被侵权人对同一损害的发生或者扩大有过错的,可以减轻侵权人的责任。

第一千一百七十四条 损害是因受害人故意造成的,行为人不承担责任。

第一千一百七十五条 损害是因第三人造成的,第三人应当承担侵权责任。

第一千一百七十六条 自愿参加具有一定风险的文体活动,因其他参加者的行为受到损害的,受害人不得请求其他参加者承担侵权责任;但是,其他参加者对损害的发生有故意或者重大过失的除外。

活动组织者的责任适用本法第一千一百九十八条至第一千二百零一条的规定。

第五节 紧急避险损害赔偿纠纷

T养殖公司与L水力发电站紧急避险损害赔偿纠纷

案情简介[①]

一审原告、二审上诉人：T养殖公司

一审被告、二审上诉人：L水力发电站

T养殖公司专业从事欧洲鳗的养殖。L水力发电站系L水库的管理人，利用L水库的水力发电。T养殖公司的养殖场位于L水力发电站办公场所的大门口东北方向距L水库的行洪道约100米。根据T市水利电力局T水管（1997）24号《T市1997年度中型水库控制运行计划表》，L水力发电站所管理的L水库历史最高水位是399.31米，梅汛期（梅雨季节）与台汛期（台风季节）的限制水位均为398米。该水库的洪水调度方式为：库水位398.77米以下开一孔（闸），库水位399.77米以上开三孔。1997年8月18日夜，11号台风影响T县，降雨量较大，造成L水库水位不断上升。L水力发电站具体泄洪时的情况如下：8月18日23时水位396米；8月19日凌晨1时水位398.30米，超过限制水位0.3米；1时30分水位398.70米；1时55分水位398.90米，此时被告开中闸（1个孔）泄洪；凌晨2时水位399.35米；2时30分水位399.80米；2时50分水位400.00米，L水力发电站直接开三闸泄洪。由于其直接开三闸泄洪没有通知下游，加上泄洪水量过大、过急，水从行洪道漫至其办公场所并从其大门冲出，冲走了T养殖公司养殖场中的价值3,442,388.20元的鳗苗。此外，另查明，L水力发电站在台风前曾擅自在行洪道中加高了二级电站小拱坝1米，导

[①] 参见重庆市彭水苗族土家族自治县人民法院（2019）渝0243行初138号行政判决书、重庆市第四中级人民法院（2020）渝04行终70号行政判决书。

致行洪不畅。

T养殖公司基于泄洪造成的损失向法院起诉,要求L水力发电站赔偿原告鳗苗损失3,442,388.20元及自1997年9月1日至实际赔偿之日的利息损失。一审法院支持了T养殖公司的部分损失费用请求。宣判后,原、被告双方均不服,提起上诉。

一审原告、二审上诉人诉称: 其起诉主张适用原《民法通则》第106条第2款即过错责任,要求被告承担全部赔偿责任,而原判却适用紧急避险的条款。即使适用紧急避险条款,本案的全部责任也应由被告承担,因为被告未提供自然因素导致险情发生的任何证据,其采取措施存在明显不当之处,又未尽通知下游的义务,一审判决其承担50%责任的依据不足。请求撤销原判,依法改判被告承担全部责任。

一审被告、二审上诉人诉称: 在水库水位上涨的情况下,其开闸泄洪是执行政府的行政命令,而不是自主行为,且开闸泄洪中并无不当。一审认为其开闸泄洪时未履行通知下游有关单位的义务,脱离现实,缺乏法律依据。其开闸放水行为与原告的损失没有必然的因果关系,一审判决其承担赔偿责任的理由不能成立。请求改判驳回原告的诉讼请求。

一审法院认为: 1997年的11号台风影响T县,因雨量较大致被告所管理的L水库水位迅速上升并超过限制水位,威胁水库的安全,被告采取开闸泄洪的措施,因水量过大淹没原告养殖场并给原告造成损失的事实清楚。因水库水位上升威胁着水库的安全,被告为避免造成更大的损害而开闸泄洪,属于紧急避险。因被告的泄洪行为是体现被告意志的行为,不符合不可抗力的构成要件,被告辩称淹没原告养殖场系不可抗力所致缺乏法律依据。被告辩称其泄洪行为是具体行政行为,因而本案不属民事诉讼范围。但被告并非行政机关,亦非受行政机关委托、授权的行政组织,因此其并不符合具体行政行为的主体要件,本案应属民事诉讼的范围,被告应根据紧急避险的有关规定来承担民事责任。被告在台汛期违反《防洪法》的有关规定,在水库水位超限制水位且仍在继续上升的长达一个多小时里,一直未采取开闸泄洪的措施,直至水位已超限制水位近1米时才开中闸泄洪。因为开闸过迟,水位一直上涨到超过限制水位2米,因此被告的过错行为是引起险情发生的原因之一。在发生险情后,被告又未按照《T市1997年度中型水库控制运行计划表》规定的调度方式进行泄洪,在开一闸后直接开三闸,又未尽通知下游的义务,致使行洪道上水流过急、水量过大,并冲出电站大门淹没了原告的养殖场,被告采取的避险措施明显不当。被告辩称自己是按规定的洪水调度方式进行泄洪,且该计划表没有规定可开二闸的情形,这与计划表的规定不符。因为水库水位在398.77米以上399.77米以下时均不符合不开闸、开一闸或开三闸的情形,故被告辩称自己泄洪措施得当的理由不能成立。被告辩称原告未经河道管理部门批准而在河道边上建造养殖场,以及原告选址在水库下游建养殖场而未建必要的防洪自保工程,因而其自身存在过错的理由缺乏事实与法律依据。因为原告的养殖场所在地不是被告行洪河道的管理范围,故原告建造养殖场无须经河道管理部门批准。同时,由于原告的养殖场所在地也不属于受洪水威胁地区,被告主张原告在水库下游选址建造养殖场必须建防洪自保工程缺乏法律依据。因此,原告对此事故的发生没有过错。鉴于本案属紧急避险且险情的引起含有自然因素,故被告应当依照原《民法通则》第129条的规定对原告的损失承担适当的民事责任。结合本案发生的实际情况,被告赔偿原告全部损失额的50%较为妥当。原告主张被告应赔偿其全部损失,法院无法支持。判决被告发电站在本判决生效之日起2个月内赔偿给原告T养殖公司人民币1,721,194.10元。

二审法院认为: 1997年8月18日夜间至19日凌晨,11号台风进入T县境内,降雨量过大导致水电站管理的L水库水位不断上升,有一定的自然灾害因素,确系事实。但水电站事先未及时泄洪,直至水位超过限制警戒线1米左右时才开启中闸泄洪;在水位超过警戒线2米时,又在未及时通知下游有关单位的情况下,采取直接开三闸泄洪措施。由于洪水流量过大过急,加上水电站的二级电站小拱坝加高1米,造成行洪受阻,水位上涨,冲入T养殖公司的养殖场,造成T养殖公司重大经济损失,水电站有过错,依法应承担相应的民事责任。水电站上诉称其开闸泄洪是执行政府的行政命令,不是自主行为,由此造成的经济损失不应由其承担及其不可能尽通知义务的上诉理由不能成立,法院不予支持。T养殖公司上诉称应由L水力发电站承担全部责任的理由也不能成立，因为本案的发生确有自然因素，原判适用紧急避险的有关法律及司法解释正确，但判令水电站赔偿 T 养殖公司 50% 的损失额，显然不足，应予纠正。最终判决 L 水力发电站赔偿 T 养殖公司人民币 2,347,992 元。

实务要点

紧急避险的认定

紧急避险的认定需要满足以下几个条件。

（1）存在现实的危险。紧急避险必须是为使国家、公共利益，本人、他人的人身、财产权益免受正在发生的危险。危险可以是由人的原因引起的，如抢劫犯的抢劫、精神病人的袭击等；也可以是自然原因引起的，如地震、洪水、台风等自然灾害。危险必须是真实的，不是主观想象的或推测的，且已开始出现或处于迫在眉睫的状态。

（2）避险行为的迫不得已性。紧急避险必须是在不得已的情况下采取的，即在当时的情况下，没有其他方法可以避免危险。如果在当时的情况下，本可以不损害他人合法权益而达到避险目的，而行为人的行为造成的损害却远远超过了紧急避险所保护的利益，则避险人仍需承担赔偿责任。

（3）避险行为的合法性。避险行为必须是为了保护合法权益，而不是非法利益。

（4）避险行为的限度性。避险行为必须是迫不得已采取的，且不能超过必要的限度。紧急避险保全的利益应大于受损害利益。这必须根据具体情况来分析判断，如为了保全自己生命而不惜牺牲他人生命，为了保全自己运载的少量货物而损害国家重要资财等都构成避险过当。避险行为所造成的损害应当明显小于所避免的损害，即以尽可能小的损害保全较大的法益。

（5）避险行为的时间性。危险必须是正在发生的，即危险已经发生或迫在眉睫并且尚未消除。对于尚未到来或者已经发生的过去的危险，都不能实行紧急避险。

（6）避险行为的对象。紧急避险损害的对象不限于危险制造者，也可能有人为制造者,但紧急避险不限于指向危险制造者。

紧急避险的责任承担

如果紧急避险采取措施不当或者超过必要的限度,造成不应有的损害,则紧急避险人应当承担适当的责任。如果危险是由自然原因引起,则紧急避险人不承担民事责任或者承担适当的民事责任。如果紧急避险的险情是由第三人引起,紧急避险又符合上列要件要求,则构成避险人免责事由,而由第三人承担民事责任。

本案中的紧急避险

在本案中,L水力发电站为了水库的安全,在开闸过程中损害了T养殖公司的利益,受损的利益显然远远小于被告所要保护的利益,认定为紧急避险没有争议。本案的关键是如何认定引起险情发生的原因及避险人所采取的避险措施是否得当两个问题。

法院认为引起险情发生的原因有两个:一是自然因素,二是L水力发电站在限制水位以上蓄水且在水位持续上涨情况下不及时泄洪。本案的险情应当界定为L水力发电站所管理的水库已超过限制水位且水位持续上升,给水库安全造成的危险状态。在引起险情发生的原因可能是L水力发电站的不作为行为与自然因素共同作用的情况下,L水力发电站如要主张险情是自然因素或是与自然因素共同引起,则被告应负有举证责任。本案L水力发电站自始至终未能举证证明即使其不存在不作为的行为而台风雨降临后仍要引起水库危险状态的发生这一事实。因此,从举证责任角度观之,也只能认定引起险情发生的原因是其不作为行为。在引起险情发生后,为了避免危险给水库带来的损害,L水力发电站采取开闸泄洪的避险措施,但其开闸泄洪又未按规定的运行方式,因此L水力发电站在实施避险措施过程中存在过错。此外,又存在L水力发电站在行洪道上加高二级电站的小拱坝,导致行洪不畅的事实。因此,从过错角度讲,L水力发电站要承担紧急避险的民事责任是不容置疑的。

> **法律依据**

1.《民法典》(2021 年施行)

第一百八十二条　因紧急避险造成损害的,由引起险情发生的人承担民事责任。

危险由自然原因引起的,紧急避险人不承担民事责任,可以给予适当补偿。

紧急避险采取措施不当或者超过必要的限度,造成不应有的损害的,紧急避险人应当承担适当的民事责任。

2.《最高人民法院关于适用〈中华人民共和国民法典〉总则编若干问题的解释》(法释〔2022〕6 号)

第三十二条　为了使国家利益、社会公共利益、本人或者他人的人身权利、财产权利以及其他合法权益免受正在发生的急迫危险,不得已而采取紧急措施的,应当认定为民法典第一百八十二条规定的紧急避险。

第三十三条　对于紧急避险是否采取措施不当或者超过必要的限度,人民法院应当综合危险的性质、急迫程度、避险行为所保护的权益以及造成的损害后果等因素判断。

经审理,紧急避险采取措施并无不当且没有超过必要限度的,人民法院应当认定紧急避险人不承担责任。紧急避险采取措施不当或者超过必要限度的,人民法院应当根据紧急避险人的过错程度、避险措施造成不应有的损害的原因力大小、紧急避险人是否为受益人等因素认定紧急避险人在造成的不应有的损害范围内承担相应的责任。

第四章 涉水民事公益诉讼

第一节 水污染类环境民事公益诉讼

一、G省检察机关诉某公司稀土项目污染环境公益诉讼系列案

案情简介①

公诉人：G省检察机关

被告：C公司、W公司、G公司、H公司、Y公司

某公司下属企业环境管理混乱、违法问题突出，存在较大环境风险。其中，C公司、W公司对闭矿项目没有按照环评要求处理废水至稳定达标即将废水处理设施一拆了之；H公司某项目闭矿后虽建有废水处理设施，但废水没有得到完全收集治理；W公司、G公司、H公司部分项目存在废水收集治理不完全，污染周边水环境等问题；Y公司项目发生山体滑坡突发事件后处置不到位，致使淋洗液溢出外环境。因涉案项目采用原地浸矿回收工艺开采稀土，产生的废水氨氮值高，持续外溢污染周边环境。

本案线索由中央生态环境保护督察办公室向最高人民检察院移送。2021年1月，最高人民检察院将案件线索交由G省人民检察院办理。G省人民检察

---

① 参见检察公益诉讼协同推进中央生态环境保护督察整改典型案例之二。

院经初步调查后发现,相关稀土项目污染环境的事实客观存在,行政机关通过现场核查、下发整改通知书、责令整改、要求编制环境整治优化方案等,督促某公司下属企业整改,但未能彻底整改到位。鉴于污染问题分散在4个地级市,涉及厂矿均属于某公司下属企业,G省人民检察院于2021年6月11日以事立案,由检察长担任专案组组长,统筹4个市级院和相关基层院办案力量,进行一体化办理。

专案组经现场勘验取样检测、调取环评报告和项目关停退出方案、询问当事人、委托鉴定等,查明了涉案稀土项目的污染范围、污染时间、污染物状况、生态环境损害等情况。经综合研判,决定优先通过民事公益诉讼推动修复受损的公益。

针对C公司某项目将全部废水处理设施予以拆除,对采区未进行有效治理,致周边地表水氨氮持续超标问题,W市人民检察院经公告,于2021年12月17日向W市中级人民法院提起民事公益诉讼,诉请判令该公司赔偿生态环境损害费用等共计691.46万元。诉讼过程中,C公司全额赔偿到位,W市人民检察院依法撤回起诉。

针对Y公司某项目一采区发生山体滑坡,部分淋洗液向外环境泄漏,造成周边地表水氨氮超标问题,Y市人民检察院经诉前公告,于2021年12月24日向Y市中级人民法院提起民事公益诉讼,诉请判令Y公司赔偿生态环境损害费用等共计46.23万元。诉讼过程中,Y公司全额赔偿到位,Y市人民检察院依法撤回起诉。

针对W公司、G公司、H公司部分项目存在的废水收集治理不完全,污染周边水环境问题,W市、C市、H市等3个地市检察院支持当地生态环境部门开展生态环境损害赔偿磋商。三市生态环境部门分别与涉案企业签署赔偿协议,由相关企业赔付生态环境损害赔偿金共计475.76万元。同时,W市、C市、H市等三市检察院就三市生态环境部门整改初期履职不全面问题依法启动行政公益诉讼,推动实现综合整治。

办案中,检察机关主动帮助分析查找环境污染风险隐患,助推某公司及其下属企业投入4290余万元用于问题整改及生产技术升级改造,从源头上消除氨氮废水污染风险。

典型意义:中央生态环境保护督察办公室披露某央企下属企业污染环境问题后,相关行政机关积极履职整改,但未能实现公益全部修复目标。G省人民检察院统筹发挥一体化办案机制作用,在全面查清公益损害事实的基础上,采取统分结合的方式立案办理,发挥民事公益诉讼的独特价值,依法追究涉案企业生态环境损害责任,推动受损公益得到全面修复。检察机关在诉讼请求全部实现的前提下,依法撤回起诉,实现案件政治效果、社会效果、法律效果的统一。

实务要点

在环境民事公益诉讼中,原告是否可以撤回起诉

《民事诉讼法》第148条第1款规定:"宣判前,原告申请撤诉的,是否准许,由人民法院裁定。"环境民事公益诉讼从本质上说依旧属于民事诉讼,因此环境民事公益诉讼同样适用该条法律的规定,即环境民事公益诉讼的原告可在宣判前向人民法院申请撤诉,由人民法院裁定是否准许。但是环境民事公益诉讼特殊之处在于环境民事公益诉讼具有公益性的特征,环境民事公益诉讼的原告所诉请的并非完全是私人利益,其中包含着公共利益,因此,原告申请撤诉不能损害国家、社会的公共利益。《最高人民法院关于审理环境民事公益诉讼案件适用法律若干问题的解释》(以下简称《环境民事公益诉讼司法解释》)中对环境民事公益诉讼的撤诉进行了若干限制。首先,《环境民事公益诉讼司法解释》第25条第2款规定:"公告期满后,人民法院审查认为调解协议或者和解协议的内容不损害社会公共利益的,应当出具调解书。当事人以达成和解协议为由申请撤诉的,不予准许。"由此可见,在环境民事公益诉讼中,原告不能以达成和解协议为由申请撤诉。其次,《环境民事公益诉讼司法解释》第27条规定:"法庭辩论终结后,原告申请撤诉的,人民法院不予准许,但本解释第二十六条规定的情形除外。"从中可看出在环境民事公益诉讼中,原告申请撤诉的期限为法庭辩论终结前。但是该解释第27条同样规定了一种例外情形,即《环境民事公益诉讼

司法解释》第 26 条,"负有环境资源保护监督管理职责的部门依法履行监管职责而使原告诉讼请求全部实现,原告申请撤诉的,人民法院应予准许"。若在环境民事公益诉讼中满足《环境民事公益诉讼司法解释》第 26 条规定的情形,即便是在法庭辩论终结后原告申请撤诉,人民法院也应当准许。

回到本案,上述五公司对生态环境损害费用已经全额赔偿到位,检察机关在诉讼请求全部实现的前提下,依法撤回起诉,便是依据《环境民事公益诉讼司法解释》第 26 条的规定。由此可见,在环境民事公益诉讼中,原告在符合上述规定的情形下,可以向人民法院申请撤回起诉。在审查撤诉申请过程中,人民法院应当依法对原告诉请是否全部实现进行审查,保证公共利益不受损害,从而达到保护生态环境的目的。

法律依据

1.《民事诉讼法》(2023 年修正)

第一百四十八条 宣判前,原告申请撤诉的,是否准许,由人民法院裁定。

人民法院裁定不准许撤诉的,原告经传票传唤,无正当理由拒不到庭的,可以缺席判决。

2.《最高人民法院关于审理环境民事公益诉讼案件适用法律若干问题的解释》(法释〔2020〕20 号)

第二十五条第二款 公告期满后,人民法院审查认为调解协议或者和解协议的内容不损害社会公共利益的,应当出具调解书。当事人以达成和解协议为由申请撤诉的,不予准许。

第二十六条 负有环境资源保护监督管理职责的部门依法履行监管职责而使原告诉讼请求全部实现,原告申请撤诉的,人民法院应予准许。

第二十七条 法庭辩论终结后,原告申请撤诉的,人民法院不予准许,但本解释第二十六条规定的情形除外。

二、Y 环境研究所、J 市绿色生态文化服务中心与 S 光电公司环境污染民事公益诉讼

> **案情简介**[①]

原告一:Y 环境研究所

原告二:J 市绿色生态文化服务中心

被告:S 光电公司

原告一系 2012 年 5 月注册成立的民办非企业单位,原告二系 2012 年 3 月注册成立的民办非企业单位。被告成立于 2004 年 12 月 14 日,主营业务为 TFT-LCD 面板的设计、研发、测试及制造,于 2008 年开始投产。

2017 年 11 月 21 日,生态环境部门检查发现,被告作为大气(VOC)重点排污单位,未按规定安装、使用大气污染物排放自动监测设备,违反了《大气污染防治法》第 24 条第 1 款的规定,对被告罚款 20 万元。

2018 年 1 月 8 日,生态环境部门检查中采样发现,被告在正常生产,废水处理设施正常运行,废水日排放量约 7000 吨的情况下,废水处理设施总排放口中总磷、氨氮超过排污许可证规定的污染物浓度限值,污染了环境,对被告罚款 13 万元。

2018 年 6 月 28 日,生态环境部门检查中采样发现,被告在正常生产,废气处理设施正常运行的情况下,废水处理站废气排放口所排废气中非甲烷总烃超标约 2.1 倍(标准限值 120 毫克/立方米),对被告罚款 30 万元。

2018 年 9 月 26 日,生态环境部门检查中采样发现,被告在正常生产,废气处理设施正常运行的情况下,废水处理站废气排放口所排废气中非甲烷总烃超标约 2.1 倍,对被告罚款 30 万元。同日,生态环境部门发现,被告在正常生产情况下,废水处理站铝蚀刻废水沉淀池溢流,雨水排放口 pH 值、化学需氧量、磷

[①] 参见广东省深圳市中级人民法院(2019)粤 03 民初 3509 号民事判决书。

酸盐超标,沉淀池溢流口pH值、化学需氧量、磷酸盐超标,对被告罚款20万元。

2018年10月19日、10月26日生态环境部门两次检查中采样,均发现被告在正常生产,废水处理设施正常运行的情况下,废水处理设施总排放口氨氮超标3倍至5倍,对被告合并罚款20万元。

2018年11月22日,生态环境部门检查发现,被告在正常生产,废气处理设施正常运行的情况下,废水处理站废气排放口所排废气中甲硫醚超标约65倍,非甲烷总烃超标约0.7倍(标准限值120毫克/立方米),对被告罚款35万元。同日,生态环境部门检查中采样发现,被告在正常生产,废水处理设施正常运行的情况下,废水处理设施总排放口的废水中氨氮超标3倍,对被告罚款30万元。

2019年3月18日、3月19日、3月20日,生态环境部门检查中采样,均发现被告在正常生产,废气处理设施正常运行的情况下,废水处理站废气排放口排放的废气中臭气、甲硫醚超标,对被告罚款45万元。

2019年4月18日,生态环境部门检查中采样,发现被告在正常生产,废气处理设施正常运行的情况下,废水处理设施总排放口的废水中磷酸盐超标3倍以下,对被告罚款50万元。

2019年11月5日,生态环境部门检查采样,发现被告在正常生产,废水处理设施正常运行的情况下,废水处理设施总排放口的废水中化学需氧量、氨氮超标3倍以下,对被告罚款50万元。

原告诉称:被告成立于2004年12月,是一家开发,生产销售新型平板显示器件、电子元器件、半导体和元器件专用材料的企业。其在生产中长期存在超标排放废水、废气等污染物,损害环境公共利益的行为。自2018年2月,被告因违反大气污染防治管理制度,未按照规定安装、使用大气污染物排放自动监测设备并保证监测设备正常运行,被广东省深圳市环保局罚款20万元起,在短短的一年时间里,被告因超标或超总量排污、违反限期治理制度、违反水污染防治管理制度、违反大气污染防治管理制度,反反复复被环保部门处罚了7次之多,罚款累计金额已近200万元。虽然环保部门在罚款的同时,责令其停止违法行为、限期整改,但被告屡罚屡犯,水污染、大气污染等至今没有解决,周边居民的日常生活仍然受到严重影响。以上被告存在的违规排放废水、废气等违法行为,已构成环境民事侵权。根据我国原《侵权责任法》第65条,以及《环境民事公益诉讼司法解释》第18条的规定,因污染环境造成损害的,污染者应当承担侵权责任。虽然被告在各级政府部门的督促下正在整改,但对已经造成的环境公共利益的损害仍需承担民事法律责任。两原告是依法在民政部门注册成立的,维护社会公共利益,且从事环境保护公益活动的社会组织,依据《环境民事公益诉讼司法解释》第1条至第5条的规定,具有提起环境民事公益诉讼的主体资格。因此,两原告请求法院判令被告承担全部的侵权法律责任,支持原告的诉讼请求,维护社会公共利益。

被告辩称:两原告滥用诉权,且两原告主体不适格,不符合起诉的条件,请求法院依法裁定驳回起诉。退一步讲,即便两原告主体适格,其诉讼请求也无事实和法律上的依据,应依法驳回其全部诉讼请求。具体事实和理由有两点。第一,原告仅提供几份简单的环保处罚信息就起诉被告,非常草率,被告认为原告是在滥用诉权,请求法院依据该案的情形,完善起诉的实质条件,责令原告补充相关材料,若其不能补充,则驳回其起诉。第二,两原告主体不适格。起诉事项既未与其宗旨和业务范围具有对应关系,也未与其所保护的环境要素及生态系统具有一定联系。《环境民事公益诉讼司法解释》第4条第2款规定,社会组织提起的诉讼所涉及的公共利益,应与其宗旨和业务范围具有关联性。由此可见,社会组织提起环境民事公益诉讼时,其所起诉的事项应与其宗旨和业务范围具有对应关系,或者应与其所保护的环境要素及生态系统具有一定联系。人们一般把环境要素分为自然环境要素和社会环境要素两大类。通常指的环境要素是自然环境要素。环境要素包括水、大气、岩石、生物、阳光和土壤等。生态系统是指在自然界的一定的空间内,生物与环境构成的统一整体。本案中,原告一的宗旨是遵守宪法、法律、法规和国家政策,遵守社会道德风尚。其业务范围主要为环保科普知识先进传播方法研究;优秀环保科普案例整理和传播;公众环保知识提升方法研究,公众参与环保保护方法研究;环境污染防治方法探索、生态破坏修复方法探索、生态伦理知识研究和推广、动物福利知识研究和推广、环境灾难救援知识研究和推广等。原告二的宗旨是遵守宪法、法律、法规和国家政策,遵守社会道德风尚。感恩自然,呵护家园,延续地理,匹夫有责。

其业务范围为策划、承办环境保护方面的各类活动;面向社会开展环境保护宣传、教育、培训、咨询等服务工作;开展本地野生动植物生态保育;环境保护相关政策、法规宣传倡导。两原告提起本案环境民事公益诉讼是基于被告存在或可能存在水污染行为或对周围水域存在潜在污染风险的行为,但该起诉事项显然既未与其宗旨和业务范围具有对应关系,也未与其所保护的环境要素及生态系统具有一定联系,故两原告并不符合《环境保护法》第58条规定的条件,不具有提起环境民事公益诉讼的主体资格。

法院认为:两原告是否具备提起环境污染民事公益诉讼的主体资格。两原告在本案中是否可以作为"专门从事环境保护公益活动"的社会组织提起本案诉讼,应从其章程规定的宗旨和业务范围是否包含维护环境公共利益、是否实际从事环境保护公益活动,以及提起环境公益诉讼所维护的环境公共利益是否与其宗旨和业务范围具有关联性等三个方面进行审查。

第一,关于两原告章程规定的宗旨和业务范围是否包含维护环境公共利益的问题,社会组织章程即使未明确规定维护环境公共利益,但其工作内容包含环境要素及其生态系统多样性的保护,可以认定该社会组织的宗旨和业务范围是维护环境公共利益。原告一的章程已规定其业务范围主要为环保科普知识先进传播方法研究、中国优秀环保科普案例整理和传播、公众环保知识提升方法研究、环境污染防治方法探索、生态破坏修复方法探索等,原告二的章程已规定其业务范围主要为环保文化宣传、咨询服务,策划、承办环保相关活动,据此可以认定两原告宗旨和业务范围包含维护环境公共利益。

第二,关于两原告是否实际从事环境保护公益活动的问题,社会组织从事直接改善生态环境的行为或者从事与环境保护有关的宣传教育、研究培训、学术交流、法律援助等活动,均可以认定为实际从事环境保护公益活动。两原告提交的年检记录及年检报告书显示两原告开展了环境保护宣传教育等环境保护公益活动,且时间已满5年,符合《环境保护法》第58条关于社会组织从事环境保护公益活动5年以上的规定。

第三,关于本案涉及的环境公共利益是否与原告的宗旨和业务范围具有关联性的问题。依照最高人民法院第75号指导案例的裁判规则,即使社会组织的起诉事项与其宗旨和业务范围不具有对应关系,但若与其保护的环境要素或者生态系统具有一定的联系,亦应基于关联性标准确认其主体资格。本案环境民事公益诉讼系针对大气污染及水污染提起,两原告章程中"环境污染防治方法探索、生态破坏修复方法探索等"与"开展野生动植物生态保育"的业务范围与大气资源环境、水资源环境及生态系统保护具有一定关联,可以认定本案起诉事项与其宗旨和业务范围具有关联性。

最后,原告一提交的《章程》《民办非企业单位登记证书》《2012年至2017年年检记录》《2018年年检报告书》《无违法记录声明》及原告二提交的《章程》《民办非企业单位登记证书》《2016年度至2018年度年检记录》《2013年至2018年年检报告书》《无违法记录声明》,足以证明两原告符合《环境保护法》第58条,《环境民事公益诉讼司法解释》第2条、第3条、第5条对提起环境民事公益诉讼社会组织的要求,两原告具备提起环境民事公益诉讼的主体资格。

实务要点

社会组织提起环境民事公益诉讼主体资格应当如何确定

环境民事公益诉讼是指特定的国家机关、社会组织和公民,为维护环境公共利益,根据法律的规定,对已经或可能污染和破坏环境的行为,针对实施该行为的主体向法院提起诉讼并要求其承担民事责任,由法院按照民事诉讼程序依法审判的活动。《民事诉讼法》第58条第1款规定,对污染环境、侵害众多消费者合法权益等损害社会公共利益的行为,法律规定的机关和有关组织可以向人民法院提起诉讼。

本案的关键问题是两原告是否具备提起环境民事公益诉讼的主体资格。根据《环境民事公益诉讼司法解释》的规定,社会组织提起环境民事公益诉讼应当符合以下五个条件。

1. 依法登记

根据《环境民事公益诉讼司法解释》第2条的规定,社会组织应当在设区的市级以上人民政府的民政部门进行登记。原告一和原告二均是在 2012 年注册成立的民办非企业单位,符合登记要求。

2. 专门从事环境保护公益活动

社会组织章程确定的宗旨和主要业务范围是维护社会公共利益,且从事环境保护公益活动的,可以认定为"专门从事环境保护公益活动"。原告一的章程规定其业务范围包含环保科普知识传播、环境污染防治方法探索等,原告二的章程规定其业务范围包含环保文化宣传、咨询服务等,均符合维护环境公共利益的要求。

3. 无违法记录

社会组织在提起诉讼前 5 年内未因从事业务活动违反法律、法规的规定受过行政、刑事处罚的,可以认定为"无违法记录"。两原告提交的《无违法记录声明》显示两原告均无违法记录。

4. 从事环境保护公益活动满 5 年

社会组织从事环境保护公益活动应满 5 年以上,符合《环境保护法》第 58 条的规定。两原告提交的年检记录及年检报告书显示两原告开展了环境保护宣传教育等环境保护公益活动,且时间已满 5 年。

5. 环境公共利益的关联性

社会组织提起的诉讼所涉及的社会公共利益,应与其宗旨和业务范围具有关联性。两原告的业务范围与大气资源环境、水资源环境及生态系统保护具有一定关联,可以认定本案起诉事项与其宗旨和业务范围具有关联性。

法律依据

1.《民事诉讼法》(2023 年修正)

第五十八条　对污染环境、侵害众多消费者合法权益等损害社会公共利益的行为,法律规定的机关和有关组织可以向人民法院提起诉讼。

人民检察院在履行职责中发现破坏生态环境和资源保护、食品药品安全领域侵害众多消费者合法权益等损害社会公共利益的行为,在没有前款规定的机关和组织或者前款规定的机关和组织不提起诉讼的情况下,可以向人民法院提起诉讼。前款规定的机关或者组织提起诉讼的,人民检察院可以支持起诉。

2.《最高人民法院关于审理环境民事公益诉讼案件适用法律若干问题的解释》(法释〔2020〕20号)

第一条 法律规定的机关和有关组织依据民事诉讼法第五十五条、环境保护法第五十八条等法律的规定,对已经损害社会公共利益或者具有损害社会公共利益重大风险的污染环境、破坏生态的行为提起诉讼,符合民事诉讼法第一百一十九条第二项、第三项、第四项规定的,人民法院应予受理。

第二条 依照法律、法规的规定,在设区的市级以上人民政府民政部门登记的社会团体、基金会以及社会服务机构等,可以认定为环境保护法第五十八条规定的社会组织。

第三条 设区的市、自治州、盟、地区,不设区的地级市,直辖市的区以上人民政府民政部门,可以认定为环境保护法第五十八条规定的"设区的市级以上人民政府民政部门"。

第四条 社会组织章程确定的宗旨和主要业务范围是维护社会公共利益,且从事环境保护公益活动的,可以认定为环境保护法第五十八条规定的"专门从事环境保护公益活动"。

社会组织提起的诉讼所涉及的社会公共利益,应与其宗旨和业务范围具有关联性。

第五条 社会组织在提起诉讼前五年内未因从事业务活动违反法律、法规的规定受过行政、刑事处罚的,可以认定为环境保护法第五十八条规定的"无违法记录"。

三、X 化学公司与 Y 环境友好中心水污染责任纠纷民事公益诉讼

案情简介[①]

一审被告、二审上诉人：X 化学公司

一审原告、二审被上诉人：Y 环境友好中心

X 化学公司成立于 2004 年 3 月 12 日，类型为有限责任公司，营业期限自 2004 年 3 月 12 日至 2034 年 3 月 11 日。该公司生产过硫酸铵和过硫酸钠各 2000 吨的项目位于 F 省 Y 市 H 镇工业园内，采用电解法生产过硫酸铵，通过蒸汽（盘管换热）加热生产过硫酸钠。在正常生产情况下，该项目产生的废气主要是 2t/h 燃煤锅炉燃烧过程中产生的烟气，其主要成分为烟尘和二氧化硫，烟气经水膜除尘器除尘后由一根 30 米高的烟囱排放；该项目产生的外排废水为锅炉水膜除尘器的除尘水和生活用水。被告 X 化学公司于 2016 年将燃煤锅炉改成生物质锅炉，于 2017 年 6 月 30 日将生物质锅炉改为燃气锅炉。

X 化学公司于 2003 年 8 月 10 日委托 F 省 S 市环境保护科学研究所编制该项目的环境影响报告书，F 省 S 市环境保护科学研究所于 2003 年 10 月出具《X 化学公司年生产过硫酸铵和过硫酸钠各 2000 吨项目环境影响报告书》（以下简称环境影响报告书）。该报告书记载，"过硫酸铵和过硫酸钠每年各 2000 吨；年耗水量 37,450 吨；年耗煤量 700 吨；年耗电量 700 万千瓦""本项目建成投产后，对区域环境的污染物贡献量将有所增加，其主要污染物排放总量如下：废水量 35,000 立方米/年；COD（化学需氧量）3.5 吨/年；烟尘排放总量 3.15 吨/年；二氧化硫排放总量 13.65 吨/年"。

网友于 2015 年 4 月 8 日向人民网领导留言板投诉，称"对外称停产的 X 化工厂 3 月 16 日恢复"。F 省信访局于 2015 年 8 月 18 日回复了行政机关的检查、监督过程，摘录如下：2015 年 1 月 21 日 Y 市环保局执法人员联合 H 镇人民

[①] 参见福建省三明市中级人民法院（2021）闽 04 民终 150 号民事判决书。

政府、S 村村书记到现场调查处理。2015 年 1 月 26 日,该公司向环保局报告了整改计划,全部整改项目于 2015 年 2 月 28 日完成。2015 年 2 月 6 日,环保局环境监察执法人员对该公司进行了督察。2015 年 2 月 12 日下午,环保局联合 H 镇政府和投诉人一起到现场检查。2015 年 3 月 16 日,该公司恢复生产。2015 年 3 月 18 日 Y 市环保局配合 S 市环保局对该公司进行督察。2015 年 4 月 1 日,Y 市环保局执法人员和监测人员到该公司进行突击监督性监测及检查,经监测,该公司存在超标排放问题,Y 市环保局依法对该公司进行立案查处。2015 年 4 月 21 日,S 市环保局组织 S 市环境监察大队、S 市环科所和 S 市监察站会同 Y 市环保局、Y 市 H 镇政府联合对该公司进行调查处理,并邀请 S 村的 3 名村民代表全程参与现场检查。现场检查期间,企业正常生产。经查,企业主要存在以下环境问题:生产废气方面,过硫酸铵车间结晶锅出料、产品离心、母液调氨工段和过硫酸钠车间氨气吸收水回用过程存在无组织排放现象;过硫酸铵烘干工段废气未经处理就经排气筒直排;锅炉废气超标排放。生产废水方面,厂区雨污分流系统不完善,各个车间跑冒滴漏现象严重,初期雨水未进行收集;电解车间部分地面的冲洗废水可溢流至车间外,小部分酸性废水渗漏至配电房右侧雨水沟直排外环境;过硫酸钠车间氨气吸收水循环池回用水泵设备老化,小部分碱性废水泄漏,经雨水沟直排外环境;燃煤锅炉除尘废水未循环使用。

因超标排放,Y 市环保局于 2015 年 4 月 1 日、2016 年 10 月 31 日、2017 年 5 月 13 日对 X 化学公司作出行政处罚决定书,罚款并责令其立即停止违法排放污染物行为。

一审被告、二审上诉人诉称:(1)Y 环境友好中心不具备本案诉讼的主体资格。Y 环境友好中心在 2017 年 12 月 25 日被认定为慈善组织,即不是"专门从事环境保护公益活动"的组织,不具备提起本案诉讼的原告主体资格。(2)Y 环境友好中心引用 X 化学公司竣工验收调查监测报告的数据作为推定 X 化学公司污染环境、损害社会公共利益的理由不能成立。①竣工监测报告针对的是监测当时的某一时间点,而不是一定时期不变的数据。②验收监测报告的结论表明,X 化学公司的生产设施和生产条件以及对废水、废气的处理排放符合相关标准,不存在外排污染物已经损害社会公共利益的后果。(3)Y 环境友好中心的诉讼请求没有事实依据且有牟利嫌疑。如上文所述,X化学公司生产过程中排放的污染物符合排放标准,未对环境造成损害,没有损害事实存在。Y环境友好中心要求X化学公司承担赔偿大气环境损害和水体环境损害的责任没有事实依据,Y环境友好中心要求支付高额的专家咨询费、差旅费、律师费等则明显具有牟取经济利益的嫌疑。(4)本案Y环境友好中心的请求已经过了诉讼时效。《环境保护法》第66条规定:"提起环境损害赔偿诉讼的时效期间为三年,从当事人知道或者应当知道其受到损害时起计算。"Y环境友好中心要求X化学公司承担2012年到2014年的环境损害责任,即便该损害存在,Y环境友好中心的请求也已经过了诉讼时效,对其请求应当予以驳回。

一审原告、二审被上诉人辩称:上诉人X化学公司以行政处罚信息在网上公示推定被上诉人知道上诉人的环境违法行为,不符合社会生活常识。上诉人于2017年下半年收到村民举报,于2019年9月12日提起诉讼,未超过诉讼时效。上诉人被批复许可的污染物排放总量是每天生产10个小时的排放总量,不能超过10小时生产、排污。上诉人承认其每天生产20个小时,从2012年至2014年的用电量均是环境影响报告书上的年用电量的两倍以上,用电量的增加意味着产品产量的增加,在环评污染防治措施不改变的前提下,同时意味着废水废气中污染物的排放量也会相应增加一倍,超过了排污许可证规定。《最高人民法院关于审理环境民事公益诉讼案件适用法律若干问题的解释》第23条是人民法院可酌情认定生态环境修复费用的依据,一审法院认定10万元的生态环境修复费用正确。一审判决参考了专家意见,因此支持专家咨询费用并无不当。

一审法院认为:(1)关于Y环境友好中心是否符合原告的主体资格要件的问题。《环境保护法》第58条第1款规定:"对污染环境、破坏生态,损害社会公共利益的行为,符合下列条件的社会组织可以向人民法院提起诉讼:(一)依法在设区的市级以上人民政府民政部门登记;(二)专门从事环境保护公益活动连续5年以上且无违法记录。"Y环境友好中心于2006年11月7日在F省民政厅登记,是从事环境保护的非营利性的社会组织,专门从事环境保护公益活动连续五年以上且无违法记录。故Y环境友好中心符合《环境保护法》第58条的规定,作为公益诉讼原告的主体适格。

(2)关于X化学公司是否存在违法排放污染物的行为的问题。行政管理机关于2015年1月21日、2015年2月6日、2015年2月12日、2015年3月16日、2015年4月1日、2015年4月21日多次对X化学公司检查、督察,对X化学公司的超标违法排污行为进行了行政处罚,Y市环保局还责令X化学公司于2015年4月28日开始限期整改,并要求其在2015年7月31日前完成整改,X化学公司于2015年4月29日开始停产,于2015年4月30日向Y市环保局报送了整改方案。上述情形,可以证实X化学公司确实存在超标排放污染物的行为。

(3)关于X化学公司应承担何种民事责任,损害赔偿数额如何确定的问题。关于本案环境损害数额认定的问题。环境损害数额的认定,专业性极强,主要依靠鉴定来认定。Y环境友好中心委托J省环境科学研究院司法鉴定所高级工程师章某对本案生态环境损害进行评估。章某提出在确定超标排放的污染物数量的前提下可以采用虚拟治理成本法计算环境损害数额,予以确认。经查,环境影响报告书并未论述年耗电量及年生产量之关系,仅是在经济指标列举了年耗电量数字;Y环境友好中心主张X化学公司2012年至2014年排放的污染物总量翻倍,依据不足,不予支持。诉讼过程中,Y环境友好中心明确表示通过咨询专家意见确定本案环境损害数额,不申请司法鉴定,但Y环境友好中心提供给专家辅助人员评估本案环境损害数额的污染物总量依据不足,故对专家辅助人员依据提供的污染物总量而计算得出的环境损害数额,不予采纳。因此,综合考虑X化学公司存在超标排放污染物的行为、主动履行缴纳行政罚款义务并对锅炉两次改造等情况,结合专家辅助人员的出庭意见,一审法院酌情认定X化学公司承担生态环境修复费用、生态环境服务功能损失为100,000元,该款用于Y市生态环境修复或者生态环境保护宣传教育活动。

(4)关于评估费用、律师费以及为诉讼支出的其他合理费用的确定问题。根据2015年《最高人民法院关于审理环境民事公益诉讼案件适用法律若干问题的解释》第22条的规定,承担检验、鉴定费用,合理的律师费以及为诉讼支出的其他合理费用的,人民法院可以依法予以支持。Y环境友好中心提供了相应的票据证明其为本案支付的律师费及差旅费,提供了委托协议证明专家咨询费用,上述费用均属于为本案诉讼的合理支出,予以支持。

（5）关于本案是否超过诉讼时效的问题。X化学公司于2012年至2014年因燃煤锅炉燃烧煤污染环境,周边群众向当地政府反映,2015年至2017年在行政机关的督促下整改,将燃煤锅炉改为燃气锅炉,虽然X化学公司的超标排污行为主要发生2012年至2014年,但Y环境友好中心所在地为F省F市,其确实难以及时得知。Y环境友好中心于2018年年底通过Y市环保局提供的文件才得知X化学公司存在超标排污行为,其于2019年7月提起诉讼,未超过诉讼时效。

二审法院认为：Y环境友好中心作为原告主张X化学公司的超标排污行为发生在2012年至2014年,则受民事诉讼时效制度的制约,被排污行为侵害的主体即应该知晓自己的权利受到侵害,Y市环保局于2015年4月1日对X化学公司作出行政处罚决定书,则被排污行为侵害的主体更应该知道自己的权利受到侵害。Y环境友好中心于2019年7月向一审法院提起民事诉讼,明显超过了诉讼时效。Y环境友好中心在一审中没有提供证据证明其诉讼时效有中断、延长的事由,原审认定Y环境友好中心所在地为F省F市,确实难以及时得知X化学公司的超标排污行为之理由不构成诉讼时效的阻却,故Y环境友好中心在原审的起诉超过了民事诉讼时效。

实务要点

环境民事公益诉讼案件中原、被告的举证责任分配

1. 原告的举证责任[①]

在环境民事公益诉讼案中,原告提交的初步证明材料包括：

（1）被告排放了污染物（废水）。实践中,原告通常是从网上下载相关生态

[①] 参见王秀卫：《我国环境民事公益诉讼举证责任分配的反思与重构》,载《法学评论》2019年第2期。

环境部门对被告的行政处罚决定书或者排放监测数据,来证明被告排放了污染物。

(2)被告排放污染物的行为损害了社会公共利益或者具有损害社会公共利益的重大风险。"造成环境损害"是环境污染侵权责任的要件,原告应对此承担举证责任,并用以支撑其诉讼请求中主张的赔偿损失数额、生态环境修复费用。损害赔偿数额(包括修复完成期间服务功能丧失导致的损失等)的确定,实践中,通常由原告申请鉴定,法院根据鉴定意见认定赔偿数额,也有法院通过征询环保部门意见、专家意见合理确定赔偿数额的。

(3)被告上述环境侵害行为和损害之间具有关联性。原告的初步举证责任主要为:立案时提交网上下载的行政处罚决定书或排污监测数据,证明被告有排污行为;案件审理过程中,原告再申请法院从环保部门调取行政处罚作出所依据的现场检查(勘察)笔录、调查报告、排放数据,及被告取得的环境影响报告书、环评批复等;将申请法院调取的这些材料作为鉴定材料申请鉴定,并鉴定出损失数额。法院据此认定损失数额,并判决由被告承担。

2. 被告的举证责任

被告的举证责任具体有两个方面:一是被告的排污行为符合《水污染防治法》《大气污染防治法》《民法典》等的相关规定,被告应当举证证明其有无排污许可证、是否超过污染物排放标准、是否超过重点污染物排放总量控制指标,以及排放的方式、范围、程度。例如,可提交排污许可证、环境影响报告书、竣工环境保护验收意见的函、未超过排放标准的监测报告等作为证据。司法实践中,有些法院不仅严格区分了行政责任与环境侵权民事责任的责任承担,而且法院在被告提交监测报告等证据证明大气污染物排放、水污染物排放符合环境保护标准的情况下,对原告主张的环境侵权责任不予支持。二是污染环境、破坏生态行为与损害之间不存在因果关系。[①]

---

① 参见张明华:《环境公益诉讼制度刍议》,载《法学论坛》2002年第6期。

生态环境损害赔偿的范围

（1）生态环境服务功能丧失导致的损失，指的是生态环境受到损害至修复完成期间，因服务功能丧失而致的损失。这可能包括生态系统提供的直接和间接服务价值的损失，如水源涵养、空气净化、生物多样性保护等。

（2）生态环境功能永久性损害造成的损失，涉及生态环境功能退化导致的长期或永久性损害，这种损害可能无法完全恢复，因此需要相应的赔偿。

（3）生态环境损害调查、鉴定评估等费用，包括对生态环境损害进行调查、鉴定和评估所产生的费用，这些费用是确定损害程度和赔偿金额的基础。

（4）清除污染、修复生态环境费用，涉及清除污染和修复受损生态环境所需的费用，包括实际修复工程的费用和相关材料、人工等成本。

（5）防止损害的发生和扩大所支出的合理费用，是指为了预防损害的发生或扩大，所采取的合理措施和支出的费用，如应急处理、临时保护措施等。

法律依据

1.《环境保护法》（2014年修订）

第五十八条 对污染环境、破坏生态，损害社会公共利益的行为，符合下列条件的社会组织可以向人民法院提起诉讼：

（一）依法在设区的市级以上人民政府民政部门登记；

（二）专门从事环境保护公益活动连续五年以上且无违法记录。

符合前款规定的社会组织向人民法院提起诉讼，人民法院应当依法受理。

提起诉讼的社会组织不得通过诉讼牟取经济利益。

2.《最高人民法院关于审理环境民事公益诉讼案件适用法律若干问题的解释》（法释〔2020〕20号）

第四条 社会组织章程确定的宗旨和主要业务范围是维护社会公共利益，且从事环境保护公益活动的，可以认定为环境保护法第五十八条规定的"专门从事环境保护公益活动"。

社会组织提起的诉讼所涉及的社会公共利益，应与其宗旨和业务范围具有关联性。

第八条 提起环境民事公益诉讼应当提交下列材料：

（一）符合民事诉讼法第一百二十一条规定的起诉状，并按照被告人数提出副本；

（二）被告的行为已经损害社会公共利益或者具有损害社会公共利益重大风险的初步证明材料；

（三）社会组织提起诉讼的，应当提交社会组织登记证书、章程、起诉前连续五年的年度工作报告书或者年检报告书，以及由其法定代表人或者负责人签字并加盖公章的无违法记录的声明。

3.《最高人民法院关于审理生态环境侵权责任纠纷案件适用法律若干问题的解释》（法释〔2023〕5号）

第一条 侵权人因实施下列污染环境、破坏生态行为造成他人人身、财产损害，被侵权人请求侵权人承担生态环境侵权责任的，人民法院应予支持：

（一）排放废气、废水、废渣、医疗废物、粉尘、恶臭气体、放射性物质等污染环境的；

（二）排放噪声、振动、光辐射、电磁辐射等污染环境的；

（三）不合理开发利用自然资源的；

（四）违反国家规定，未经批准，擅自引进、释放、丢弃外来物种的；

（五）其他污染环境、破坏生态的行为。

第四条 污染环境、破坏生态造成他人损害，行为人不论有无过错，都应当承担侵权责任。

行为人以外的其他责任人对损害发生有过错的，应当承担侵权责任。

第十八条 因第三人的过错污染环境、破坏生态造成他人损害，被侵权人请求侵权人或者第三人承担责任的，人民法院应予支持。

侵权人以损害是由第三人过错造成的为由，主张不承担责任或者减轻责任的，人民法院不予支持。

4.《生态环境损害赔偿管理规定》（环法规〔2022〕31号）

第五条 生态环境损害赔偿范围包括：

（一）生态环境受到损害至修复完成期间服务功能丧失导致的损失；

（二）生态环境功能永久性损害造成的损失；

（三）生态环境损害调查、鉴定评估等费用；

（四）清除污染、修复生态环境费用；

（五）防止损害的发生和扩大所支出的合理费用。

第八条 违反国家规定，造成生态环境损害的单位或者个人，应当按照国家规定的要求和范围，承担生态环境损害赔偿责任，做到应赔尽赔。民事法律和资源环境保护等法律有相关免除或者减轻生态环境损害赔偿责任规定的，按相应规定执行。

赔偿义务人应当依法积极配合生态环境损害赔偿调查、鉴定评估等工作，参与索赔磋商，实施修复，全面履行赔偿义务。

第九条 赔偿权利人及其指定的部门或机构，有权请求赔偿义务人在合理期限内承担生态环境损害赔偿责任。

生态环境损害可以修复的，应当修复至生态环境受损前的基线水平或者生态环境风险可接受水平。赔偿义务人根据赔偿协议或者生效判决要求，自行或者委托开展修复的，应当依法赔偿生态环境受到损害至修复完成期间服务功能丧失导致的损失和生态环境损害赔偿范围内的相关费用。

生态环境损害无法修复的，赔偿义务人应当依法赔偿相关损失和生态环境损害赔偿范围内的相关费用，或者在符合有关生态环境修复法规政策和规划的前提下，开展替代修复，实现生态环境及其服务功能等量恢复。

第十条 赔偿义务人因同一生态环境损害行为需要承担行政责任或者刑事责任的，不影响其依法承担生态环境损害赔偿责任。赔偿义务人的财产不足以同时承担生态环境损害赔偿责任和缴纳罚款、罚金时，优先用于承担生态环境损害赔偿责任。

各地可根据案件实际情况，统筹考虑社会稳定、群众利益，根据赔偿义务人主观过错、经营状况等因素分类处置，探索分期赔付等多样化责任承担方式。

有关国家机关应当依法履行职责，不得以罚代赔，也不得以赔代罚。

第十一条 赔偿义务人积极履行生态环境损害赔偿责任的，相关行政机关和司法机关,依法将其作为从轻、减轻或者免予处理的情节。

对生效判决和经司法确认的赔偿协议,赔偿义务人不履行或者不完全履行义务的,依法列入失信被执行人名单。

第二节　水污染类刑事附带民事公益诉讼

一、某纸业有限公司、黄某海等 4 人污染环境刑事附带民事公益诉讼

案情简介[①]

公诉人:Y 省 K 市 X 区人民检察院

被告:某纸业有限公司(以下简称纸业公司)等

纸业公司的主要经营范围为包装纸的生产,废旧纸张的回收、加工、销售。被告人黄某海系该公司法定代表人、执行董事兼总经理,被告人李某城系该公司后勤厂长,附带民事公益诉讼被告黄某龙(黄某海之子)、黄某芬(黄某龙之妻)均系该公司股东。纸业公司在 2005 年建厂初期,即在某河道一侧埋设暗管接至生产车间的排污管道,并安有遥控装置。在无排污许可的情况下,黄某海指使李某城经暗管排放含有有害物质的生产废水。2020 年 5 月 26 日,Y 省 K 市行政执法机关检查发现纸业公司的暗管和偷排行为,作出责令立即停止环境违法行为(拆除、封堵暗管)、罚款 100 万元的行政处罚,后给予李某城行政拘留 5 日的行政处罚(履行完毕)。经鉴定,纸业公司在 2017 年 4 月至 2020 年 5 月 26 日未对生产废水进行有效处理,全部偷排至某河道,偷排废水期间某河道内水质指标超基线水平 13.0 倍至 239.1 倍,对某地地表水环境造成污染,该期间共计减少废水污染治理设施运行支出 3,009,662 元,对应造成的环境污染损害数额共计 10,815,021 元;纸业公司偷排生产废水导致某地底泥中硫化物、硫酸

[①] 参见最高人民法院发布 2022 年度人民法院环境资源审判典型案例之六。

根、砷、汞、镉、铅、镍物质成分含量增加,对某地底泥物质成分含量变化造成的影响持续存在。

纸业公司案发后全面停产,对公账户可用余额为 18,261.05 元。经鉴定,纸业公司存在公司账簿与股东账簿不分,公司财产与股东财产、股东自身收益与公司盈利难以区分等情形。

Y 省 K 市 X 区人民检察院提起附带民事公益诉讼,请求判令纸业公司承担生态环境损害赔偿及鉴定检测费用,黄某海、黄某龙、黄某芬对上述费用承担连带赔偿责任。

法院认为:被告单位纸业公司违反国家规定,未对生产废水进行有效处理并通过暗管直接排放,严重污染环境,构成污染环境罪。被告人黄某海、李某城作为纸业公司直接负责的主管人员和直接责任人员,亦构成污染环境罪。纸业公司排放生产废水造成的环境污染损害数额共计 10,815,021 元,后果特别严重。本案犯罪事实包含行政执法机关对纸业公司行政处罚认定的违法事实,就该部分违法事实所处的罚款 100 万元与本案所判罚金相抵。李某城被判处刑罚的犯罪行为与之前受行政拘留处分的行为系同一行为,行政拘留 5 日已履行完毕,依法折抵相应刑期。环境污染所造成的损害具有开放性、无限性、历时呈现性与不确定性,事后对环境污染数额的量化远远低于其实际造成损害的严重程度,基于鉴定意义认定的赔偿范围和数额合法合理。黄某海、黄某龙、黄某芬作为纸业公司股东,滥用公司法人独立地位和股东有限责任,以致纸业公司责任财产流失,债务清偿能力受到极大影响,严重损害环境侵权债权人的合法利益,符合股东承担连带责任的法律规定。依法判处纸业公司罚金 200 万元(实际还应缴纳 100 万元);判处黄某海、李某城均有期徒刑 3 年 6 个月,并处罚金 50 万元;纸业公司承担生态环境损害赔偿 10,815,021 元、支付鉴定检测费用 129,500 元;黄某海、黄某龙、黄某芬对上述生态环境损害赔偿和鉴定检测费用承担连带赔偿责任。该判决已生效。

典型意义:本案系偷排污水污染环境引发的刑事案件。公司在经营过程中造成严重环境污染,应依法承担相应的刑事责任和环境损害赔偿责任。公司股东滥用公司独立人格和股东有限责任,导致公司无力承担赔偿责任,股东应依法承担连带责任。本案中,人民法院贯彻落实全面追责原则和最严法治观,依法严惩环境污染犯罪,依法认定环境损害赔偿范围和被告单位、被告人应承担的刑事、民事、行政责任。同时将公司人格否认制度适用于环境侵权领域,判决股东对公司环境侵权债务承担连带责任,通过追究公司背后股东的法律责任,解决公司环境侵权后赔偿无法到位的问题,切实实现对污染企业的严格追责、对受损环境公共利益的充分救济。

实务要点

公司人格否认制度能否适用于环境民事公益诉讼

在我国的司法实践中,公司人格否认制度很少适用于环境污染案件。根据我国《公司法》第3条和《民法典》第1229条的规定,在公司环境侵权案件中,"污染者"应当是具有独立法人地位的公司,公司以其全部财产对其侵权债务承担责任,股东仅以认缴的出资额或认购的股份为限对公司承担责任,不需对公司因环境侵权所负的债务承担全部责任。因此,在公司环境侵权案件中,股东常常在享受污染环境带来的利益的同时,利用公司独立的法人人格和有限责任制度来逃避责任、隔离风险,以致环境污染受害者难以得到足额补偿,环境治理目标难以实现。

1. 环境污染案件中公司人格否认制度的适用性

根据我国《公司法》的规定,公司股东滥用公司独立法人人格的情形有以下几种:一是财产混同、业务混同等造成人格混同;二是利用公司的设立、变更逃避债务,严重损害公司债权人利益;三是股东无偿使用公司财产或者资金,不作财务记载;四是其他滥用公司法人人格的行为。在本案例便体现了第一种情形,即财产混同造成人格混同,那么在环境污染案件中出现其他几种情形时是否也能适用公司人格否认制度呢?笔者认为,公司人格否认制度是对债权人利益保护的"利器",在环境污染案件中,环境污染受害者也就成了侵权行为之债的债权人,而环境污染受害者在通常情况下往往无法提前要求侵权人提供担保,在受到损害后又因为公司的有限责任制度而面临难以获得全部补偿的巨大风险,与股东获得巨额利益的同时只需承担有限风险呈现出鲜明的对比,社会公平遭到了极大损害。因此,在我国当前的经济发展状况下,公司利用有限责任制度肆意破坏环境,侵害国家、社会公共利益等现象普遍,造成了严重后果,法院应当通过公司人格否认制度来保护环境污染受害者的利益。[1]

2.衡平环境侵权责任制度、公司有限责任制度与公司人格否认制度

环境侵权责任制度的目的在于补偿环境损害、救济环境污染受害者,是以环境"损失最小化"为原则;公司有限责任制度的目的在于减少投资者的风险,以独立的公司法人人格为责任承担则是以保障"利益最大化"为原则;公司人格否认制度的目的在于在法定情形下突破股东的有限责任,避免发生股东滥用公司法人人格而无法追责的情况。

三者的重心有所不同,甚至呈相反趋向。在司法实践中,司法机关适用公司人格否认制度很大程度上是为了解决环境污染受害者无法得到足额补偿以及生态环境受到损害无法得到有效修复的问题。当前环境污染问题日益严重,企业以牺牲生态环境为代价谋求利益,又利用公司有限责任制度来逃避应承担的责任,这使司法实践者在环境污染案件中更倾向于否认公司的法人人格来达到追偿到底的目的,但又与公司人格否认制度自身"以滥用法人人格为前提"的逻辑存在冲突。因此,在司法实践中需要通过案例的具体情况来考量公司是否存在滥用法人人格的行为,再适用公司人格否认制度,而不能为了追偿到底弥补环境生态损失而对公司人格进行否认。司法实践者需要在环境保护与经济发展两者的正当利益中、股东有限责任与企业社会责任中进行利益衡量,寻找最佳平衡点。

在水资源污染案件中,相对人应当如何承担行政、民事、刑事责任

本案作为典型案例,行政执法机关作出了罚款100万元以及对负责人行政拘留的行政处罚,随后检察院提起了刑事附带民事公益诉讼,法院依法判决涉

---

[1] 参见杨越:《法人人格否认制度在环境民事公益诉讼中的适用》,载《人民司法》2023年第26期。

事企业及个人承担相应的刑事责任并承担生态损害赔偿责任,同时,之前所处罚的100万元罚款及行政拘留均可折抵相应的罚金与刑期,明确了环境行政、民事、刑事责任在原则上应当同时适用,体现了司法贯彻"最严格制度最严密法治"的指导思想。此外,根据民事责任优先的原则,本案涉事企业及个人应当优先承担生态损害赔偿的责任。

1. 环境行政、民事、刑事责任原则上应当同时适用

在实践中相对人的一个违法行为常常触犯不同领域的数个法律条文,由于缺乏相关法律法规的具体规定,在"行、民、刑交叉"的案件中常常出现行政机关只要发现违法行为涉嫌犯罪就直接移交给公安机关进行侦查,而不再进行处理的情况。但是笔者认为虽然是同一个行为触犯了不同领域的法律条文,但不能因此放弃追究其中任何一个领域的法律责任。行政责任、民事责任、刑事责任这三种是不同的责任形式,可以同时存在,并不存在"一事多罚"的问题,并且追究行政违法行为既是行政执法机关独立的执法权力,也是行政执法机关的法定义务。行政执法机关对于依法应当追究的行政责任不予追究,仅仅依靠司法机关对民事、刑事责任进行追究有不作为之嫌,也对行政机关执法的公信力有消极影响。根据有关部门发布的《关于加强行政执法与刑事司法衔接工作的意见》,行政执法机关向公安机关移送涉嫌犯罪案件时,已经作出行政处罚决定的,应当将行政处罚决定书一并抄送公安机关、人民检察院;若未作出行政处罚决定,原则上应当在公安机关决定不予立案或者撤销案件、人民检察院作出不起诉决定、人民法院作出无罪判决或者免予刑事处罚后,再决定是否给予行政处罚,而并非不予追究其行政责任。[①]

2. 环境行政、民事、刑事责任相互折抵原则

若行政机关在司法机关追究民事、刑事责任之前已对相对人作出罚款、行政拘留等行政处罚,那么司法机关应按照法律规定酌情考虑相对人已经受到的行政处罚,在相对人承担相似性质的处罚时进行折抵,予以适当减免,如罚款与

---

① 参见张旭:《民事责任、行政责任和刑事责任——三者关系的梳理与探究》,载《吉林大学社会科学学报》2012年第2期。

罚金、行政拘留与刑事拘留,因为相似性质的处罚对于行为人的惩戒意义有所重叠,如果不经折抵,有重复处罚或处罚过重之嫌。若司法机关追究了行为人的刑事责任或者免除其刑事处罚之后,行政机关在职权范围内对该案件继续处理时,不宜再对相似性质的处罚重复适用,因为刑事责任之重之严远远大于行政责任,不必在重罚之下对行为人进行重复的处罚。

3. 环境民事责任优先原则

行政责任和刑事责任的执行结果是对公权力生效的履行,但民事责任的履行结果直接归属于其他民事主体,是为了弥补其他民事主体的损失。对于与本案类似的环境相关的案例,对其处置的最大的目的是修复环境,贯彻可持续发展战略,这是我国环境污染法治的重要一环,所以民事责任优先原则显得尤为重要,这对恢复环境总体质量、恢复污染行为损害的社会效益起着至关重要的作用。因此,相关财产应当优先用于赔偿生态环境损害修复费用,从而达到修复生态环境的目的。[①]

法律依据

1.《公司法》(2023年修订)

第三条第一款 公司是企业法人,有独立的法人财产,享有法人财产权。公司以其全部财产对公司的债务承担责任。

第四条第一款 有限责任公司的股东以其认缴的出资额为限对公司承担责任;股份有限公司的股东以其认购的股份为限对公司承担责任。

第二十一条 公司股东应当遵守法律、行政法规和公司章程,依法行使股东权利,不得滥用股东权利损害公司或者其他股东的利益。

公司股东滥用股东权利给公司或者其他股东造成损失的,应当承担赔偿责任。

第二十二条 公司的控股股东、实际控制人、董事、监事、高级管理人员不

---

① 参见刘玉峰:《刑事附带民事诉讼问题研究》,中国政法大学2004年硕士学位论文。

得利用关联关系损害公司利益。

违反前款规定,给公司造成损失的,应当承担赔偿责任。

第二十三条第一款　公司股东滥用公司法人独立地位和股东有限责任,逃避债务,严重损害公司债权人利益的,应当对公司债务承担连带责任。

2.《民法典》(2021 年施行)

第一百八十七条　民事主体因同一行为应当承担民事责任、行政责任和刑事责任的,承担行政责任或者刑事责任不影响承担民事责任;民事主体的财产不足以支付的,优先用于承担民事责任。

第一千二百二十九条　因污染环境、破坏生态造成他人损害的,侵权人应当承担侵权责任。

3.《生态环境损害赔偿管理规定》(环法规〔2022〕31 号)

第十条　赔偿义务人因同一生态环境损害行为需要承担行政责任或者刑事责任的,不影响其依法承担生态环境损害赔偿责任。赔偿义务人的财产不足以同时承担生态环境损害赔偿责任和缴纳罚款、罚金时,优先用于承担生态环境损害赔偿责任。

各地可根据案件实际情况,统筹考虑社会稳定、群众利益,根据赔偿义务人主观过错、经营状况等因素分类处置,探索分期赔付等多样化责任承担方式。

有关国家机关应当依法履行职责,不得以罚代赔,也不得以赔代罚。

4.《最高人民法院关于审理生态环境侵权纠纷案件适用惩罚性赔偿的解释》(法释〔2022〕1 号)

第十一条　侵权人因同一污染环境、破坏生态行为,应当承担包括惩罚性赔偿在内的民事责任、行政责任和刑事责任,其财产不足以支付的,应当优先用于承担民事责任。

侵权人因同一污染环境、破坏生态行为,应当承担包括惩罚性赔偿在内的民事责任,其财产不足以支付的,应当优先用于承担惩罚性赔偿以外的其他责任。

二、C 市人民检察院诉李某某环境污染刑事附带民事公益诉讼

> **案情简介**[①]

公诉人:C 市人民检察院(以下简称 C 市检察院)

被告:李某某

C 市地处渤海湾,城区北侧的王氏义沟作为其引水渠,向北连通堤河汇入渤海。李某某在承包经营 C 市某污水处理有限公司期间,违规为他人处理外运的化工废水,并于 2021 年 3 月将部分化工废水和溶液倾倒至某纺织厂北墙南侧的水池内,通过雨污管道暗管排入了王氏义沟。经检测认定,其所倾倒的工业废水和溶液均属于危险废物,王氏义沟水体受到严重污染。案发后,李某某仅对排污口附近河床底部的污泥进行了清理,未对受损生态环境进行修复。

2022 年 2 月 24 日,C 市检察院在审查李某某涉嫌污染环境罪一案期间,发现了公益诉讼线索,于同年 2 月 28 日立案。

C 市检察院委托生态环境损害研究院对受污染水体生态环境功能损害问题进行评估并出具专家意见,该意见认定李某某非法倾倒危险废物对王氏义沟的水体造成了严重损害,因受污染的河流水质修复具有不可逆转性,参照虚拟治理成本法计算得出涉案排污行为造成的生态环境服务功能损失为471,024 元。

C 市检察院综合考量李某某的主观过错、损害后果、履行能力、生态修复成本和刑事处罚等因素,主张其以生态环境服务功能损失的 1.5 倍承担惩罚性赔偿金。

经公告,2022 年 9 月 6 日,C 市检察院向 C 市人民法院(以下简称 C 市法院)提起刑事附带民事公益诉讼,请求判令李某某赔偿非法倾倒危险废物造成的生态环境服务功能损失 471,024 元,并承担 1.5 倍的惩罚性赔偿金 706,536

---

① 参见最高人民法院、最高人民检察院联合发布生态环境保护检察公益诉讼典型案例之十。

元,在省级以上媒体公开赔礼道歉。

法院认为: 本案的焦点在于惩罚性赔偿金的认定。法院在对李某某污染环境的恶意程度、因污染环境行为所获的利益、采取紧急处置措施的效果等进行全面审查后认为,李某某污染环境、破坏生态的行为违反了法律规定,在主观上具有故意,且侵权行为造成了严重后果,符合生态环境侵权惩罚性赔偿责任的适用要件,检察机关以生态环境服务功能损失471,024元作为计算基数,要求李某某承担1.5倍惩罚性赔偿的请求,既发挥了惩罚性赔偿制度的惩罚、威慑等功能,又不过于加重违法行为人的责任承担,于法有据,应予支持。审理期间,经释法说理,李某某主动上缴生态环境服务功能损失费及惩罚性赔偿金共计1,177,560元。

2023年2月16日,C市法院作出刑事附带民事判决,认定李某某构成污染环境罪,鉴于其具有认罪认罚、赔偿损失、承担惩罚性赔偿金等情节,依法对其从轻处罚,判处有期徒刑3年,缓刑5年,并处罚金18万元,并支持了附带民事公益诉讼的全部诉讼请求。该判决已生效。

典型意义: 针对故意污染环境、破坏生态造成严重后果的违法行为,检察机关、审判机关应依法适用相关规定,以生态环境服务功能损失数额作为基数,综合考虑生态环境违法主体的主观过错程度、损害后果的严重程度、违法主体的经济能力、赔偿态度等因素确定倍数,以"基数×倍数"的计算方式确认惩罚性赔偿金数额,有效发挥惩罚性赔偿的惩罚和震慑作用,实现公益的有效保护。

实务要点

惩罚性赔偿是否适用于生态环境民事公益诉讼

惩罚性赔偿,作为损害赔偿填平原则的突破,通过让恶意的不法行为人承担超出实际损害数额的赔偿,达到充分救济受害人、制裁恶意侵权人的效果,具有惩罚、震慑、预防等多重功能。党的十九大报告要求加大生态系统保护力度,实行最严格的生态环境保护制度。党的十九届四中全会报告明确,要"加大对严重违法行为处罚力度,实行惩罚性赔偿制度"。2021年施行的《民法典》,除了在总则编将绿色原则确立为基本原则,在第八章"民事责任"第179条继续沿用惩罚性赔偿的原则性规定之外,还专门在侵权责任编第七章"环境污染和生态破坏责任"第1232条新增加了生态环境惩罚性赔偿制度的规定,确认了惩罚性赔偿可以适用于生态环境民事公益诉讼之中。(《民法典》第1232条规定:"侵权人违反法律规定故意污染环境、破坏生态造成严重后果的,被侵权人有权请求相应的惩罚性赔偿。")同时,最高人民法院于2022年1月12日发布《最高人民法院关于审理生态环境侵权纠纷案件适用惩罚性赔偿的解释》,该解释确定了生态环境惩罚性赔偿的适用原则、适用范围、请求的时间和内容、要件认定、基数倍数、公益诉讼的参照适用等相关内容,具体如下。

1. 适用范围

因环境污染、生态破坏受到损害的自然人、法人或者非法人组织,依据《民法典》第1232条的规定,请求判令侵权人承担惩罚性赔偿责任的,适用该解释。

2. 适用要件

(1)侵权人实施了不法行为。

(2)侵权人主观具有故意。

(3)造成严重后果。

3. 基数倍数

(1)惩罚性赔偿金的数额,应当以环境污染、生态破坏造成的人身损害赔偿金、财产损失数额作为计算基数。

(2)人民法院确定惩罚性赔偿金额时,应当综合考量侵权人的恶意程度、侵权后果的严重程度、侵权人因污染环境、破坏生态行为所获的利益、侵权人采取的修复措施和效果等因素,一般不超过基数的2倍。

4. 公益诉讼的参照适用

国家规定的机关或者法律规定的组织作为被侵权人的代表提起公益诉讼时,惩罚性赔偿金数额的确定,应当以生态环境受到损害至修复完成期间服务功能丧失导致的损失、生态环境功能永久性损害造成的损失数额作为计算基数。

法律依据

1.《民法典》（2021年施行）

第一千二百三十二条 侵权人违反法律规定故意污染环境、破坏生态造成严重后果的，被侵权人有权请求相应的惩罚性赔偿。

2.《最高人民法院关于审理生态环境侵权纠纷案件适用惩罚性赔偿的解释》（法释〔2022〕1号）

第四条 被侵权人主张侵权人承担惩罚性赔偿责任的，应当提供证据证明以下事实：

（一）侵权人污染环境、破坏生态的行为违反法律规定；

（二）侵权人具有污染环境、破坏生态的故意；

（三）侵权人污染环境、破坏生态的行为造成严重后果。

第九条 人民法院确定惩罚性赔偿金数额，应当以环境污染、生态破坏造成的人身损害赔偿金、财产损失数额作为计算基数。

前款所称人身损害赔偿金、财产损失数额，依照民法典第一千一百七十九条、第一千一百八十四条规定予以确定。法律另有规定的，依照其规定。

第十条 人民法院确定惩罚性赔偿金数额，应当综合考虑侵权人的恶意程度、侵权后果的严重程度、侵权人因污染环境、破坏生态行为所获得的利益或者侵权人所采取的修复措施及其效果等因素，但一般不超过人身损害赔偿金、财产损失数额的二倍。

因同一污染环境、破坏生态行为已经被行政机关给予罚款或者被人民法院判处罚金，侵权人主张免除惩罚性赔偿责任的，人民法院不予支持，但在确定惩罚性赔偿金数额时可以综合考虑。

第十二条 国家规定的机关或者法律规定的组织作为被侵权人代表，请求判令侵权人承担惩罚性赔偿责任的，人民法院可以参照前述规定予以处理。但惩罚性赔偿金数额的确定，应当以生态环境受到损害至修复完成期间服务功能丧失导致的损失、生态环境功能永久性损害造成的损失数额作为计算基数。